La ir
reflejo de la sociedad
nos da el reflejo
fidedigno de nuestras
carencias, espectativas
y retos.
Que estas páginas
te den reflexión,
preguntas, respuestas
y sobre todo
provocaciones.

All the Best
Rocío.
Puebla 07.

CONCEPTOS, IMÁGENES Y REPRESENTACIONES DE LA NIÑEZ EN LA CIUDAD DE MÉXICO (1880-1920)

CENTRO DE ESTUDIOS HISTÓRICOS

CONCEPTOS, IMÁGENES Y REPRESENTACIONES DE LA NIÑEZ EN LA CIUDAD DE MÉXICO (1880-1920)

ALBERTO DEL CASTILLO TRONCOSO

EL COLEGIO DE MÉXICO

Instituto Mora

362.70972521
C3523c
    Castillo Troncoso, Alberto del
       Conceptos, imágenes y representaciones de la niñez en la ciudad de México, 1880-1920 / Alberto del Castillo Troncoso. -- 1a ed. -- México, D.F. : El Colegio de México, Centro de Estudios Históricos ; Instituto de Investigaciones Dr. José María Luis Mora, 2006.
       290 p. : il., fot. byn ; 22 cm.

       ISBN 968-12-1204-5

       1. Niños -- México -- Ciudad de México. 2. Fotografía -- México -- Ciudad de México -- Historia. 3. Fotografías de niños -- México -- Ciudad de México. 4. Niños en la prensa -- México -- Ciudad de México -- Historia. I. Instituto de Investigaciones Dr. José María Luis Mora.

Ilustración de la portada: José María Lupercio, Eliodoro Gutiérrez y C.B. Waite, AGN

Primera edición, 2006

D.R. © El Colegio de México, A.C.
       Camino al Ajusco 20
       Pedregal de Santa Teresa
       10740 México, D.F.
       www.colmex.mx

D.R. © Instituto de Investigaciones Dr. José María Luis Mora
       Plaza Valentín Gómez Farías 12
       Col. San Juan Mixcoac
       03730 México, D.F.
       www.institutomora.edu.mx

ISBN 968-12-1204-5

Impreso en México

A Lourdes y Daniela con todo mi amor

*A Carlos, mi hermano, el mejor pediatra
que he conocido en toda mi vida*

ÍNDICE

Agradecimientos   11

INTRODUCCIÓN

La invención de un concepto moderno de infancia   15
    El planteamiento del problema: la construcción de una mirada
      en torno de la infancia   22
La irrupción de una nueva forma de ver: niñez y representaciones fotográficas
      en el siglo XIX   31
    Fotografía y revolución visual   31
    Fotografía, realismo y control social   34
    Las tarjetas de visita o la estética de la simulación   39
    La divulgación de la fotografía: los "tipos populares"   42
    Hacia la diversificación de los usos de la fotografía   46

PRIMERA PARTE
LA MIRADA DE LOS ESPECIALISTAS: LA CONSTRUCCIÓN
DE LOS CUERPOS Y LAS MENTES INFANTILES

I. Los médicos   59
    El surgimiento de la mirada clínica   59
    Porfiriato y contexto institucional   70
    La mortalidad infantil como problema político y social   77
    La publicidad médica y las representaciones infantiles   84

II. Los pedagogos   105
    La construcción de una "psique" infantil   105
    El laboratorio pedagógico porfiriano: la higiene escolar y los gabinetes
      antropométricos   110
    Los niños "anormales" del doctor José de Jesús González   126
    Consideraciones finales   134

SEGUNDA PARTE
LA MIRADA DIVULGADORA: LA NIÑEZ EN LA PRENSA Y LAS REVISTAS ILUSTRADAS

III. Las diversas representaciones de la infancia   139
     Los inicios de un nuevo lenguaje gráfico en la prensa y las revistas ilustradas 139
     La construcción de la inocencia   151
     El niño como buen ciudadano   161
     Infancia y "degeneración"   176
     La "nota roja": el niño y la moral   195
     La negación de la inocencia   205
     Los niños trabajadores   215
     El niño y la revolución   230

Conclusiones   259
Bibliografía   267

AGRADECIMIENTOS

Esta investigación atravesó varias fases. En la primera, como tesis de doctorado, recibí la valiosa orientación de Solange Alberro, que con su lucidez habitual llevó este trabajo a buen puerto; también intervinieron con comentarios y sugerencias Pilar Gonzalbo, Anne Staples, Claudia Agostoni, Elisa Speckman y Aurelio de los Reyes. Recibí entonces todo el apoyo de la Escuela Nacional de Antropología e Historia, El Colegio de México, Conacyt y el programa Supera de la SEP. Debido al vínculo académico que existe entre El Colegio de México y la New School for Research de Nueva York pude realizar en ésta una estancia de investigación de un año en el Departamento de Posgrado en Antropología. Ahí presenté el borrador final de la tesis con la investigadora Deborah Poole y un grupo de estudiantes tesistas del doctorado de antropología quienes me hicieron importantes observaciones y sugerencias. En la segunda etapa conté con los valiosos comentarios críticos de Pedro Pablo Martínez, Antonio Saborit, Luis Gerardo Morales, Deborah Dorotinsky y Mónica Morales. A todos les doy mi más sincero agradecimiento por sus aportaciones y los exento naturalmente de todas las barbaridades que hayan podido quedar asentadas en la versión final de este texto.

INTRODUCCIÓN

LA INVENCIÓN DE UN CONCEPTO MODERNO DE INFANCIA

En junio de 1992 una niña de 11 años llamada Zlata escribió lo siguiente en su libreta de notas en Sarajevo:

> Boredom! Shooting! Shelling! People being killed! Despair! Hunger! Misery! Fear! That's my life! The life of an innocent eleven-year-old schoolgirl! A schoolgirl without a school, without the fun and excitement of school. A child without games, without friends, without the sun, without birds, without nature, without fruit, without chocolate or sweets, with just a little powdered milk. *In short, a child without a childhood.*[1]

Como en muy pocos documentos, tenemos aquí el dramático testimonio de una pequeña a la que le tocó vivir y padecer una situación "límite" y que, desde ese contexto de adversidad, expresó nítidamente la idea de que una niñez sin una serie de atributos y características determinados (escuela, ausencia de violencia, juegos, amigos y dulces, entre otras cuestiones elementales) no podía recibir tal nombre, pues el concepto mismo de infancia se encontraría a fines del siglo XX estrechamente vinculado a una serie de implícitos culturales, sin los cuales carecería del menor significado.

El estudio del surgimiento de un concepto moderno[2] de niñez que aquí emprenderé requiere de una distinción inicial, que es necesario puntualizar. A

---

[1] "¡Aburrimiento! ¡Disparos! ¡Casquillos de bala desperdigados! ¡Gente asesinada! ¡Desesperación! ¡Hambre! ¡Miseria! ¡Miedo! ¡Ésta es mi vida! La vida de una niña inocente de escuela de once años de edad! Una niña de escuela sin una escuela, sin la diversión y la alegría de la escuela. Una niña sin juegos, sin amigos, sin sol, sin pájaros, sin naturaleza, sin fruta, sin chocolate ni dulces, con sólo un poco de leche. *En resumen, una niña sin niñez*", Zlata Filipovic, citada en H. Cunningham, "The History of Childhood", en P. Hwang, M. Lamb y L. Siegel (ed.), *Images of Childhood*, Erlbaum Associates Publishers, Nueva Jersey, 1996, p. 1. El subrayado es mío. Todas las traducciones de citas que aparecen en este libro son obra de Isabel Pérez Monfort.

[2] De las diferentes definiciones y aproximaciones al término modernidad, hemos optado por una que utiliza el historiador François-Xavier Guerra (*México: del Antiguo Régimen a la Revolución*, FCE, México, 1988, p. 37), por considerarla afín a los objetivos de este trabajo: "Con la palabra mo-

lo largo de este trabajo voy a considerar a esta etapa de la vida del ser humano no como una entidad estática o como una esencia "natural", ni como un periodo resultado de un proceso biológico determinado sino, ante todo, como una construcción de carácter simbólico, estrechamente vinculada a un contexto y a un periodo histórico específicos. En este sentido, compartimos las premisas conceptuales de Giovanni Levi y Jean-Claude Schmitt, quienes señalan en su reciente trabajo titulado *Historia de los jóvenes* que "en ningún lugar ni periodo histórico cabría definir a la juventud mediante criterios biológicos o con arreglo a criterios jurídicos. En todas partes y en todo tiempo sólo existe revestida de valores y símbolos".[3]

Los niños como tales forman parte de la historia de la humanidad. Sin embargo, lo que aquí se va a resaltar es el hecho de que nuestra visión y nuestro acercamiento a ellos difiere notablemente según sea la época, el tipo de sociedad y la cultura de que se trate. En esta investigación partiré de una noción de niñez inmersa en una construcción histórica vinculada a una serie de significados y a una estructura social, económica, política y cultural:[4]

> [...] no se trata de estudiar al niño como tal, sino de historizar las distintas representaciones que la sociedad ha generado en torno al mismo. La única forma de hacerlo

---

dernidad —a pesar de que el término sea posterior— designamos el conjunto de mutaciones que se produjeron en el área de la civilización europea a partir de una fecha sobre la que es posible discutir, pero cuyo efecto se hace sentir espectacularmente en la segunda mitad del siglo XVIII. Mutaciones que no son cambios aislados, sino elementos de un nuevo sistema global de referencias que comprende no sólo ideas nuevas, sino también nuevas relaciones sociales y nuevas instituciones."

[3] G. Levi y J. C. Schmitt (coord.), *Historia de los jóvenes*, Taurus, Madrid, 1997, p. 14. Al respecto, vale la pena también citar la reflexión de M. Wartofsky ("The Child's Construction of the World's Construction of the Child: From Historical Epistemology to Historical Psyciology", en F. Kessel y A. Siegel (ed.), *The Child and Other Cultural Inventions*, Praeger Special Studies, Nueva York, 1983, pp. 197-198): "El niño es una construcción de los mundos del niño, una 'invención' cultural que se extiende para incluir no sólo al individuo subjetivo, sino al mundo objetivo de las instituciones, artefactos y prácticas en los que el niño llega a ser ese niño [...] los niños son lo que la arquitectura escolar, los parques de juegos, las leyes de trabajo infantil y las especies vivas dentro de la ecología y la economía actual de las familias constituyen como vida y mundo de la niñez."

[4] En este contexto utilizaremos el concepto de "invención". Al respecto, véase Lynn Hunt, *The Invention of Pornography. Obscenity and the Origins of Modernity, 1500-1800*, Zone Book, Nueva York, 1996, pp. 7-9. Por lo que se refiere al concepto de "representación" seguimos la línea de investigación trazada por R. Chartier (*El mundo como representación*, Gedisa, Barcelona, 1996, p. 17): "La noción de representación colectiva, en la definición del término de Mauss, nos permite articular imágenes mentales claras (lo que Lucien Febvre llamó ideas materiales) con los esquemas y las categorías internalizados que las engendraron y les dieron estructura [...] Esto implica que esta noción sostiene una historia cultural de la esfera social que tiene como meta la comprensión de configuraciones y motivos —de representaciones de la esfera social— que le dan expresión inconsciente a las posiciones e intereses de los agentes sociales conforme interactúan y que sirven para describir a la sociedad como los agentes sociales creían que debía ser o querían que fuera."

es a través de los discursos, de las imágenes y de las estrategias que los adultos han empleado para introducirlo en su mundo y que anteceden a toda práctica social relacionada con la infancia: los cuales, por supuesto, están determinados en todo momento por el contexto material en que se formulan.[5]

La referencia pionera de este tipo de trabajos está representada por la investigación ya clásica del historiador Philippe Ariès, titulada *El niño y la vida familiar en el Antiguo Régimen*, publicada en Francia en el año de 1960. La tesis central del historiador francés es muy conocida y ha dado lugar a una amplia controversia. De acuerdo con Ariès, durante la Edad Media no existió un concepto definido de niñez, en la medida en que no existía un espacio simbólico reservado a los niños, cuestión que podía apreciarse en la ausencia de literatura o juegos diseñados especialmente para los infantes:

En la sociedad medieval no existía la idea de la niñez; esto no quiere decir que se descuidaba, abandonaba o despreciaba a los niños. La idea de la niñez no se debe confundir con el afecto a los niños: corresponde a una conciencia de la naturaleza particular de la niñez, aquella naturaleza particular que distingue al niño del adulto, aun del joven adulto. En la sociedad medieval no existía esta conciencia.[6]

Una de las fuentes privilegiadas por el historiador para documentar sus argumentos fue la pintura de la época, que representaba a los niños como a "pequeños adultos", sin identidad propia. Tras las cuatro décadas que nos separan del texto de Ariès, otros investigadores se han encargado de cuestionar y matizar algunos de sus planteamientos centrales; en particular se ha señalado su sobrevalorización de algunas fuentes, principalmente las provenientes del campo de la pintura, así como la falta de contraste comparativo con otras evidencias documentales. Algunos más han mostrado que sí existió un concepto de infancia en otras culturas distintas a la occidental.[7]

En la línea de la historia de la familia, Lawrence Stone[8] ha documentado estas carencias, apoyado en una perspectiva demográfica y social, mientras que desde la psicohistoria, Loyd de Mause[9] ha sostenido que la historia de los cuida-

---

[5] B. Alcubierre, *Representaciones y prácticas de la lectura: una historia del libro infantil en México (1840-1915)*, Primer Seminario del Centro de Estudios Históricos, El Colegio de México, México, octubre, 2000, p. 19.

[6] P. Ariès, *El niño y la vida familiar en el Antiguo Régimen*, Taurus, Madrid, 1987, p. 45.

[7] Véase A. Gil'adi, *Children of Islam. Concepts of Childhood in Medieval Muslim Society*, Mcmillan, Londres, 1992, y D. Archard, *Children, Rights and Childhood*, Routledge, Londres-Nueva York, 1993.

[8] L. Stone, *El pasado y el presente*, FCE, México, 1986.

[9] L. De Mause, *Historia de la Infancia*, Alianza Editorial, Madrid, 1982.

dos y atenciones a la niñez comenzó en el siglo XX, desdeñando todas las épocas anteriores. Su contraparte básica está representada por el trabajo de Linda Pollock,[10] quien sostiene que los padres han cuidado y amado a sus hijos a lo largo de toda la historia; por lo menos, de manera documentada, a partir del año 1500.

Desde el campo de la historia cultural la tendencia ha sido, a partir de fines de la década de los años ochenta, recuperar algunos de los planteamientos de Ariés, lo que abrió la posibilidad a nuevos debates y discusiones. Tales son los casos de Nikolas Rose,[11] quien ha analizado los orígenes de la psicología infantil y sus repercusiones en la formación de los sujetos en la Inglaterra de fines del siglo XIX; Vivian Zelizer,[12] quien acentúa el proceso de recuperación y revaloración que se produjo en Europa y Norteamérica en torno de la infancia durante la segunda mitad del siglo XIX, muchas veces en contraposición con la situación de carencias y adversidades que experimentaba la mayor parte de la población infantil, y Peter Wright,[13] quien investigó la manera en que la higiene *inventó* un concepto de infancia en la Inglaterra de fines del siglo XIX. Para cerrar esta breve lista cabe citar el trabajo de Anne Higonnet,[14] donde analiza la construcción de una visión de "inocencia" infantil en Occidente a partir de las representaciones de la niñez en la pintura romántica europea durante la segunda mitad del siglo XVIII.

Los argumentos del multicitado autor fueron elaborados a principios de la década de los años sesenta del siglo XX, por lo que presuponían una confianza optimista en torno de la noción de progreso, muy distinta de la que predomina en la actualidad en los ambientes intelectuales y académicos, donde la pregunta por las diferencias culturales, el rescate de las especificidades y la originalidad de cada proceso, así como una lectura más escéptica relativa a los procesos históricos y las limitaciones de la noción del progreso constituyen el horizonte político-cultural de la reflexión.[15]

Considero que hoy existe consenso cuando se señala que cada sociedad ha construido su propia noción de niñez, lo que contradice algunos de los plantea-

---

[10] L. Pollock, *Los niños olvidados. Relaciones entre padres e hijos de 1500 a 1900,* FCE, México, 1983.

[11] N. Rose, *The Psychological Complex, Psychology, Politics and Society in England, 1869-1939,* Routledge and Kegan Paul, Londres, 1985.

[12] V. Zelizer, *Pricing the Priceless child. The Changing Social Value of Children,* Princeton University Press, Princeton, Nueva Jersey, 1985.

[13] P. Wright, "Babyhood: The Social Construction of Infant care as a Medical Problem in England in the Years Around 1900", en M. Lock y D. Gordon (ed.), *Biomedecine Examined,* Kluwer Academic Publishers, Londres, 1988.

[14] A. Higonnet, *Pictures of Innocence. The History and Crisis of Ideal Childhood,* Thames and Hudson, Londres, 1998.

[15] Véase M. Berman, *Todo lo sólido se desvanece en el aire. La experiencia de la modernidad,* Siglo XXI, México, 1988.

mientos centrales de Ariès; sin embargo, algunas tesis de este investigador merecen ser repensadas desde la perspectiva actual. Tal es el caso de destacar la originalidad del proceso de la modernidad occidental, que propició la construcción cultural de una noción de infancia cualitativamente distinta a la de las etapas anteriores.

En síntesis, puede plantearse que cada sociedad ha construido su propia visión de la niñez; la nuestra es distinta a la del pasado y se remonta a la experiencia mencionada de la modernidad, que tuvo lugar entre los siglos XVI y XIX. En ella desempeñó un papel fundamental la imprenta, por una serie de razones que vamos a analizar y que tienen relación con la dimensión de la introspección.

Como muestra el historiador Neil Postman,[16] durante la Edad Media predominó en Europa una cultura oral, en la que la escritura estaba confinada a una minoría. La inmensa mayoría, por el contrario, no sabía leer ni escribir y ambas actividades no eran consideradas dentro de sus horizontes de vida. En este universo cerrado, la infancia concluía a los siete años de edad, en el momento en que los pequeños finalizaban el proceso de aprendizaje elemental del lenguaje.[17] En un mundo letrado, en cambio, el adulto construye un espacio codificado de "secretos", que forman parte de un código cultural que sólo es compartido por sus pares y al que los niños sólo tendrán acceso cuando se conviertan precisamente en adultos.[18]

La invención de la imprenta no sólo difundió ideas: transformó la misma estructura de pensamiento de los hombres, de tal manera que no sólo aportó elementos para pensar el mundo de una manera nueva, sino que aquéllos comenzaron a pensar influidos por la misma estructura de los textos, que reclamaban precisión, que requerían de identidad individual y de introspección. En este sentido, creó las bases para la construcción de un nuevo horizonte para los adultos.[19]

El nuevo concepto de niñez se encuentra estrechamente vinculado a los inicios del sistema educativo moderno. Aquellos lugares donde la difusión de la educación primaria fue mayor, desarrollaron más profundamente el concepto. La práctica de una lectura y una escritura masivas incorporó a los sujetos a un nivel

---

[16] N. Postman, *The Disappearance of Childhood*, Vintage Books, Nueva York, 1994.

[17] Este criterio puede encontrarse, por ejemplo, en el *Diccionario de Autoridades de la Real Academia Española*, que todavía a principios del siglo XVIII definía esta etapa de la niñez a partir de elementos estrictamente lingüísticos.

[18] Las implicaciones de este proceso civilizatorio han sido analizadas de una manera brillante por N. Elias (*Los procesos de la civilización*, FCE, México, 1980). Utilizando categorías conceptuales de carácter psicoanalítico, el autor considera que el incremento del proceso de represión de los instintos constituyó una de las conquistas básicas del surgimiento de la modernidad occidental.

[19] La idea moderna de niñez está asociada a cierta condición psicológica, a una estructura de pensamiento. N. Postman, *The disappearance...*, *op. cit.*, pp. 36-45.

más elevado de abstracción, lo que modificó también la percepción del mundo adulto. Como parte de este proceso, a los infantes se les separó de los adultos y en este camino de diferenciación se les construyó una identidad de la que antes históricamente carecían.[20]

Si antes —como se señaló— la niñez terminaba a la edad de siete años, atendiendo al criterio de la adquisición del lenguaje que permitía su incorporación a las actividades del mundo adulto, con la reforma educativa de los siglos XVI y XVII, la infancia comenzó a ser vista según un criterio cultural que prolongó su desarrollo como parte de un proceso de aprendizaje mucho más amplio. Los siguientes factores resultaron determinantes para acelerar estas transformaciones: la difusión de la escolarización y la creación de un espacio de separación del mundo infantil respecto del de los adultos; la investigación psicológica y pedagógica que diseñó y confirió atributos y características a la niñez inéditas hasta ese momento; y, finalmente, el saber y la práctica de la medicina pediátrica que desembocó en el siglo XIX en la proyección de una mirada clínica especializada, que fue construyendo una serie de conceptos y representaciones en torno del cuerpo infantil.

Siguiendo los argumentos del historiador de la ciencia Thomas Kuhn, puede señalarse que en ese periodo histórico se construyeron las bases epistemológicas para un nuevo paradigma de la niñez, en estrecha conexión con otros saberes y disciplinas surgidos en Europa durante la segunda mitad del siglo XVIII: la pediatría, la pedagogía, la psicología social y la antropología.[21]

La cúspide de este proceso está representada por Juan Jacobo Rousseau, cuya obra sintetiza la conceptualización de este nuevo orden de ideas relativo a la infancia, como lo han destacado algunos de los más importantes historiadores de este tema.[22] La revolución *copernicana* que instaló en los estudios de la niñez consistió en dotarla, por primera vez, de independencia y autonomía respecto del universo de los adultos. No resulta casual que el filósofo francés haya vivido en Inglaterra a mediados del siglo XVIII. Su trabajo tuvo influencia fundamental en la primera generación de pintores románticos ingleses, con artistas como Rey-

---

[20] Roger Chartier (*El mundo…, op. cit.*) ha estudiado el proceso a través del cual la imprenta fue creando un mundo simbólico que enriquecía y modificaba el mundo de los adultos al cambiar hábitos de lectura y producir las condiciones para el surgimiento del lector moderno, quien necesitaba una atmósfera de silencio y de intimidad. Todo lo anterior permitió el surgimiento de la introspección que Montaigne desarrolló como género literario y que Rousseau retomó. Al modificarse la percepción del mundo adulto, el universo de los infantes también cambió sustancialmente.

[21] Véase T. Kuhn, *La tensión esencial,* FCE, México, 1996.

[22] H. Cunningham, "The History of Childhood"…, *op. cit.,* y H. Hendrick *Children, Childhood and English Society, 1880-1900,* Cambridge University Press, Cambridge, 1997. La síntesis de la propuesta rousseauniana puede consultarse en su famoso *Emilio,* publicado en 1762.

nolds, Lawrence y Gainsborough, quienes construyeron una representación de la inocencia infantil y crearon el estereotipo que tuvo grandes repercusiones en los dos siglos siguientes.[23] Rousseau comprendió que antes que edificarse un sistema de educación era preciso preguntarse en qué consistía la naturaleza del infante, de lo que se deriva la idea de darle importancia en sí misma a la niñez. Esta legitimación de la etapa, que implicaba el reconocimiento de los derechos de los niños, tuvo que nadar a contracorriente entre peligrosos enemigos a lo largo del siglo XIX como la industrialización y la sobreexplotación infantil, pero terminó imponiéndose en Occidente con el proceso masivo de escolarización que se registró en Europa y Norteamérica en el mismo periodo.[24]

Los sistemas educativos europeos más importantes de los siglos XVIII y XIX, los representados por figuras como Pestalozzi y Froebel, retomaron la propuesta rousseauniana, adaptándola a sus fines y objetivos. No cuento con las estadísticas pertinentes ni con otros instrumentos cuantitativos para medir el impacto y la eficacia de dicha propuesta; sin embargo, sí puedo presentar en el orden de lo cualitativo uno de los ejemplos más interesantes y significativos que dan cuenta del grado de asimilación de estas ideas en la Europa del siglo XIX. Curiosamente dicho ejemplo no proviene de la filosofía, la ciencia o la pedagogía, sino de la criminología. En efecto, en una tan valiosa como rutinaria declaración, el juez Mathew Davenport, del Distrito de Birmingham, en Inglaterra, se refería, a mediados del siglo XIX, al caso de un niño delincuente de la siguiente manera:

> […] is a little stunted man already —he knows much and a great deal too much of what is called life— he can take care of his own immediate interests. He is self reliant, he has so long directed or misdirected his own actions and has so little trust about him that he submits to no control and asks for no protection. He has consequently much to unlearn: *he has to be turned again into a child.*[25]

[23] Como se verá un poco más adelante, la fotografía retomaría esta tradición. Véase A. Higonnet, *Pictures of Innocence…, op. cit.*, pp. 23-30.

[24] La socióloga estadunidense Vivian Zelizer (*Pricing the Priceless…, op. cit.*, pp. 32-46), ha analizado con rigor este proceso, refiriéndose a la llamada "sacralización" (acto de investir objetos con elementos sentimentales y religiosos) experimentada por la niñez a fines del siglo XIX, para explicar el surgimiento de una visión moderna de la niñez caracterizada por su falta de rendimiento económico y valoración afectiva.

[25] M. Davenport, citado en J. Tagg, *The Burden of Representation. Essay on Photßographies and Histories*, University of Minnesota Press, Minneapolis, 1988, pp. 73-75. "[…] ya es un pequeño hombre maleado —sabe mucho y demasiado de lo que se llama vida— puede cuidar sus intereses propios inmediatos. Depende de sí mismo; durante tanto tiempo ha orientado o desorientado sus propias acciones y es tan desconfiado que no se somete a ningún control ni pide protección. Por lo tanto, tiene mucho que desaprender: *se le tiene que volver a convertir en un niño*". El subrayado es mío.

La preocupación del magistrado expresaba la convicción de que un niño de la calle, alejado de la protección y el resguardo del mundo de la familia, perdía los atributos, las prerrogativas y los privilegios propios de la niñez y se convertía en un adulto pequeño. A manera de antecedente del testimonio de Zlata, la pequeña de Sarajevo, tenemos aquí la visión reconocida de un funcionario del gobierno que se manifestaba plenamente conciente de que las características predominantes de la infancia hacia mediados de aquel siglo no constituían propiedades inherentes de la etapa infantil, sino por el contrario, que eran el resultado de conquistas políticas y culturales susceptibles de perderse, alterarse y modificarse. Asimismo, muestra la manera en que se había construido un esquema normativo atento a la clasificación de las desviaciones e irregularidades que pudieran presentarse respecto del modelo.[26]

EL PLANTEAMIENTO DEL PROBLEMA:
LA CONSTRUCCIÓN DE UNA MIRADA EN TORNO DE LA INFANCIA

En las últimas décadas del siglo XIX y las primeras del XX, esta visión de la niñez llegó a su máximo desarrollo en Occidente. Para ello contó con el apoyo del Estado moderno y la creación de las condiciones políticas y culturales idóneas, gracias a la consolidación de una serie de dispositivos institucionales que cubrieron diversas áreas y disciplinas, entre las que cabe destacar la pediatría, la sociología, la psicología infantil y la higiene escolar.[27] Entre 1880 y 1914 los discursos y saberes que tenían a la infancia como su objeto de estudio se consolidaron y di-

---

[26] Por lo que respecta al contexto de la ciudad de México, cabe rescatar el testimonio de un cronista anónimo del periódico *La Clase Media*, que en un artículo titulado significativamente: "Cómo viven las familias pobres en la capital" (enero de 1909, p. 1) señalaba esa carencia de los atributos de la niñez moderna en el caso de los niños de la calle: "[...] todos hemos visto en la corriente humana que circula por las calles y llena los paseos, a una multitud de niños de cara fresca, pero donde se ve retratada una angustia; *no son niños, tienen en el rostro la prematura seriedad del hombre*, tienen ya el rictus de un sufrimiento, de una pena o de un trabajo [...] *por eso decimos que la niñez, cierta niñez se entiende, no lo es sino de nombre*". El subrayado es mío.

[27] Utilizo el término "dispositivo" en el sentido sociológico que le confieren los investigadores J. Sáenz, Ó. Saldarriaga y A. Ospina (*Mirar la infancia: pedagogía, moral y modernidad en Colombia, 1903-1946*, Colciencia-Foro Nacional por Colombia-Uniandes-Universidad de Antioquia-Clío Ed., Bogotá, 1999, p. 403): "Se puede identificar la instrucción y la educación pública nacional como un dispositivo que anudó a los fines últimos de progreso técnico, la moralización, la defensa de la raza y la democratización de la cultura, la formación de sujetos sociales, la educación de la familia y el gobierno de los pobres [...] el término 'dispositivo' permite describir procesos sociales y políticos concretos, y más aún, permite analizar el problema no como el paso entre dos estados ideales, antagónicos, sino como una más real dinámica de relevo de piezas, una armazón cotidiana de elementos arcaicos y modernos."

versificaron en varios campos: la pediatría, que adquirió plena legalidad a través de su incorporación en los distintos planes de estudio y programas de la carrera de medicina en muchas universidades europeas, norteamericanas e hispanoamericanas, contribuyendo a que problemas conocidos y persistentes como la mortalidad infantil, aparecieran por primera vez como un asunto de seguridad nacional dentro del horizonte político del Estado,[28] y la pedagogía, que incorporó la perspectiva evolucionista de los trabajos darwinianos y concibió a la escuela como el laboratorio por excelencia para realizar importantes investigaciones de higiene escolar; con ella comenzó además la inauguración de gabinetes antropométricos en los que se estudiaron con detenimiento la mente y los cuerpos infantiles. Para ello contó con el surgimiento de una vigorosa psicología infantil que se encargó de aplicar las primeras pruebas psicométricas sobre la inteligencia.[29]

Tanto la pediatría como la pedagogía de fines del siglo XIX formaron parte de una "episteme"; esto es, de una sistematización de conocimiento, que en este caso estaba organizado alrededor de la necesidad de mirar "hacia adentro", de hacer "visible lo invisible", de administrar y generar los aparatos administrativos y discursivos que crearon las condiciones para la percepción de la diferencia, el individuo y la normatividad.[30]

La mirada científica de la medicina y la pedagogía permitió observar aspectos hasta entonces inéditos que alteraron la concepción de la etapa de la infancia y la forma de pensar y de reflexionar en sus características y problemas. Al mismo tiempo, en ese periodo se crearon las condiciones culturales para una percepción distinta de la realidad. Los instrumentos que facilitaron dicha transformación fueron la litografía, el grabado y la fotografía. Esta última en particular contribuyó de manera decisiva a fortalecer la confianza y el optimismo en la técnica y en el progreso; ideas que caracterizaron las expectativas de los grupos dominantes y de un sector significativo de la sociedad occidental en la segunda mitad del siglo XIX. De acuerdo con los cánones positivistas predominantes en la época, la fotografía resultaba científica en la medida en que proporcionaba evidencias visibles:

La fotografía nació en un tiempo que pretendió considerarse como la edad del saber absoluto […] Al provocar un cambio radical en todas las técnicas de descripción, registro y representación, la fotografía "realizó", por así decirlo, o al menos hizo posible, algo que podría llamarse un saber absoluto del mundo visible. La esperanza profunda —terca, incluso encarnizada— de los científicos de esta época consiste en

---

[28] P. Wright, "Babyhood: The Social…", *op. cit.*, pp. 127-131.
[29] N. Rose, *The Psychological…*, *op. cit.*, pp. 52-66.
[30] M. Foucault, *El nacimiento de la clínica*, Siglo XXI, México, 1981, pp. 36-41.

hacer posible fotográficamente todo cuanto se les escapa, todo lo que excede la visión natural, lo que está demasiado cerca o demasiado lejos, lo que se se esconde en los repliegues del cuerpo, lo que es transparente, lo que desaparece; incluso el alma.[31]

Las premisas subyacentes en la construcción misma del conocimiento científico durante los últimos dos siglos parten del reconocimiento de la importancia que ha desempeñado en este proceso el papel de la visión:

> ¿Cuándo decimos que es científico nuestro conocimiento? En definitiva, cuando con los ojos de la cara o con los ojos de la razón vemos lo que ella es en su realidad propia. Esto van a proponerse en su faena diagnóstica los médicos del siglo XIX […] "Ver" lesiones, "ver" procesos energético-materiales, "ver" microorganismos patógenos y sustancias químicas, o combinar eclécticamente, con destreza mayor o menor estos tres modos y términos de la visión del cuerpo enfermo. En el filo de los siglos XIX y XX, este abanico de posibilidades constituía de ordinario el *desideratum* del diagnóstico.[32]

La pretensión cognoscitiva de la época de hacer "visible lo invisible", que encontramos en los textos pediátricos y pedagógicos del periodo, también puede observarse en la naturaleza misma del acto fotográfico; o más bien, en la versión que se tenía de este acto a fines del siglo XIX, según la cual la fotografía era considerada la imitación más perfecta que podía haber de la realidad. Estamos ante la consolidación de un paradigma ocular, cuando se pensaba que la capacidad mimética de la foto provenía de sus procedimientos técnicos, que le permitían la formación de una imagen en forma automática:

> Para poder comprender las relaciones de la fotografía con el cuerpo humano en los discursos decimonónicos, necesitamos también reflexionar sobre la epistemología ocular predominante desde la cual prácticas concretas y discursos específicos tomaban forma, se constituían oficialmente y asignaban significados […] Un paradigma ocular que delimita las relaciones entre sujeto receptor y mundo externo, que ayuda a establecer una ficción realista y un punto de vista monádico; es decir, un solo observador, casi cíclope, en un punto de vista único.[33]

[31] Didi Huberman, "La fotografía científica y pseudocientífica", en J. C. Lemagny y André Rouillé (coord.), *Historia de la fotografía*, Martínez Roca, Barcelona, 1988, p. 71.

[32] P. Laín Entralgo, *Historia de la medicina,* Salvat, Barcelona, 1982, p. 47.

[33] D. Dorotinsky, *La vida de un archivo. "México Indígena" y la fotografía etnográfica de los años cuarenta en México*, Tesis de Doctorado en Historia del Arte, Facultad de Filosofía y Letras de la UNAM, México, 2003, p. 157. Dicho paradigma ocular se intensificó a lo largo del siglo XX y todo parece indicar que continuará a lo largo del XXI. En palabras del investigador John Mraz (*De la "Muerte de un soldado republicano" de Robert Capa al escándalo político en el México contemporáneo:*

[handwritten annotation at top: Photography can also confuse — n.c = n.t. = m.c = poor child]

La fotografía fue utilizada en los libros de corte científico desde mediados del siglo XIX con esta poderosa carga simbólica, y en las siguientes décadas se incorporó a las páginas de la prensa y las revistas ilustradas; dicho proceso tuvo lugar en la década de los años ochenta de la misma centuria, provocando que la cantidad de lectores y destinatarios finales de estas imágenes se multiplicara de manera sustancial.

En México la correlación del surgimiento de un concepto moderno de infancia y la difusión masiva de una serie de imágenes y representaciones fotográficas con el mismo tema se produjo durante el periodo del Porfiriato, entre los años 1876 y 1911, cuando el país entró en un proceso de estabilidad política y de paz social que le permitió generar grandes transformaciones en el ámbito material y dar continuidad a los procesos políticos y culturales; situación que contrastaba con los disturbios y la inestabilidad de los golpes de Estado que caracterizaron a la primera mitad del México independiente.[34]

La inestabilidad política prevaleciente en la primera mitad del siglo XIX frenó la consolidación de un Estado moderno en el país. Sin embargo, en el último cuarto de esa centuria se produjo una nueva ofensiva, debido a la estructuración de un Estado liberal de carácter nacional que alcanzó una estabilidad de cerca de 40 años con un nivel de gobernabilidad aceptable, que intentó unificar los mercados regionales y abrió las puertas del país a la inversión extranjera. Dicha estabilidad no implicó bonanza económica para la mayoría de los habitantes del país; por el contrario, el proyecto "modernizador" porfiriano introdujo grandes tensiones y desajustes sociales. Dos manifestaciones particularmente relevantes de dichas tensiones fueron el bandolerismo y las rebeliones indígenas, constantes a lo largo de todo el periodo.[35]

Esta reorganización económica y política fue acompañada por un proceso de

---

Reflexiones sobre el digitalismo y la credibilidad, zonezero.com/magazine/articles/altered/alteredsp. htlm, México, 2004, p. 2): "Vivimos en una cultura ocularcéntrica que se ha vuelto más y más hipervisual: creemos que lo que vemos es la verdad [...] La visión es nuestro sentido más poderoso y, además, es el que se ha amplificado más por la tecnología moderna."

[34] En esta investigación prolongaré el periodo de estudio hasta el año de 1920. Existen elementos para justificar dicha ampliación: por un lado, la permanencia de las élites porfirianas durante la dictadura huertista, y por otro, el sostenimiento de algunas de las revistas y diarios capitalinos más relevantes de estos grupos, como el caso de *El Mundo Ilustrado, El Imparcial* y *El País.* Asimismo, deben considerarse los planteamientos expuestos en el Primer Congreso Nacional del Niño, celebrado en la ciudad de México en el año de 1920. Las tesis y los argumentos desarrollados en dicho encuentro confirman la consolidación de un concepto moderno de niñez en nuestro país.

[35] Véase R. Pérez Monfort (coord.), *Hábitos, normas y escándalo. Prensa, criminalidad y drogas durante el Porfiriato tardío,* CIESAS-Plaza y Valdés, México, 1997, pp. 7-13.

centralización que reforzó a la ciudad de México en su papel rector de la vida política y cultural del país. Por esta razón, el último cuarto del siglo XIX puede pensarse como los años de consolidación de la hegemonía de la capital, la cual vivió entonces momentos de gran auge a costa de los demás estados y territorios, transformando lo que había sido su imagen tradicional:

> Un objetivo central de la política de urbanización del régimen porfiriano fue la alteración de la fisonomía de la ciudad de México, mediante modificaciones profundas de su vieja traza y la ampliación del recinto citadino. Se edificó tratando de que hubiera una correspondencia entre el paisaje urbano y la imagen de "orden y progreso" que la élite porfirista se había forjado de sí misma y de la que hiciera ostentación pública.[36]

En el periodo comprendido entre 1867 y 1911, la población de la capital aumentó de 230 000 a 470 000 habitantes. Gran porcentaje de estos inmigrantes provenía de la zona central del país, algunos por haber sido despojados de sus tierras y otros atraídos por las nuevas fuentes de trabajo materializadas en las oficinas burocráticas, el comercio, la industria y los servicios, y el sistema educativo y cultural.[37]

En este contexto, el régimen porfiriano construyó un significativo e importante dispositivo institucional que abarcó entre otras áreas a la educación, en sus diversas ramas referentes a la infancia.[38] Entre otras de las manifestaciones de este importante proceso tenemos: la inauguración de una Escuela Normal en la capital, que constituyó un espacio privilegiado para la discusión de las nuevas ideas pedagógicas; la celebración de cuatro importantes Congresos de Instrucción, en los que se articularon las estrategias higiénicas y pedagógicas del régimen; la formulación de una nueva Ley de Educación Primaria, que marcó una diferencia cualitativa respecto de las etapas anteriores en lo concerniente a la conceptualización del infante como un ente fisiológico, psíquico y moral; la apertura de las nuevas escuelas de párvulos o *kindergarten*, que llevaron el análisis de la naturaleza infantil a una instancia previa al ingreso formal a las escuelas primarias; la creación de departamentos de Higiene Escolar, con la aplicación de miles de exámenes individuales entre los estudiantes, donde se registraban sus datos físicos y psíquicos; la incorporación de numerosos textos de medicina infantil, provenientes

[36] H. de Gortari y R. Hernández, *La ciudad de México y el D.F.: una historia compartida*, DDF-Instituto Mora, México, 1988, p. 69.

[37] *Ibidem*, pp. 34-37.

[38] Como nos muestra la incipiente estadística de la época en los censos de 1895, 1900 y 1910, en el Porfiriato 41% de la población estaba constituida por menores de 15 años. Al respecto, véase M. González Navarro, "El Porfiriato. Vida social", en D. Cosío Villegas (coord.), *Historia moderna de México*, vol. IV, Hermes, México, 1970, p. 10.

en su mayoría de la escuela clínica francesa, de cuya discusión y asimilación local dan cuenta los textos y artículos de los médicos mexicanos, así como las distintas tesis de los estudiantes de la Escuela Nacional de Medicina que reflexionaron sobre estos temas, y la incorporación de materias y asignaturas ligadas al estudio de esta etapa en los planes correspondientes de la Escuela Normal y la Escuela Nacional de Medicina.

Por lo que respecta al fenómeno de la fotografía y su impacto en la sociedad capitalina de la época, sólo ha comenzado a ser estudiado en las últimas décadas.[39] Su incorporación a los *magazines* ilustrados y a la prensa moderna sensacionalista en los últimos años del siglo XIX produjo una renovación notable del lenguaje gráfico con impacto considerable en la población, incidiendo en sus hábitos mentales lo mismo que en sus actitudes y creencias.[40] Tanto la nueva prensa como las revistas dedicaron amplios reportajes fotográficos a diversos temas relacionados con la infancia, difundiendo de esta manera algunas de las nuevas ideas que circulaban sobre este tema y que provenían de universos tan distintos como la criminología, la medicina y la pedagogía cívica.[41]

En esta investigación describiré y explicaré la simultaneidad de estos procesos, atendiendo, por un lado, la lógica de la argumentación de las diversas disciplinas científicas, la elaboración de sus referencias y aportaciones conceptuales relativas al periodo de la infancia, y construidas alrededor de una serie de disposi-

---

[39] Al respecto sobresalen los siguientes trabajos: E. Meyer (coord.), *Imagen histórica de la fotografía en México*, Museo Nacional de Antropología e Historia, México, 1978; R. Casanova y O. Debroise, *Sobre la superficie bruñida de un espejo*, FCE, México, 1989; T. Matabuena, *Algunos usos y conceptos de la fotografía durante el Porfiriato*, UIA, México, 1991; A. de los Reyes, "El cine, la fotografía y los magazines ilustrados", en J. Manrique (coord.), *Historia del arte mexicano*, tomo XII, SEP-Salvat, México, 1994; A. Aguilar, *La fotografía durante el Segundo Imperio. 1964-1867*, UNAM, México, 1996, y P. Massé, *Simulacro y elegancia en tarjeta de visita. Fotografías de Cruces y Campa*, FCE, México, 1998.

[40] Giselle Freund (*La fotografía como documento social*, Gilly, col. Punto y Línea, México, 1981, p. 96) ha analizado los trastornos y modificaciones que experimentó la población europea en su contacto con la difusión masiva de la fotografía a través de las páginas de la prensa a fines del siglo XIX. La fina visión de la autora se detiene en aspectos ligados a las actitudes y hábitos mentales de las personas: "Cambia la visión de las masas; hasta entonces el hombre común sólo podía visualizar los acontecimientos que ocurrían a su vera, en su calle, en su pueblo. Con la fotografía, se abre una ventana al mundo. Los rostros de los personajes públicos, los acontecimientos que tienen lugar en el mismo país y allende las fronteras se vuelven familiares. Al abarcar más la mirada, el mundo se encoge. La palabra escrita es abstracta, pero la imagen es el reflejo concreto del mundo donde cada uno vive. La fotografía inaugura los *mass-media* visuales cuando el retrato individual se ve sustituido por el retrato colectivo."

[41] Entre otras cosas, el cambio cualitativo en los tirajes permite a la prensa moderna, cuyo prototipo era el ya mencionado periódico *El Imparcial*, irradiar influencia sobre un nuevo perfil de lectores y usuarios, mucho más diverso y heterogéneo que el que había alcanzado la prensa política decimonónica durante la segunda mitad del siglo XIX.

tivos institucionales que contribuyeron a delimitar las características y atributos de la niñez y sus diferencias respecto a otras etapas de la vida del ser humano, y por otro lado, la puesta en escena de las imágenes fotográficas y su contribución a las nuevas ideas y representaciones de dicho periodo, tanto en el imaginario colectivo[42] de los grupos científicos o especializados, como en el de sectores más amplios y heterogéneos, como aquel del que formaban parte los destinatarios de la nueva prensa mercantil y sus grandes tirajes.[43]

La construcción de este doble escenario científico y periodístico contó con numerosas representaciones de carácter fotográfico y tuvo un peso específico importante por lo que se refiere a la ciudad de México. Su relevancia fue tanto mayor en la medida en que en la época existía un vacío, se carecía de una legislación tendiente al reconocimiento y protección de los derechos de los infantes. En este sentido, considero que los argumentos científicos, los textos reporteriles y la diversidad de imágenes y representaciones contribuyeron a la difusión de un imaginario que permitió sensibilizar a la incipiente opinión pública capitalina acerca de algunos de los graves problemas que aquejaban a la población infantil y a replantear algunos conceptos de esta etapa.

La convergencia de estas dos miradas, la "especializada", proveniente de los grupos de médicos, pedagogos e higienistas, y la "divulgadora", procedente de la prensa y las revistas ilustradas, construyó una importante serie de conceptos, imágenes y representaciones de la niñez que terminaron por diseñar nuevos encuadres y parámetros para reflexionar sobre esta etapa, así como acerca de las formas de representarla. No se trata en absoluto de plantear que en periodos históricos anteriores no existieran reflexiones sobre los problemas de la niñez, sino de mostrar de qué manera el surgimiento y la consolidación de nuevos saberes, como la pediatría, la antropología, la pedagogía y la psicología infantil, aunados al surgimiento y difusión masiva de la fotografía vinculada con los medios impresos, proporcionaron a la población un imaginario inédito relacionado con la definición y representación de estos problemas.

Dicho imaginario abarcó, entre otros asuntos fundamentales: la recreación de una serie de estereotipos infantiles asociados a la inocencia y la pureza, y vincula-

[42] "El campo de lo imaginario está constituido por el conjunto de representaciones que desbordan el límite trazado por los testimonios de la experiencia y los encadenamientos deductivos que éstos autorizan. Lo que significa que cada cultura y por tanto cada sociedad e incluso cada nivel de una sociedad compleja tiene su imaginario", E. Patlagean, "La historia de lo imaginario", en R. Chartier y J. Revel (coord.), *La nueva historia*, Ed. Mensajero, Bilbao, 1984, p. 302.

[43] La fotografía fue utilizada en los textos médicos y pedagógicos en el último cuarto del siglo XIX, primero en ediciones importadas y posteriormente en nacionales. Por lo que respecta a la prensa, aparece en las revistas ilustradas a mediados de la década de los años ochenta y en los periódicos a fines de los noventa.

dos a los grupos de las élites; el reconocimiento de una mirada profesional relati
a la salud y la patología de los cuerpos y las mentes infantiles; la consolidación de
la instrucción cívica interesada en moldear la figura del niño como ciudadano en
ciernes al servicio del Estado; el incremento y diversificación del control social
focalizado en los niños de la calle; el incremento de la militarización de las diferentes instituciones dedicadas al cuidado y la atención infantiles, y la crónica de
un fenómeno inédito visual en la prensa y las revistas de la ciudad de México:
esto es, la participación de los niños en los conflictos laborales. Todos estos asuntos contribuyeron a la edificación del inventario moderno de la niñez capitalina a
principios del siglo XX.

LA IRRUPCIÓN DE UNA NUEVA FORMA DE VER: NIÑEZ Y REPRESENTACIONES FOTOGRÁFICAS EN EL SIGLO XIX

> Al enseñarnos un nuevo código visual, las fotografías alteran y amplían nuestras nociones de qué vale la pena mirar y qué tenemos derecho a observar. Son una gramática y, aún más importante, una ética de la visión.
>
> SUSAN SONTAG

En este capítulo no realizaré el recuento cronológico de los avances de la fotografía en el siglo XIX; tampoco esbozaré la revisión global de esta temática. Para ello, remito al lector a las investigaciones pertinentes.[1] El objetivo aquí se orienta al planteamiento de algunos problemas derivados de la incorporación de la imagen fotográfica al imaginario colectivo en la sociedad occidental en el siglo XIX y su incidencia en las representaciones de la infancia; en particular, haré énfasis en las implicaciones que tuvo en algunos sectores sociales el aprendizaje visual de la imagen fotográfica, así como la carga simbólica subyacente en los diversos formatos que fue adquiriendo la foto durante el periodo estudiado, desde los retratos de estudio hasta las vistas estereoscópicas y las tarjetas postales.

FOTOGRAFÍA Y REVOLUCIÓN VISUAL

Como señala John Berger, la vista es el sentido que establece nuestro lugar en la sociedad. A través de ella, los seres humanos comenzamos a construir nuestra visión del mundo y, al mismo tiempo, nos damos cuenta de que somos percibidos,

---

[1] Al respecto pueden consultarse, entre otras investigaciones: M. Frizot (ed.), *A new Story of Photography*, Ed. Konemann, Koln, 1998; M. L. Sougez, *Historia de la fotografía*, Cátedra, Madrid, 1998, y G. Clarke, *The Photograph*, Oxford University Press, Oxford-Nueva York, 1997, para el caso de Europa, y los trabajos ya citados de Aurelio de los Reyes, Rosa Casanova y Oliver Debroise, Arturo Aguilar, Teresa Matabuena y Patricia Massé, para el caso de México.

31

observados y representados por otros. En este sentido, el "acto de ver" implica la conciencia de ser visto.[2]

La imagen equivale a la materialización de un aspecto del mundo óptico que nos rodea; la mente, a través de las percepciones sensoriales, desestructura el mundo que percibe y lo reestructura como creación independiente, pero referida al original. Por ello, las imágenes constituyen entidades originadas por la percepción óptica de un conjunto de impresiones sensoriales a las que la retina es sensible, y esto se presenta como fenómeno análogo al caso de la fotografía: la película es sensible a los rayos de luz reflejados en los objetos exteriores a la cámara, que la penetran a través de las lentes. Esta creación de imágenes nunca se produce de manera natural, sino que se lleva a cabo en todo momento de acuerdo con esquemas personales y sociales que forman parte de un código cultural.[3]

El surgimiento de la fotografía en el siglo XIX no solamente representó innovación en el ámbito técnico de la capacidad reproductiva de la imagen, sino que trajo repercusiones profundas en los hábitos visuales de las personas, entre los que cabe destacar la reeducación de la mirada: esto es, la revolución visual que modificó actitudes, comportamientos y creencias.[4] Esta reeducación, que involucró tanto a Europa como a América y cubrió cada vez más amplios sectores de la población, comprendió dos aspectos muy diferentes y de alguna manera complementarios:

Permitió por primera vez a una buena parte de la población el acceso a su propia imagen; modificó sustancialmente el mundo interior y le confirió realidad distinta a la capacidad de introspección y a la subjetividad de las personas. En un principio —como ha señalado W. H. Ivins— los lectores y el público criticaban la fotografía y se burlaban de la distorsión de la imagen que causaba; sin embargo, gradualmente fueron acostumbrándose a su presencia y terminaron por depender de ella, al grado de que aprendieron a "pensar" en términos fotográficos. De esta manera, el proceso se invirtió: la fotografía se convirtió en la norma y la retina humana tuvo que tomarla como punto de referencia para la percepción de las cosas:

---

[2] Véase J. Berger, *Modos de ver*, Gustavo Gilly, Barcelona, 1975, pp. 57-59.

[3] Véase G. Warkentin, *El siglo xix y el nacimiento de la fotografía. Irrupción de una nueva forma de ver*, UIA, México, 1992, pp. 58-80.

[4] Utilizo el término "revolución visual" en el contexto de la obra del conocido historiador de la imagen, W. H. Ivins (*Imagen impresa y conocimiento. La imagen prefotográfica*, Gilly, México, 1991, p. 54), quien señala: "Se depositó en la fotografía una fe que nunca antes se había puesto —y hubiera sido imposible poner— en las anteriores imágenes hechas a mano. Ha habido muchas revoluciones en el pensamiento y en la filosofía, en la ciencia y en la religión, pero creo que en toda la historia de la humanidad nunca se ha producido una revolución más completa que la que ha tenido lugar desde mediados del siglo XIX en la visión y el registro visual."

Va a ser la fotografía la que consiga la democratización del retrato. Por primera vez, la fijación, la posesión y la comunicación en serie de la propia imagen se vuelven posibles para el hombre del pueblo. El acceso a la representación y posesión de la propia imagen aviva el sentimiento de la importancia de uno mismo, democratiza el deseo de reconocimiento social.[5]

Además, la fotografía le otorgó sentido específico y referente concreto a la capacidad de representación de la memoria humana, ligada antes solamente al campo de los recuerdos. Contribuyó a difundir y popularizar algunos de los conceptos e ideas de la época sobre la psique humana y la noción misma de individuo, mostrando y recreando en forma gráfica varias de sus posibilidades:

Dos estremecimientos han ocurrido en la concepción de la memoria con el advenimiento de la fotografía: por una parte, la cuestión de la representabilidad de lo propiamente humano se aparta de la exégesis y la revelación; por la otra, con la fotografía se destierra en apariencia de la vida social la amenaza del desdibujamiento de la memoria, se desmiente la ilusión de que la experiencia es un régimen autónomo, propio, confinado a los límites de cada sujeto.[6]

La fotografía incorporada a las páginas de la prensa redujo la distancia virtual entre el ser humano y la percepción de la realidad exterior a fines del siglo XIX; amplió el horizonte de vida de las personas y de los pueblos, al proporcionarles en forma simultánea imágenes de culturas lejanas y desconocidas y representaciones de hechos que quedaban registrados por primera vez en el imaginario visual de la época:

La introducción de la fotografía en la prensa es un fenómeno de capital importancia. Cambia la visión de las masas. Hasta entonces, el hombre común sólo podía visualizar los acontecimientos que ocurrían a su vera, en su calle, en su pueblo. Con la fotografía se abre una ventana al mundo [...] *Al abarcar más la mirada, el mundo se encoge.* La fotografía inaugura los *mass-media* visuales cuando el retrato individual se ve sustituido por el retrato colectivo.[7]

---

[5] A. Corbin, "Entre bastidores", en *Historia de la vida privada. Sociedad burguesa: aspectos concretos de la vida privada*, vol. 8, Taurus, Madrid, 1991, p. 127. S. Sontag (*Sobre la fotografía*, Edhasa, Barcelona, 1981, p. 98) plantea el mismo problema en los siguientes términos: "Las fotografías no sólo evidencian lo que hay allí, sino lo que el individuo ve: no son sólo un registro, sino una evaluación del mundo."

[6] R. Mier, "El retrato y la metamorfosis de la memoria. La transformación de la historia en el origen de la fotografía", en *Historia y Grafía*, núm. 4, UIA, México, 1995, p. 84.

[7] G. Freund, *La fotografía como...*, *op. cit.*, p. 96. El subrayado es mío.

Así la fotografía replanteó un concepto fundamental en la historia del pensamiento occidental: la noción de individuo, y de esta manera se consolidó como legítima heredera de los dos procesos históricos gestores de la modernidad: la revolución industrial y la Revolución francesa.[8]

FOTOGRAFÍA, REALISMO Y CONTROL SOCIAL

La fotografía no solamente debe considerarse representación visual sino también tecnología, con sus propias características semióticas y materiales. Esto implica además de tomar en cuenta el contexto político-social en el que se desarrolló la fotografía, considerar el grado de avance tecnológico que determinó su eficiencia para percibir y representar la realidad.[9]

En sus inicios, la fotografía fue considerada la imitación más exacta que podía haber de la realidad. Su capacidad mimética provenía de sus procedimientos técnicos, que permitían la formación de una imagen en forma automática, sin la intervención del artista. Esta lectura está presente en la legión de entusiastas defensores de la foto en esta primera etapa, pero también, y quizá de una manera mucho más lúcida, en sus detractores. La fotografía tuvo un aliado inmediato en el público que acudía masivamente a sus primeras demostraciones; sin embargo, también enfrentó las severas críticas y refutaciones de muy distintos y casi opuestos sectores de la sociedad. Destaca la filípica que le endilgó a fines de los años cincuenta del siglo XIX el escritor Charles Baudelaire, quien veía en la fotografía un peligroso enemigo del verdadero arte:

> En estos lamentables días ha surgido una nueva industria que contribuye no poco a confirmar a la estupidez en su fe y a arruinar lo que, de otra forma, habría podido quedar intacto del genio francés. Esta muchedumbre idólatra, postula un ideal digno de sí mismo y adecuado a su naturaleza que es perfectamente comprensible [...] La estupidez moderna puede gemir y eructar toda la basura y vomitar todas las sutilezas indigestas con las que una filosofía reciente la ha atiborrado de pies a cabeza.

[8] A. Corbin, "Entre bastidores"..., *op. cit.*, pp. 73-76.
[9] El grado de avance tecnológico influyó en todos los detalles de la creación y producción de la fotografía y determinó la forma en que el fotógrafo encaraba y reproducía a su manera ciertos aspectos de la realidad. Por ello, llamaré la atención del lector cada vez que se requiera para ubicar las distintas etapas por las que atravesó la fotografía a lo largo del siglo XIX y los primeros años del XX, insistiendo en los detalles técnicos, que van desde el tipo de placas y de revelado —que determinaban, entre otras cosas, el tiempo que permanecían en pose los retratados—, hasta los soportes materiales en los que iban impresas las imágenes, que condicionaban su difusión y presuponían cierto perfil de destinatarios.

Todo esto se va a venir abajo, porque la industria, al penetrar violentamente en el terreno del arte, se ha convertido en su peor enemigo [...] Si se permite que la fotografía ocupe el lugar del arte para algunas de sus funciones, no tardará en suplantarlo o corromperlo por completo gracias al apoyo natural que encontrará en la estupidez de la multitud.[10]

La crítica del célebre escritor se refería a uno de los usos de la fotografía, que entonces se perfilaba hegemónico: la fotografía comercial, representada por las tarjetas de Disdéri, quien vulgarizaba y masificaba la producción fotográfica, atentando contra la perspectiva única e irrepetible del arte. Desde el otro lado del espectro político y cultural, procedente más bien de los grupos conservadores más reacios al cambio, un sector de la Iglesia católica dejó también un revelador testimonio en la prensa germana sobre la forma en que percibía el fenómeno fotográfico en su primera etapa:

Querer fijar reflejos fugaces no sólo es una imposibilidad, tal como han demostrado experiencias muy serias realizadas en Alemania, sino que ese querer linda con el sacrilegio. Dios creó al hombre a su imagen y semejanza y ninguna máquina humana puede fijar la imagen de Dios.[11]

Esta perspectiva conservadora y premoderna, que se refería a la fotografía con categorías religiosas como "blasfemia" y "sacrilegio", ponía de relieve la percepción de entonces de algunos sectores respecto de la imagen fotográfica; percepción que consistía en atribuirle poderes mágicos o divinos, pues resultaba capaz de crear una realidad idéntica al original sin la intervención del artista. En este sentido, no es casual que el primer álbum fotográfico de la historia, resultado del trabajo del inglés William Fox Talbot en la década de los cuarenta, haya sido titulado por su autor como *El lápiz de la naturaleza*.

Pese a la oposición y las críticas de tirios y troyanos, la fotografía avanzó y ocupó rápidamente un lugar significativo en el imaginario colectivo de la época porque respondía a intereses y necesidades políticas, económicas y culturales muy concretas de la sociedad europea de mediados del siglo XIX. Los inicios de la fotografía están vinculados con la tradición pictórica realista del retrato, que a fines del siglo XVIII había adquirido la modalidad del llamado "retrato en miniatura"; modalidad muy difundida entre la aristocracia europea de la época, que respondía a la costumbre de portar la imagen de la persona querida ausente, bajo la forma de dijes, polveras y medallones. Como ha estudiado Freund, "mandar

[10] Citado en M. Frizot, *A new History...*, *op. cit.*, pp. 153-154.
[11] *Leipziger Anzeiger*, 1839, citado en G. Freund, *La fotografía como...*, *op. cit.*, p. 67.

hacerse un retrato" en la primera mitad del siglo XIX constituía un acto simbóli-co, mediante el cual los grupos y sectores vinculados al poder político y econó-mico expresaban su ascenso social o su estatus privilegiado.[12]

Paralelamente a la tradición pictórica del retrato, cabe destacar la presencia en la Europa de la primera mitad del siglo XIX de las corrientes científicas fisiog-nómicas y frenológicas, que postulaban la vinculación entre los rasgos físicos de una persona y sus actitudes y comportamientos. Este tipo de ideas y plantea-mientos tuvieron un peso muy importante en la época, influyendo en las distin-tas áreas en las que se expresó el quehacer fotográfico durante la segunda mitad del siglo XIX: retratos individuales y familiares, fotografía documental, carcelaria, manicomial y periodística.[13]

Así la comprensión del sentido de estas expresiones está relacionada con el surgimiento, a mediados del siglo XIX, de dos disciplinas con pretensiones cientí-ficas: la fisiognomía y la frenología. Ambos saberes, de una larga tradición en Occidente que se remonta a Aristóteles y pasa por la Edad Media, establecían la correlación entre la descripción de los rasgos físicos —particularmente el rostro y la forma del cráneo— y algunos aspectos de la personalidad de los seres huma-nos.[14] A fines del siglo XVIII el pastor protestante Franz Lavater desarrolló todo un sistema fisiognómico para descifrar los signos del cuerpo humano con argu-mentos de carácter matemático, observaciones empíricas y estudios estadísticos. Su texto más influyente, *Ensayos de Phisiognomia*, publicado en 1789, iba acom-pañado de una serie de láminas con dibujos y grabados que tuvieron importantes repercusiones en Europa y América durante las siguientes décadas.[15] Franz Jo-seph Gall y su discípulo Johan Spurzheim complementaron y ampliaron estas ideas en el campo de la frenología. Entre 1810 y 1819 publicaron su trabajo más importante, un "atlas" ilustrado, compuesto por cuatro volúmenes, donde resal-taban la importancia de analizar más profundamente el cerebro humano.[16] Este

---

[12] *Ibidem*, pp. 13-22.

[13] A. Sekula, "The Body and the Archive", *October*, núm. 39, MIT Press Journals, invierno de 1986, pp. 27-52.

[14] M. Kemp y M. Wallace, *Spectacular Bodies. The Art and Science of the Human Body from Leonardo to Now*, Hayward Gallery-University of California Press, Berkeley-Los Ángeles-Londres, 2000, pp. 106-112.

[15] Un interesante análisis de las imágenes de este texto puede verse en S. Gilman, *The Face of Madness: Hugh Diamond and the Origin of Psychiatric Photography*, Brunner-Mazel, Secaucas, Nue-va Jersey, 1976, pp. 32-35.

[16] El título de la obra es bastante significativo: "Anatomía y fisiología del sistema nervioso ge-neral y del cerebro en particular, con observaciones acerca de la posibilidad de reconocer algunas disposiciones morales e intelectuales en los hombres y los animales a partir de la configuración de sus cabezas". Otro texto que cabe mencionar es el que presentó Hugh W. Diamond en la *Royal Pho-tographic Society* en 1856, titulado "On the Application of Photography to the Physiognomic and

tipo de ideas que relacionaban la conducta y el comportamiento de los seres humanos con sus rasgos físicos y corporales no establecían nada nuevo; las aportaciones de Lavater y de Gall consistieron en actualizar esos planteamientos y postularlos desde una base rigurosa y empírica, de acuerdo con los cánones científicos de la época:

> What the systems of Lavater and Gall and Spurzheim aspired to accomplish was to place the ancient and instinctual business of reading the "signs" onto a basis that was "scientific" by late eighteenth-century standards.[17]

El factor que contribuyó a generalizar la aceptación de estas ideas y su penetración en vastos sectores sociales fue su difusión a través de grabados e ilustraciones en los libros de carácter científico y, sobre todo, en la prensa de mediados del siglo XIX, que utilizó los planteamientos de Gall y de Lavater y los incorporó a diversos tipos de notas y reportajes.[18] Dichas ideas inundaban el *imaginario* de la mayoría de los fotógrafos de la época y orientaron su trabajo al acercarse al género más significativo de la época: el retrato. También condicionaron el acercamiento de los lectores y usuarios a las imágenes:

> Approaches to camera likenesses, whether made for amateur or commercial purposes, ranged from documentary to artistc, from "materialistic" to "atmospheric", but whatever their underlying aesthetic mode, photographic portraits reflected from their origin the conviction that an individual's personality, intellect, and character can be revealed through the depiction of facial configuration and expression.[19]

Mental Phenomena of Insanity", el cual incorporaba fotografías de enfermos mentales. Dichas imágenes fueron leídas e interpretadas por el autor siguiendo los nuevos parámetros establecidos por Gall y Lavater. Al respecto, véase S. Gilman, *Seeing the Insane*, University of Nebraska Press, Lincoln-Londres, 1982, pp. 122-127.

[17] "Lo que los sistemas de Lavater, Gall y Spurzheim aspiraban complementar era el antiguo e instintivo negocio de leer los 'signos' sobre una base 'científica' según los parámetros de fines del siglo XVIII", M. Kemp y M. Wallace, *Spectacular Bodies...*, *op. cit.*, p. 111.

[18] Uno de los primeros reportajes periodísticos que reforzaron este tipo de planteamientos fue el que se refirió al caso de William Freeman, un homicida afroamericano que asesinó a una familia en el estado de Nueva York. La prensa estadunidense difundió una serie de grabados e ilustraciones en los que mostraba los rasgos físicos del rostro del homicida y la forma de su cráneo para señalar, retomando a Gall y a Lavater, que la capacidad craneal de la población negra era inferior a la sajona y que esto la convertía en más propensa al universo del crimen. Véase S. Gilman, *Seeing the Insane*, *op. cit.*, pp. 112-115.

[19] *Ibidem*, p. 39. "Los intentos de hacer retratos con cámara, hechos ya sea con propósitos de aficionados o comerciales variaban de lo documental a lo artístico, de lo 'materialista' a lo 'atmosférico', pero cualquiera que fuera el modo estético que les sirviera de fundamento, los retratos fotográficos reflejaban desde su origen la convicción de que la personalidad de un individuo, su intelecto y

Las teorías y planteamientos de Lavater y de Gall adquirieron gran popularidad en el horizonte cultural de la Europa del siglo XIX y fueron difundidos por
los escritores y novelistas de mayor relevancia: Balzac, Dickens, Flaubert, Galdós
y Zola, pasando rápidamente a otros lugares y áreas de influencia, como Hispanoamérica, donde encontraron resonancias locales, con casos como los de Julio
Guerrero, Federico Gamboa y Ángel de Campo. El historiador Louis Chevalier,
en un texto ya clásico sobre el tema de la "peligrosidad" de las clases populares en
el siglo XIX, se refería irónicamente a este proceso de la siguiente manera:

> Equipped with the hypotheses of Gall and Lavater, doctors in hospitals and convict
> prisons found no difficulty in discovering wolf-men and lion-men among their
> clientele. The journalists followed suit.[20]

La invención del daguerrotipo en Francia en 1839 entronca de manera vigorosa con esas ideas y tradiciones, provenientes del mundo científico y artístico. Con todo y sus evidentes limitaciones, entre las que destaca el hecho de la
imposibilidad de reproducción de la imagen, el daguerrotipo tuvo éxito inmediato y se extendió a América dominando la escena durante las siguientes dos
décadas. La llegada a México de esta técnica ha comenzado a ser valorada desde
la perspectiva histórica. Para los objetivos de esta investigación baste destacar su
confluencia con las tradiciones artísticas y científicas de la época y su importancia como referencia, que permitió otro tipo de reflexión acerca de la imagen en
las décadas posteriores.[21]

---

su carácter pueden ser revelados por la imagen de su configuración facial y su expresión." Algunos
especialistas en el tema, como A. Sekula ("The Body...", *op. cit.*, pp. 11-15) y S. Lalvani (*Photography. Vision and the Production of Modern Bodies*, State Universiy of New York Press, Nueva York,
1996, pp. 48-52), consideran tan importante esta premisa fisiognómica-frenológica, que le dan categoría de "paradigma hermenéutico" para comprender el uso de la fotografía en la época.

[20] L. Chevalier, *Labouring Classes and Dangerous Classes in Paris during the first half of the Nineteenth Century*, Howard Fertig, Nueva York, 1973, p. 411. "Equipados con las hipótesis de Gall y
de Lavater, los médicos de los hospitales y de las prisiones no tuvieron dificultad para descubrir
hombres-lobo y hombres-león entre su clientela. Los periodistas les siguieron."

[21] El daguerrotipo consistía en una placa de cobre que se colocaba en una caja sobre cristales
de yodo, los cuales producían, a través de vapores, un precipitado de yoduro de plata sensible a la
luz. Una vez sensibilizada la placa, se le exponía a la luz solar y se le revelaba con vapores de mercu-
rio. Finalmente, se montaba la placa en cajas forradas de piel. El procedimiento original era muy
costoso, y los tiempos de exposición y revelado duraban varios minutos, lo mismo que el lapso que
las personas debían posar para el fotógrafo. Todo esto se fue acortando rápidamente gracias a las
innovaciones técnicas de Daguerre y sus seguidores en las siguientes décadas, hasta cambiar los minutos de pose y revelado por unos cuantos segundos. Para una lectura atenta y pormenorizada de la
evolución de los aspectos tecnológicos de la fotografía en el siglo XIX, véase R. Monroy, *De luz y plata. Apuntes sobre tecnología alternativa en la fotografía*, INAH, col. Alquimia, México, 1997.

LAS TARJETAS DE VISITA O LA ESTÉTICA DE LA SIMULACIÓN

En la década de los años cincuenta se produce uno de los grandes cambios en la historia de la fotografía con el surgimiento de Adolphe Eugene Disdéri y la incorporación de las *tarjetas de visita* a la fotografía comercial de la época, lo que significó, entre otras cosas, la ampliación de la esfera de influencia de la imagen fotográfica a sectores sociales heterogéneos con la consiguiente "democratización" del género del retrato.[22]

Disdéri redujo los formatos, reemplazó la placa metálica por el negativo de vidrio, patentando un método para producir ocho imágenes en un solo negativo, las cuales se montaban en pequeñas tarjetas que medían nueve por seis cm. De esta manera economizó y disminuyó los costos, entregando sus productos en 24 horas, a diferencia de los retratistas de grandes y medianos formatos que cobraban una cantidad mucho mayor y tardaban días y semanas en entregar al cliente las imágenes.[23] Las tarjetas implicaron la pérdida del reconocimiento de signos y diferencias particulares de las personas en favor de la construcción de modelos y estereotipos, los cuales se encargarían de influir y orientar a una mentalidad colectiva con elementos más homogéneos y uniformes en los que la búsqueda de la proyección de honorabilidad y de cierto concepto de belleza se entremezclaban y configuraban una unidad. (Imagen 1.)

La implantación de este género fotográfico contribuyó a la creación y difusión del arquetipo de una capa social que matizaba y diluía las propiedades y los atributos del ser individual. Los accesorios del estudio fotográfico, tales como una columna, un velador o una cortina, desplazaban la atención y distraían al espectador respecto de la intimidad de la persona retratada. El individuo se veía constreñido a una pose: el brazo izquierdo apoyado en la mesa, los ojos sumidos en la meditación, una pluma de oca en la mano derecha, etc.[24] En este contexto las manos desempeñaban una función muy importante, pues representaban determinados valores y actitudes. Así, el efecto teatral invadió la fotografía y termi-

---

[22] En 1851 el inglés Frederick Scott Archer inventó un nuevo proceso fotográfico conocido como colodión húmedo que modificó sustancialmente el quehacer en este campo, aceleró la decadencia del daguerrotipo y marcó una nueva etapa en la historia de la fotografía. El nuevo procedimiento utilizaba una mezcla de algodón con pólvora disuelta en éter y alcohol. Sobre esta solución se añadían sales sensibles a la luz y se utilizaba como soporte placas de vidrio. La gran aportación de este método residía en que permitía obtener copias positivas sobre papel albuminado, lo que incrementó notablemente la reproducción de copias y la difusión masiva de la fotografía. Las *tarjetas de visita* fueron el resultado inmediato de esta renovación. *Ibidem*, pp. 43-47.

[23] M. Sougez, *Historia de la fotografía, op. cit.*, pp. 148-150.

[24] W. Darrah, *Cartes de Visite in Nineteenth Century Photography*, V.C. Darrah Publisher, Gettysburg, Pennsylvania, 1981, pp. 34-39.

Imagen 1. Tarjeta de visita: "Madre con tres hijas", *ca.* 1880. (Sinafo-FINAH.)

nó por construir imágenes que resultaban parodias de los rostros humanos.[25] En esta misma lógica, los detalles "molestos" se podían dismular a través de los llamados "retoques" que el fotógrafo realizaba en los propios negativos. En todo esto, Disdéri no inventó nada; sólo se limitó a aplicar las ideas vigentes entre los pintores retratistas de la época. En 1862 publicó su *Estética de la fotografía*, que definía todo un programa que estipulaba las cualidades que debía presentar la imagen fotográfica para ser aceptada socialmente: fisonomía "agradable", nitidez, belleza y proporciones naturales. El hecho que desencadenó la difusión masiva de las tarjetas fue la presentación del propio Napoleón III en el estudio de Dis-

---

[25] E. Gombrich (*Arte, percepción y realidad*, Paidós, Barcelona, 1983, pp. 183-185) ha estudiado con agudeza este fenómeno en el campo de la historia del arte y lo ha denominado el efecto "enmascarador".

Imagen 2. Tarjeta de visita: "Madre e hija", 1880. (Sinafo-FINAH.)

déri en París para tomarse un retrato, mientras afuera lo esperaba una parte de su ejército. Después de este insólito acontecimiento, la sociedad acudió en forma masiva a los estudios fotográficos durante las siguientes semanas.[26]

En México, el fenómeno de las tarjetas tuvo un éxito rotundo. A fines de los años cincuenta y en las siguientes tres décadas del siglo XIX, este tipo de formatos inundó el mercado y se difundió no sólo entre las clases altas, sino también en el resto de la sociedad. Una de las primeras casas comerciales que utilizó estos formatos fue la de Cruces y Campa, que llegó a difundirlos en gran escala y a formar colecciones para su venta entre el público a partir de la década de los setenta. Las tarjetas se ciñeron al código de Disdéri y se adaptaron al contexto mexicano. Las tarjetas de Cruces y Campa constituyen una importante y significativa documentación visual que muestra la manera en la que se vio a sí misma una clase social vinculada al poder político y económico y, sobre todo, ilustra acerca de la proyección de cierta imagen que esta clase deseaba difundir entre las demás. (Imagen 2.)

[26] G. Freund, *La fotografía como…*, *op. cit.*, pp. 60-61.

Imagen 3. Tarjeta de visita: "Niña",
1880. (Sinafo-FINAH.)

La colección abarcó también la representación de niños, quienes carecían
por lo general de personalidad propia y se adaptaban a las reglas convencionales
que orientaban gestos y posturas de los adultos. En términos generales se trataba
de niños y niñas pertenecientes a los grupos dominantes, retratados en las mismas posturas que sus padres. Más que infantes, lucían como "adultos pequeños",
posando frente a los mismos objetos y utilería que buscaban proyectar cierto
estatus. Por todo ello, estas imágenes no contribuyeron a definir una visión foca-
lizada en los atributos y características particulares de la niñez; al contrario, prevalece claramente la mirada del fotógrafo que define las poses, elige los objetos
y cuida todos los detalles. Tal es lo que ocurre en el ejemplo elegido para este
apartado, en el que puede verse a un infante de las élites urbanas del México de
los años sesenta del siglo XIX. Ningún gesto o detalle nos remite a la niñez; por el
contrario, tanto la postura y la gestualidad proporcionan una idea del universo
hegemónico de sus padres. (Imagen 3.)

LA DIVULGACIÓN DE LA FOTOGRAFÍA: LOS "TIPOS POPULARES"

La comercialización de las *tarjetas de visita* se extendió a otros grupos sociales y
abarcó los llamados "tipos populares"; esto es, la representación de una serie de
imágenes fotográficas de diferentes personajes de los sectores marginados percibi-

dos desde una óptica costumbrista y agrupados en distintos trabajos y oficios de la época, tales como el del carbonero, el aguador y la buñolera, entre muchos otros. Esta práctica fotográfica, que tuvo gran éxito a partir de la década de los años ochenta, encontraba antecedentes importantes en el terreno de la pintura, el grabado, la litografía y la literatura, tanto en México como en el extranjero.[27]

La coyuntura histórica en la que se desarrollan estos trabajos nos remite a mediados del siglo XIX, al ascenso del pensamiento liberal en el México independiente y la gestación de una reinterpretación del fenómeno de lo popular a partir del romanticismo literario y el patriotismo político.[28] En la década de los años ochenta, la fotografía prosiguió y apuntaló este tipo de proyectos y buscó construir a través de las imágenes una identidad de lo mexicano y dar cohesión social basada en el mestizaje.[29]

> Se trata, en esencia, del requerido símbolo de la identidad nacional y del patriotismo que procuró promover intensamente al mediar el siglo XIX. Las fotografías de Cruces y Campa representan una idealización romántica del estrato inferior del pueblo capitalino caracterizada en una serie de oficios muy bien conocidos, desempeñados por sujetos con nombres, hábitos y vestuarios que habían sobrevivido por mucho tiempo.[30]

En la colección "Tipos populares" puede apreciarse la experiencia profesional acumulada por los fotógrafos de las tarjetas. La mayoría de las personas fueron retratadas en los gabinetes de los estudios fotográficos, dotados de la escenografía pertinente para realzar el oficio del retratado. En este terreno nos en-

---

[27] Por lo que respecta a otros países, pueden mencionarse las famosas imágenes de Négre, Le Gray, Napper y las del propio Disdéri. En lo que toca a México, podrían rastrearse antecedentes en las pinturas de castas del siglo XVII; en tanto del siglo XIX habría que rescatar la labor de los viajeros extranjeros, que recrearon imágenes memorables de "tipos populares" de lo mexicano, representadas la mayor parte de las veces bajo el tamiz de lo pintoresco y lo exótico. Entre ellos, cabe destacar a Linati, Waldeck, Rugendas, Hegi y Pingret. Véase M. Frizot (ed.), *A new History...*, *op. cit.*, pp. 149-167 y P. Massé, *Simulacro y elegancia...*, *op. cit.*, pp. 48-62.

[28] En lo literario sobresale la serie de novelas tituladas *La Linterna Mágica* de José Tomás de Cuéllar, las crónicas de Hilarión Frías y Soto, Vicente Riva Palacio y Juan A. Mateos, publicadas en *La Orquesta y México y sus costumbres,* y las crónicas ilustradas con litografías editadas por Manuel Murguía en *Los mexicanos pintados por sí mismos.*

[29] Por estos mismos años, Justo Sierra, el ideólogo más destacado de una historia patria durante el Porfiriato, comenzó a construir una visión de la historia del país basada en la idea de que el "alma" de la nación residía en los mestizos, que representaban la inmensa mayoría de la población. Una diferencia notable respecto de la obra del doctor José Ma. Luis Mora y de Lucas Alamán —dos referencias básicas para la pimera mitad del siglo XIX— que cifraban este núcleo integrador en la figura del criollo.

[30] P. Massé, *Simulacro y elegancia...*, *op. cit.*, p. 106.

contramos todavía bastante alejados de la fotografía documental y noticiosa que se desarrollaría unas décadas más tarde:

> El entorno visual es iconográficamente indispensable en la caracterización de cada ocupación […] Los escenarios componen también un lugar para la representación de la fotografía. Para cada personaje se reconstruye el lugar donde se le reconocía ordinariamente. Mediante este procedimiento, la figura queda aislada y perfectamente estabilizada en una composición escénica *ad hoc* […] Se procura, en todo caso, ese efecto de *trompe l'oeil* donde lo artificial del escenario se convierte en una ilusión de la realidad.[31]

A diferencia de las tarjetas de las élites, con las que se buscaba reconocimiento social, en el caso de esta nueva colección los retratados se someten a las exigencias del fotógrafo y no participan como sujetos en la realización misma de las imágenes. Los personajes infantiles no constituyen el tema central de la colección, y cuando aparecen lo hacen como una extensión de los adultos. Sin embargo, vale la pena mencionar dos casos en los que el niño proyecta una personalidad propia. Se trata de los "Niños con torito" y los "Niños vendedores". En ambos casos la representación de la infancia se aleja de las poses y la supuesta inocencia característica de las primeras *tarjetas de visita* que representaban a los grupos privilegiados descritos anteriormente. En este nuevo acercamiento encontramos a niños de los grupos populares ligados a un contexto urbano, como el escenario en el que se enmarcan sus oficios y actividades.

Por lo que respecta a la posible lectura e interpretación de estas imágenes, estamos todavía bastante alejados de la fotografía realista de carácter documental, que aspirara a la descripción objetiva y puntual del entorno social. De esta manera, la mirada del fotógrafo que buscaba remarcar el estatus de los pequeños de las primeras tarjetas ha sido sustituida por una mirada benevolente, que se acerca a los cánones del retrato costumbrista. Por ello, la marginación y la pobreza que rodea a los personajes se encuentra matizada bajo la óptica de lo pintoresco. En estos escenarios, la pose de los personajes constituye todavía el elemento central de la composición, construida y dirigida verticalmente por la mirada del fotógrafo. Podemos considerar a estas imágenes como una referencia visual que será retomada un par de décadas después por los reportajes fotográficos sobre niños de la calle y voceadores que aparecerán publicados en las revistas de principios del siglo XX. La idealización romántica y costumbrista de los trabajos de Cruces y Campa será sustituida entonces por el naturalismo determinista de los reporteros porfirianos. (Imágenes 4 y 5.)

---

[31] *Ibidem*, p. 115.

Imagen 4. Tipos populares: "Niños con torito",   Imagen 5. Tipos populares: "Niños vendedores",
1880. (Sinafo-FINAH.)   1880. (Sinafo-FINAH.)

A manera de contraste, vale la pena detenerse en una fotografía de la misma
época, ambientada en el marco histórico y cultural de la búsqueda de los "tipos
populares" que definían la identidad mexicana. La imagen, obtenida por François Aubert, uno de los fotógrafos más interesantes durante el Imperio de Maxi-
miliano, retrata en estudio a una pequeña de unos 10 años cargando a su
hermano. Esta fotografía formó parte de una colección de Aubert sobre el tema
de los "tipos populares" para su venta en Europa, pues se trataba de construir
una especie de inventario de la población local que habitaba los territorios ocu-
pados militarmente por el ejército francés.[32] (Imagen 6.) Aubert compartió la
técnica y los formatos de los fotógrafos mexicanos de la década de los años sesenta del siglo XIX; sin embargo, no existe en esta imagen la menor huella de pinto-

---

[32] L. Gutiérrez, *Documentos gráficos para la historia de México*, Editora del Sureste, México,
1985, p. 46. Tambien hay que señalar que no se realizó en el formato típico de las tarjetas, sino en
una placa de vidrio, con el procedimiento ya descrito del colodión húmedo.

Imagen 6. Fotografía: "Niña cargando a su hermano". François Aubert (fotógrafo), 1865. (Museo Real del Ejército, Bruselas.)

resquismo. Lo que puede verse con extrema crudeza es la descarnada faz de la miseria: un antecedente del retrato etnográfico de las siguientes décadas, en el que la construcción del "otro" está influida por cierta búsqueda de lo exótico y lo diferente.

HACIA LA DIVERSIFICACIÓN DE LOS USOS DE LA FOTOGRAFÍA

En las últimas tres décadas del siglo XIX tuvieron lugar dos innovaciones técnicas que modificaron notablemente la labor de los fotógrafos y difundieron esta disciplina entre sectores menos especializados. A principios de los años setenta Richard Lead Maddox sustituye el colodión húmedo por una gelatina e inventa el procedimiento conocido como placa seca, que podía ser preparada horas o incluso días antes de la toma de las fotografías, y adquirirse en casas comerciales.

En 1888, George Eastman diseñó una nueva cámara, ligera y pequeña, cargada con un rollo de película desplegable con suficiente longitud como para tomar 100 exposiciones. En unos pocos años, la fabricación de película se convirtió en una operación industrial. Había surgido la instantánea y un nuevo mercado para los fotógrafos aficionados.

A fines del siglo XIX resulta evidente que sectores sociales cada vez más amplios y heterogéneos habían asimilado la experiencia fotográfica y la utilizaban para sus propios fines e intereses. El uso de la fotografía en este periodo poseía significados muy específicos que hacían posible una relación muy singular con los lectores, distinta de la que pudiera establecerse en la actualidad.

El Archivo Histórico Porfirio Díaz: Una experiencia fotográfica

En el Porfiriato la fotografía certificaba la existencia misma de la realidad, y constituía una prueba documental de primer grado, que no podía mentir. Para los usuarios y lectores era un documento privilegiado que reflejaba la realidad de una manera directa y sin cortapisas. De esta manera avalaba la propuesta de difusión de hechos objetivos de los nuevos diarios noticiosos de principios del siglo pasado, al mismo tiempo que se convertía en pieza fundamental del nuevo engranaje político y cultural.

Esta confluencia constituye una de las claves más importantes para la lectura y la interpretación de la siguiente serie de imágenes, procedentes del fondo fotográfico de la colección Porfirio Díaz. En dicho fondo puede consultarse una importante correspondencia compuesta de una serie de cartas dirigidas al presidente Díaz, escritas por ciudadanos que enfrentaban diversos problemas y situaciones adversas en las que hacían a la máxima autoridad del país las más diversas solicitudes, desde la impartición de justicia hasta la obtención de canonjías, favores y privilegios. Lo realmente notable consiste en que dichas cartas iban acompañadas por fotografías de los interesados, que veían en estas imágenes un poderoso auxiliar para lograr sus propósitos. Todo lo anterior convierte a esta colección en un acervo privilegiado para el estudio de los usos de la fotografía en México en el cambio del siglo XIX al XX.[33]

Al igual que en las colecciones fotográficas de las tarjetas de visita y de los tipos populares, en el caso de esta serie de cartas acompañadas de imágenes, correspondientes al Fondo Díaz, los personajes infantiles distan de representar el

[33] Este acervo está bajo la custodia de la Biblioteca "Francisco Xavier Clavijero" de la Universidad Iberoamericana. Las imágenes 7 y 8 corresponden al fondo fotográfico de dicho acervo y son citadas en la obra ya mencionada de Matabuena.

tema central del acervo. Sin embargo, se pueden revisar algunas de las fotografías en las que aparecen niños y realizar algunas observaciones para ilustrar la evolución que fue experimentando este tipo de representación en la fotografía capitalina durante la segunda mitad del siglo XIX. El contexto más frecuente en el que aparecen los niños en este tipo de correspondencia es el de los grupos familiares. Resulta lógico que así sea, pues la previsible petición que da lugar a la carta procede del padre o madre de familia en cuestión, que presenta en la fotografía a los pequeños para documentar y certificar la situación adversa por la que se atraviesa. A continuación cotejaré dos imágenes de grupos familiares de niveles socioeconómicos muy distintos, pero que presentan como denominador común el afán testimonial antes mencionado.

La primera fotografía muestra el retrato de la señora Antonia Vargas y sus cinco hijos. En la carta correspondiente, la mujer le solicita al presidente Díaz un permiso especial para que su marido pudiera retirarse del ejército y reintegrarse a la familia para participar en su sostén económico. La segunda fotografía consiste en el retrato del señor Norberto Domínguez, su esposa y sus siete hijos. En la carta que acompaña a la imagen, el señor Domínguez, director de Correos de la ciudad de México le solicita al general Díaz un puesto en la Junta de Catastro.

En ambas imágenes la presencia de los niños es utilizada para confirmar la veracidad de los planteamientos expuestos por el progenitor correspondiente, el cual le asigna una carga símbolica relevante y no duda en aprovecharla para sus propios fines, que en ambos casos tienen que ver con el mantenimiento de las necesidades de la familia. Las diferencias entre ambas fotografías son notables. En el caso de doña Antonia y su familia resalta la ausencia de mobiliario y de cualquier recurso escenográfico en el estudio. Los sucios vestidos y las prendas gastadas y raídas son igualmente precarios y evidencian la extrema pobreza del grupo. Todos se encuentran descalzos. Destaca en el centro la figura alicaída de la madre, que yace sentada con la cabeza ligeramente inclinada hacia la derecha, rodeada de sus cinco hijos, y sosteniendo del brazo derecho al más pequeño, mientras éste responde acariciando levemente el cuerpo de la madre con su brazo izquierdo. Los rostros de los personajes desempeñan un papel importante; en particular las miradas cargadas de tristeza y preocupación, que se dirigen directamente a la cámara fotográfica y captan la atención del potencial lector. En general, se trata de una exhibición planeada de la pobreza, construida por el fotógrafo con el móvil explícito de despertar sentimientos de compasión y consternación en los destinatarios de la imagen. (Imagen 7.)

La fotografía del señor Domínguez y su familia está tomada en uno de los corredores de su casa, justo a la entrada de uno de los cuartos del hogar, proyectando una atmósfera de confianza e intimidad. La imagen retoma los cánones del

Imagen 7. Fotografía de estudio: "Retrato de Antonia Vargas y familia", 1895. (UIA, Catálogo fotográfico, Col. Porfirio Díaz.)

retrato de estudio. Todos los miembros de la familia lucen vestidos nuevos y elegantes, adquiridos especialmente para la ocasión. La pose de cada uno desempeña un papel fundamental: la actitud corporal, la sonrisa cordial y, en particular, el manejo de las manos, que descansan sobre las piernas en el caso de los más pequeños y que se entrelazan de manera discreta, en el caso de los mayores. Don Norberto y su esposa encabezan la imagen, en la parte superior izquierda: lucen tranquilos y apacibles, como orgullosos de su extensa progenie. No sobresale ningún detalle en particular; lo que importa es la proyección general de respetabilidad familiar que se desprende de la imagen, de acuerdo con los convencionalismos sociales de la época. En el reverso de la fotografía se indican los nombres, la edad y el lugar de nacimiento de cada uno de los integrantes de la familia, lo cual agrega una importante diferencia respecto de la imagen anterior, en la medida que resalta la importancia de los pequeños y les asigna un papel relevante como individuos, dotados de identidad propia.[34] (Imagen 8.)

[34] La lista completa de los integrantes de la familia Domínguez es la siguiente: Mario de 15 años originario de Durango; Lola de 13, de Monterrey; Marina de 12, Mercedes de 10, y Augusto de 8, de Culiacán; Virgilio de 6 y Horacio de 5, de México. Expediente de Norberto Domínguez, L35, C28, docto. 13537, Archivo Histórico Porfirio Díaz.

Imagen 8. Fotografía: "Retrato de Norberto Domínguez y familia", 1904. (UIA, Catálogo fotográfico, Col. Porfirio Díaz.)

Fotógrafos aficionados y profesionales

Las nuevas condiciones técnicas difundieron el uso de la fotografía entre sectores no especializados, que gradualmente fueron familiarizándose con los adelantos traídos de Europa y Estados Unidos. Un indicador del nuevo estado de cosas está representado por algunas publicaciones, como *El Fotógrafo Mexicano*, donde se anunciaban las nuevas cámaras mucho más ligeras y se invitaba a los aficionados a retratar sus escenarios cotidianos, en vez de los tradicionales retratos de estudio, con sus "horribles mesas" y sus "mentidos mares y campiñas", lo cual inauguraba nuevas perspectivas realistas y el deslinde de los cánones pictorialistas predominantes en el periodo. Una parte importante de la nueva clientela está representada por el sector femenino, que tambien se apropió de las nuevas prácticas y comenzó a desarrollar su particular sello en las diferentes vistas urbanas y familiares.

En la Fototeca Nacional puede consultarse un importante acervo fotográfico que muestra el despliegue y las habilidades de un fotógrafo aficionado de la época. Se trata del Fondo Arzumendi, que rescata la obra fotográfica de Juan

Antonio Arzumendi, un ciudadano mexicano de origen vasco, perteneciente a las clases altas porfirianas, quien se encargó de retratar a su familia de muy distintas maneras en el entorno de su residencia en la calle de Sadi Carnot en la colonia San Rafael, en la ciudad de México. El trabajo de este fotógrafo aficionado ha sido considerado como una de las crónicas visuales más relevantes que retratan la intimidad burguesa urbana de principios de siglo XX en la ciudad de México. El sello particular de Arzumendi remite a cualquier historiador de la fotografía al estilo desenfadado con que Jacques Henri Lartigue retrataba los aspectos íntimos y cotidianos de la burguesía parisina de principios de la época:

> Arzumendi [...] detenta, a finales del siglo XIX y principios del XX en México, una mirada fotográfica detalladamente dirigida al mundo de lo privado, impregnada de un espíritu de tranquilidad, que tiende a proyectarse a partir de una sensibilidad por lo cotidiano [...] Fuera de la farándula pública y de la vida en sociedad, el fotógrafo procede a la invención del hábitat y la vida de un burgués, animado por un deseo de dictar un orden perfecto en el ámbito familiar.[35]

La imagen en cuestión muestra a sus dos pequeñas hijas jugando con una pequeña pelota en uno de los jardines de la casa. La composición de la escena está cuidadosamente preparada, con las dos niñas en el centro y un sirviente que observa como mudo testigo la acción desde una de las entradas laterales de la mansión. En un alarde técnico para la época, el fotógrafo ha detenido la pelota en el aire. El halo de inocencia infantil nos remite a algunos trabajos académicos de la época y a los retratos sobre la niñez que comenzaban a ser publicados en las revistas de la época. (Imagen 9.)

En el otro extremo encontramos a otro tipo de fotógrafos que se desempeñaron de manera profesional. Al respecto, vale la pena mencionar el trabajo de los hermanos Valleto en la ciudad de México, y la labor del estadunidense C. B. Waite de comercialización de vistas y tarjetas postales en el interior del país. Ambos casos responden a perfiles distintos del trabajo de este tipo de profesionales y en esa medida serán mencionados aquí, como botones de muestra.

Julio, Guillermo y Ricardo Valleto fueron miembros de las élites urbanas que gobernaron el país entre la década de los años sesenta del siglo XIX y los primeros años del siglo XX. Su formación técnica en Europa con algunos de los mejores fotógrafos, así como la obtención de diversos premios internacionales les generó gran reconocimiento. Los Valleto continuaron con la tradición del retra-

---

[35] P. Massé, "La construcción de un autor. Fotografías de la vida privada y la propiedad", en *Historias*, núm. 49, INAH, mayo-agosto de 2001, pp. 97-98.

Imagen 9. Fotografía: "Hijas del Sr. Arzumendi jugando con una pelota en el jardín de su casa en la calle Sadi Carnot", Juan Antonio Arzumendi (fotógrafo), *ca.* 1905. (Sinafo-FINAH.)

to de Cruces y Campa y la enriquecieron con los nuevos adelantos técnicos de principios de siglo. Aplicaron los cánones de la composición y las reglas estéticas predominantes en Europa durante este periodo, buscando la armonía y el equilibrio.[36] En el año de 1901 montaron uno de los estudios fotográficos más lujosos y mejor equipados del país.

C. B. Waite fue un fotógrafo estadunidense que incursionó en diversos campos. Su trabajo profesional sólo fue posible gracias al adelanto en la construcción de las vías férreas que emprendió el gobierno de Díaz y que marcó el inicio de una nueva etapa de introducción de capitales extranjeros y el florecimiento del turismo. De las temáticas y rubros desarrollados por el estadunidense en territorio mexicano entre fines de la década de los años noventa del siglo XIX y los primeros años del siglo XX podemos mencionar el de las tarjetas postales, las fo-

[36] Dos referencias importantes, conocidas tanto por los Valleto como por los fotógrafos más relevantes del periodo, fueron *Pictorial Effect in Photography. Hints on composition and chiaroscuro for photographers*, de Henry Peach Robinson y *El fotógrafo retratista*, de C. Klary. Un buen acercamiento a la obra de los Valleto puede encontrarse en Claudia Negrete, *Valleto Hermanos: Fotógrafos mexicanos de entresiglos*, Tesis de la Facultad de Filosofía y Letras de la UNAM, México, 2002.

tografías para guías de viajeros, las vistas comerciales para empresarios y potenciales inversionistas en la minería y la industria del caucho y el ejercicio del fotoperiodismo para algunas revistas ilustradas de la época, entre las que sobresale *El
Mundo Ilustrado*.[37]

La figura de los niños es una constante en la obra de Waite. Entre otras imágenes, sirva para nuestro análisis la fotografía que lleva por título "Déme un centavo" y otra imagen con la fotografía de un niño cargador, que fue convertida en
tarjeta postal. Ambas tienen que ver con el crecimiento del turismo y la generación de una mirada extranjera sobre los tipos populares mexicanos. Por lo que
respecta a la primera, resulta importante el contexto en el que este tipo de fotografías eran publicadas. Se trata de guías para viajeros, que informaban y detalla-
ban sobre cualquier cosa que pudiera resultar útil al turista en el transcurso de su
estancia en México. La guía más conocida fue la *Terry's México*, publicada por la
Sonora News Co., que avisaba al viajero de su inevitable encuentro con niños
limosneros, que podían posar por 25 centavos; lo prevenía de no caer en el error
de comprar fotografías pornográficas, prohibidas por las leyes mexicanas, y lo
preparaba para su encuentro con otras realidades, ajenas y exóticas a lo que estaba acostumbrado a ver en su país de origen. Una lectura de este tipo de fotografías se encuentra en el límite y la convergencia de estos avisos y advertencias.
La pobreza infantil aparece convenientemente maquillada y domesticada para la
mirada del turista, que no encontrará peligro alguno en su encuentro con estos
simpáticos e inofensivos pequeñines de tez morena, que lucen descalzos y semidesnudos; apenas tapados por desvencijadas ropas de adulto. El título induce la
lectura de la fotografía y la dota de un sentido paternalista; el cual, sin embargo,
no puede ocultar la distancia cultural y racial, suavizada por la mirada costumbrista. (Imagen 10.)
    En lo que toca a la segunda, la fotografía del niño cargador, puede decirse
que también es aplicable este marco costumbrista que suaviza la pobreza —en este caso, el trabajo infantil— y lejos de la denuncia o la crítica social, conduce a la
imagen por caminos más convencionales. La novedad aquí estriba en el uso de
la imagen, reciclada a través de su transformación en tarjeta postal, con lo que
tenemos además del título inicial que le confiere cierto sentido a la foto, los propósitos del propio usuario de la tarjeta y del destinatario, quien la leerá a partir
de sus propios intereses y preocupaciones. (Imagen 11.)

[37] Una aproximación crítica a la obra de C. B. Waite y sus vicisitudes en territorio mexicano
puede verse en Francisco Montellano, *C. B. Waite, Fotógrafo. Una mirada sobre el México de principios del siglo* XX, Camera Lucida-Conaculta-Grijalbo, México, 1994.

Imagen 10. Tarjeta postal: "Niño limosnero", C. B. Waite (fotógrafo), 1905. (AGN.)

Imagen 11. Tarjeta postal: "Niño cargador", C. B. Waite (fotógrafo), 1905. (AGN.)

La delimitación de los problemas planteados en este capítulo forma el contexto básico en el que se suscribe la lectura e interpretación de las imágenes en general y de las fotografías infantiles en particular que habremos de revisar a lo largo del presente libro.

Hemos visto en este apartado introductorio cómo en la segunda mitad del XIX se fue forjando un lenguaje fotográfico que determinó ciertas condiciones de representación que impactaron la temática de la infancia. Los contextos de producción de estas imágenes y representaciones de la infancia marcaron y condicionaron su uso y recepción, y dotaron a la niñez de sentidos y connotaciones muy concretas. Estas plataformas fotográficas construidas durante la segunda mitad del siglo XIX fueron retomadas tras los grandes cambios tecnológicos de fin de siglo, que permitieron la divulgación de una serie de representaciones de la niñez a través de la prensa y las revistas ilustradas.

PRIMERA PARTE

LA MIRADA DE LOS ESPECIALISTAS: LA CONSTRUCCIÓN DE LOS CUERPOS Y LAS MENTES INFANTILES

I. LOS MÉDICOS

EL SURGIMIENTO DE LA MIRADA CLÍNICA

A fines del siglo XVIII, la medicina occidental consolidó la sistematización de observaciones empíricas que había venido practicando en los siglos anteriores y desarrolló una nueva forma de analizar e interpretar los procesos patológicos, lo que desplazó gradualmente a la célebre teoría de los humores.[1]

Esta nueva forma de interrogar la realidad de los pacientes y su entorno se desarrolló en forma particularmente importante en Francia durante la primera mitad del siglo XIX, con lo que llevó a la llamada escuela "anatomo-clínica" a un nivel privilegiado en el ámbito internacional, que influyó decisivamente en la orientación y el quehacer científico de los países hispanoamericanos. El viraje propuesto por esta escuela ha sido descrito por Michel Foucault de la siguiente manera:

> Esta nueva estructura está señalada por el cambio ínfimo y decisivo que ha sustituido la pregunta: "¿Qué tiene usted?", con la cual se iniciaba en el siglo XVIII el diálogo del médico y el enfermo con su gramática y su estilo propios, por esta otra, en la cual reconocemos el juego de la clínica y el principio de todo su discurso: "¿Dónde le duele a usted?". A partir de ahí, toda la relación del significante con el significado se distribuye de nuevo, y ahora en todos los niveles de la experiencia médica.[2]

La nueva mirada se cifraba en las lesiones anatómicas como punto de partida para describir los padecimientos e interpretar las enfermedades. El saber médico comenzó a establecer una relación más estrecha entre dos series de fenómenos: la observación clínica de los registros corporales de los pacientes y las lesiones de carácter anatómico. El lugar privilegiado para llevar a cabo estas actividades fue el hospital, que se convirtió en el centro de operaciones de las nuevas propuestas

---

[1] R. Pérez Tamayo, *El concepto de enfermedad, Su evolución a través de la historia*, FCE-UNAM-Conacyt, México, 1988, pp. 27-34.

[2] M. Foucault, *El nacimiento de la clínica, op. cit.*, p. 15.

y razonamientos, en un espacio de investigación y docencia como nunca antes se había practicado en la historia de la medicina. En palabras del historiador de la medicina Robert Laplane:

> Pediatricians take advantage of progress in adult medicine and adapt new discoveries to the idiosyncrasies of children. In the nineteenth century, they applied the now well known Méthode anatomo-clinique that did away with the dogmatic theories that had prevailed too long. It was the first scientific approach to medicine. This new mode of thought was introduced by Corvisart, Bichat, Bayle and Laennec in adult medicine. Thanks to Billiard it had established some order in the rather chaotic approach to infant's diseases as early as 1828. It was particularly stressed and clearly defined in the famous work of E. Barthez and F. Rilliet (1843) which was republished several times in succeeding years. The Méthode anatomo-clinique is based upon accurate and through clinical examination of the patient with scrupulous noting of all functional and physical data.[3]

La observación rigurosa de los fenómenos patológicos incorporó métodos de registro y de exploración de los cuerpos cada vez más detallados y precisos, como la auscultación, que introdujo el estetoscopio y las percusiones toráxicas, los aparatos de medición craneana y los aparatos de la ortopedia moderna; toda una serie de instrumentos y herramientas cuya función era reforzar el carácter mensurable de las observaciones médicas, de acuerdo con los parámetros científicos de la época, en los que la exactitud y la objetividad constituían valores intercambiables:

> A partir de su tratado De l'auscultation médiate (1819), el estetoscopio o fonendoscopio, es decir, el aparato "para ver en el interior del pecho mediante sonidos", se convirtió en el instrumento más representativo de la profesión médica y los sonidos auscultatorios, en el modelo metodológico de una amplia serie de signos anatomoclínicos.[4]

[3] R. Laplane, "French Pediatrics", en N. Buford, A. Ballabriga y N. Kretheser (ed.), *History of Pediatrics, 1850-1950*, Raben Press, Nueva York, 1991, p. 22. "Los pediatras aprovecharon los avances logrados en la medicina de los adultos y adaptaron nuevos descubrimientos a la idiosincrasia de los niños. En el siglo XIX aplicaron el actualmente bien conocido Método anatomo-clínico, que permitió superar las teorías dogmáticas que habían prevalecido durante demasiado tiempo; constituyó la primera aproximación científica a la medicina. Esta nueva forma de pensamiento fue introducida por Corvisart, Bichat, Bayle y Laennec en la medicina para adultos. Gracias a Billard quedó establecido algún orden en la entonces caótica aproximación a las enfermedades infantiles en una fecha tan temprana como 1828. Esto quedó particularmente acentuado y claramente definido en el famoso trabajo de E. Barthez y F. Rilliet (1843), reeditado muchas veces en los años subsiguientes. El *método anatomo-clínico* está basado en la precisión a través del exámen clínico del paciente mediante la revisión escrupulosa de toda la información funcional y física."

[4] J. M. López Piñeiro, "Las ciencias médicas en la España del siglo XIX", en J. M. López Piñeiro (ed.), *La ciencia en la España del siglo xix*, Marcial Pons, Madrid, 1992, p. 195.

La mirada clínica implicó una forma diferente de enfrentar las enfermedades infantiles y de concebir la etapa de la niñez. En la tradición hipocrático-galena regía el principio de que en la naturaleza infantil predominaban el calor y la humedad, lo que le daba a la etapa una peculiar predisposición a la enfermedad. Sin embargo, con la edad moderna y su insistencia en la atención a la infancia en sí misma, se recuperó la noción del tratamiento y se llegó por primera vez al equilibrio.[5]

Esta predisposición de la infancia a la enfermedad era tan marcada en siglos anteriores que la propia etapa era percibida en términos devaluatorios. Todavía Brouzet, en pleno siglo XVIII, se refería a ella de la siguiente manera: "*Cet age qui doit etre regarde lui-même comme une maladie, qui a son commencement, sa marche, ses acces et sa fin.*"[6]

A lo largo de la primera mitad del siglo XIX se consolidó una literatura de carácter pediátrico en la que la atención se centraba en los casos clínicos de la infancia. Las normas de salud y enfermedad se basaban en la contemplación de los órganos alterados, y las desviaciones patológicas se estudiaban en función de los casos llamados "normales", tomándose en cuenta el desarrollo de cada individuo. Estos cambios resultaron claves en la medida en que implicaron un giro en la percepción de la niñez. Ya no se atribuían al infante rasgos de debilidad, sino que ahora se le estudiaba en función de los estados de salud y patología, con una especificidad en la organización y una dinámica propia.

La nueva lectura anatomo-clínica y sus métodos exploratorios redundó en la elaboración de una visión específica respecto al estudio objetivo de los padecimientos. Algunos de los autores fundamentales de este nuevo orden de cosas fueron: Billiard, Bouchot, Comby, Marfan, Grancher, Apert, Cruchet, Rocaz, Genevrier, Broca, Méry, Castaigne y Simon. La escuela anatomo-clínica francesa fue la de mayor influencia en la medicina mexicana durante el Porfiriato y en los inicios de la pediatría nacional. La mayor parte de los textos de los médicos franceses era consultada, a fines del siglo XIX, por sus colegas mexicanos. Todavía hoy en día estos textos pueden revisarse en la Biblioteca de la Escuela Nacional de Medicina. Algunos de los más relevantes para esta investigación son los siguientes: *Manual de enfermedades de los niños*, de E. Apert; *Traité de thérapeutique infantile médical chirurgicale*, de A. Broca y Paul Le Gendre; *Traité des maladies de l'enfance*, de Jules Comby; *Tratado de higiene de la infancia*, de J. B. Fonssagrives; *Traité de l'allaitement et de l'alimentation des enfants du premier age*, de A. Marfan, y *Précis de médicine infantile*, de P. Nobecourt. La lectura de estas

---

[5] R. Pérez Tamayo, *El concepto de enfermedad...*, *op. cit.*, pp. 64-67.

[6] "Esta edad que debe ser vista en sí misma como una enfermedad, que tiene su principio, su marcha, sus claves y su fin", citado en P. Laín Entralgo, *Historia de la medicina, op. cit.*, p. 204.

investigaciones nos permite comprender el modelo de exploración clínica predominante en la segunda mitad del siglo XIX, retomado a principios del XX por algunos médicos mexicanos que iniciarían las cátedras sobre cirugía y enfermedades infantiles, como Roque Macouzet y Carlos Tejada.

El poder persuasivo de la fotografía no sólo sirvió para ejemplificar e ilustrar las ideas científicas sobre la infancia, sino que constituyó uno de los medios más importantes para legitimar este proyecto. Para la segunda mitad del siglo XIX, las imágenes fotográficas se encontraban en el mismo nivel de interpretación de la realidad que la elaboración de cuadros y gráficas, muestras químicas y visiones microscópicas; todos con la pretensión de mensurabilidad que delineaba el imaginario científico de la época.

Los textos médicos utilizaron la litografía y el grabado con fines didácticos a lo largo de todo el siglo XIX. Los dibujos ilustraban los planteamientos de los galenos y contribuían a ejemplificar sus argumentos. En la segunda mitad de dicha centuria, los avances tecnológicos permitieron la incorporación de las imágenes fotográficas, que coexistieron al principio con las litografías y los grabados en sus funciones pedagógicas, si bien poco a poco comenzaron a imponer su predominio, basado en una aureola de cientificidad y de prestigio.[7]

La fotografía fue utilizada por la ciencia para sus fines desde etapas tan tempranas como 1846, con la edición de M. B. Sampson titulada *Racionalidad del crimen y su tratamiento apropiado*, que incluía litografías y daguerrotipos que ilustraban distintos aspectos de la criminalidad; o 1852, cuando el médico alemán Friedrich Jacob Behrendt documentó casos ortopédicos que mostraban el clásico "antes" y "después" del tratamiento.[8]

Las nuevas propuestas de observación, con sus respectivos métodos de exploración de los cuerpos, produjeron resultados muy concretos como la elaboración de las historias clínicas de los pacientes, que registraron y codificaron signos físicos que se tradujeron en una nueva percepción y representación del cuerpo humano. El papel de la visión resultó fundamental en todo este proceso. El diagnóstico del médico, basado en la exploración clínica, se complementaba con los análisis microscópicos de muestras patógenas y muestras cuantitativas de lecturas de gráficas, entre otros registros documentales.

---

[7] Al respecto véase: R. Krauss, "Photographs as Early Scientific Book Ilustration", en *History of Photography*, vol. 2, núm. 4, octubre, 1978, y M. Braun y E. Whitcombe, "Marcy, Muybridge and Londe. The Photography of Pathological Locomotion", en M. Weaver y A. Hammond (ed.), *History of Photography*, vol. 23, núm. 3, Oxford, otoño de 1999.

[8] E. O'Connor, "Camera Medica. Towards a Morbid History of Photography", en M. Weaver y A. Hammond (ed.), *History of...*, *op. cit.*, pp. 12-17.

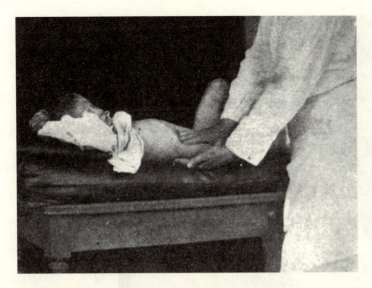

Imagen 12. Libro científico: Castaigne y Simon, *La pratique des maladies des enfants*, vol. III, J. B. Bailliere et fils, París, 1913. (ENM.)

El conocimiento médico de la enfermedad pasaba por el método de auscultación de Laennec en la primera mitad del siglo XIX, y culminaba en cuanto a grado de precisión, con las radiografías, las ortorradiografías (una mezcla de fotografía con rayos X) y las fotografías, en los albores del siglo XX. Lo que lo sostuvo epistemológicamente fue la vigencia de un mismo criterio de verdad, centrado en la verosimilitud como premisa fundamental, que influyó también en la literatura y las ciencias sociales y tardó varias décadas más en ser desplazado.[9]

Las fotografías que ilustraban este tipo de textos trasladaban a un discurso visual planteamientos de los autores sobre la exploración clínica de los cuerpos infantiles. No se trataba únicamente de un recurso didáctico para añadir mayor información o aportar detalles técnicos sobre cuestiones especializadas, sino de construir un marco de legitimidad para la nueva exploración clínica, con la consecuente difusión de la figura del médico profesional como la única autorizada para reconocer los signos y síntomas de las enfermedades.[10] (Imágenes 12 y 13.)

[9] G. Canguilhem, *Lo normal y lo patológico*, Siglo XXI, Buenos Aires, 1971, pp. 56-59. El mismo criterio de verosimilitud predominó a lo largo del siglo XIX en otro tipo de representaciones centrales para la época, como es el caso de la pintura de género histórico.

[10] Como ha señalado R. Barthes (*Lo obvio y lo obtuso. Imágenes, gestos, voces*, Ed. Paidós, Argentina, 1986, pp. 34-37), los elementos centrales de la lectura e interpretación de las imágenes fotográficas tienen que ver con el nivel latente de la connotación, que nos remite al mundo de lo simbólico.

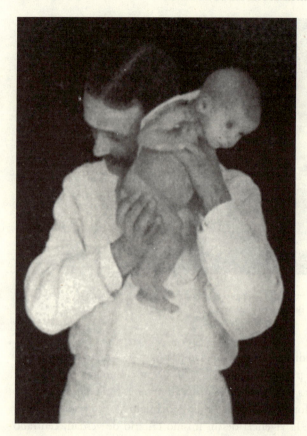

Imagen 13. Libro científico:
Eugene Apert, *Manual
de enfermedades de los niños*,
Salvat, Barcelona, 1914.
(ENM.)

Una de las prioridades de este tipo de lecturas era establecer los límites de la etapa de la infancia respecto de su "otredad", representada por la figura del adulto. En términos generales, podemos establecer que el "ojo" diferenciador de la infancia proporcionado por el esquema científico pasaba por la fisiología como una de sus estaciones centrales. El punto de partida lo estableció el propio Fonssagrives: "El niño no funciona como el adulto: éste no es un diminutivo de aquél, un *homunculus*; es un tipo fisiológico especial, que desempeña una función más que el adulto: el crecimiento, y una función menos: la generación".[11]

Bouchot escribió uno de los textos de mayor influencia en el ámbito mexicano: *Manuel pratique des nouveaux-nés et des enfants a la mamelle*, que sintetiza de manera bastante nítida la idea de la mirada clínica del médico atenta a los de-

---

[11] J. B. Fonssagrives, citado en F. Martínez, *Ligeros apuntes sobre higiene de la primera infancia*, Tesis, ENM, México, 1899, pp. 7-8.

talles más insignificantes, en un esfuerzo que terminó por reinventar el cuerpo infantil y convertir al médico en el "intérprete" de los signos "naturales" que emitían los pequeños.[12] En su investigación, producto de una observación clínica rigurosa y sistemática realizada durante varias décadas, el autor proponía desarrollar una lectura específica de la infancia que permitiera diferenciar las enfermedades de la etapa adulta de las que aquejaban en forma exclusiva o predominante a la infancia. Dicha lectura consideraba cuatro niveles:

1. El análisis de la constitución del niño y su predisposición a enfermedades especiales.
2. El estudio de los medios más convenientes para reconocer dichas enfermedades a través de diferentes medios de expresión, tales como la fisonomía, la mímica, el desarrollo y la robustez, el grito y los signos exteriores visibles por medio de los exámenes de la boca, ojos, vientre, pecho, circulación, temperatura y calorificación.
3. El estudio de los datos relativos al peso de los recién nacidos.
4. El análisis de las leyes de la mortalidad en los niños.

En palabras del propio autor:

Es necesario estudiar en el niño, para ser el sabio intérprete de su lenguaje natural, su fisonomía, su mímica y su actitud, su desarrollo, su robustez, su grito; si se añaden a este estudio la observación de algunos caracteres deducidos del estado de agitación o tranquilidad en los niños pequeños y los resultados de la inspección de algunos signos exteriores importantes, como el examen de los ojos, de la boca, del vientre, del pecho y de la respiración, de la circulación y de la calorificación, de los productos de secreción, de los vómitos, de las deposiciones, etc., se tendrán todas las nociones suficientes para juzgar bien la mayor parte de las enfermedades de la infancia.[13]

El recorrido pretendía tener carácter exhaustivo y pasaba, entre otros rubros, por la coloración de la piel de los recién nacidos, que podía incluir la rubicundez de la tosferina, la cianosis cardiaca, la palidez diftérica, la palidez lechosa albuminúrica, la coloración palustre, la palidez intestinal y la coloración amarilla ictérica, entre otras tonalidades.[14]

---

[12] *Manual práctico de enfermedades de los recién nacidos y los lactantes*. La primera edición está en francés y fue publicada en París en 1845. En la segunda mitad del siglo XIX se publicaron varias ediciones corregidas y aumentadas, y en el año de 1889 apareció la primera traducción al español.

[13] E. Bouchot, *Manual práctico de enfermedades de los recién nacidos y los lactantes*, Saturnino Calleja, Madrid, 1889, p. 10.

[14] *Ibidem*, pp. 27-39.

En la misma tónica, los rasgos y la fisonomía del rostro infantil ameritaron un tratamiento descriptivo parecido, destacándose, entre otros, los tipos de cara meníngea, la hidrocefálica, la raquítica, la pneumónica, la crupal, la cardiaca, la abdominal, la colérica, la verminosa, la anémica, la clorótica, la del sarampión, la escarlatinosa, la escrofulosa, la herpética y la escorbútica. El inventario es muy amplio e incluye la descripción de diferentes órganos y áreas del cuerpo infantil, todas recreadas en forma pormenorizada por el autor para reiterar el mensaje: la percepción y el registro visual, guiados por la mirada clínica, constituían la base para el reconocimiento de las enfermedades que aquejaban a la infancia.[15]

Otro autor sobresaliente de la pediatría francesa del siglo XIX fue el doctor Marfan, médico del Hospital de Enfermedades Infantiles de París y uno de los profesores más importantes de la Facultad de Medicina de la misma ciudad, quien proponía la noción de cambio como el elemento más significativo para comprender la identidad infantil:

> La infancia es el periodo de la vida que alcanza desde el nacimiento hasta la pubertad, la cual se establece entre los 12 y los 16 años, algo más pronto en las niñas que en los niños. Caracterízase ante todo por ser el periodo de mayor crecimiento, por el cual el organismo infantil experimenta rápidas y profundas modificaciones. Si se consideran las diferencias que separan al recién nacido del adolescente púber, se notará que en ninguna otra época de la vida extrauterina se observa una transformación tan considerable en tan corto tiempo.[16]

En esta lógica, la infancia se caracterizaba por ser el periodo de mayor crecimiento del ser humano. Sin embargo, no toda la etapa manifestaba un comportamiento uniforme; por el contrario, la pediatría de fines del siglo XIX rescataba los primeros años como los más relevantes para distinguir al niño y sus particularidades. Al respecto, el médico francés mencionaba tres etapas de desarrollo:

1. La primera infancia, que incluía los dos primeros años de vida, era sin duda la más importante y se encontraba atravesada por diversos trastornos digestivos, bronconeumonías, atrofias y atrepsias, eczemas, piodermitis, eritemas, parálisis espinal, eclampsias y el frecuente raquitismo.[17]
2. La segunda infancia, que consideraba del segundo al séptimo año, estaba marcada por el inicio del desarrollo del sistema nervioso y las

---

[15] *Ibidem*, pp. 45-47.

[16] A. Marfan, *Traité de l'allaitement et de l'alimentation des enfants du premier age*, G. Steinheil Éditeur, París, 1899, p. 1.

[17] *Ibidem*, pp. 32-37.

actividades motrices y psíquicas; presentaba entre las enfermedades
más frecuentes las fiebres eruptivas, la tosferina, la difteria y las me-
ningitis tuberculosa y ósea.[18]

3. La tercera infancia, la menos relevante en términos pediátricos en
tanto que no aportaba diferencias sustanciales respecto de la etapa
adulta, simplemente se extendía de los siete años a la pubertad.[19]

La enorme importancia asignada a la naciente pediatría en relación con las
otras ramas de la medicina era planteada por Marfan mediante la siguiente comparación:

> Si puede permitirse a un práctico que no ha cultivado especialmente ciertas ramas de
> la cirugía no hacer la operación de la catarata o la nedroctomía, por ejemplo, no po-
> dría excusársele que no sepa dar consejos sobre la alimentación de los niños de
> pecho, reconocer y tratar un cólera infantil, descubrir la causa y establecer el pronós-
> tico de una atrofia infantil, tratar una bronconeumonía en un lactante o sospechar
> las formas larvadas de la sífilis congénita.[20]

La mejor manera de conocer la relevancia que presentaba para la pediatría
la primera infancia, según nuestro autor, consiste en advertir la exposición de las
reglas que debían seguirse para la realización de la exploración clínica de los niños, que se remitía a la investigación de los antecedentes hereditarios y personales con un examen que incluía, entre otros procedimientos, la inspección, la
palpación, la percusión, la auscultación y la radioscopía; así como exámenes
de carácter químico, como el análisis de orina, del jugo gástrico, de la sangre y de
los esputos.

A lo largo del texto, el médico acentúa la diferencia de la primera infancia
respecto de las demás etapas por medio de la explicación del *modus operandi* de la
exploración clínica. Resaltaba de esta manera la existencia de un conjunto de síntomas y signos visibles únicamente para la lupa de la mirada médica que diferenciaban al niño del adulto:

> Cuando es posible hacer una seria información, debe ser dirigida de una manera es-
> pecial, diferente de la habitualmente utilizada en el adulto [...] existe todo un grupo
> de síntomas que no pueden ser utilizados en la primera infancia: son los trastornos
> subjetivos, pues los pequeñuelos son incapaces de ilustrarnos sobre sus dolencias

---

[18] *Ibidem*, pp. 37-44.
[19] *Ibidem*, pp. 44-49.
[20] *Ibidem*, p. 3.

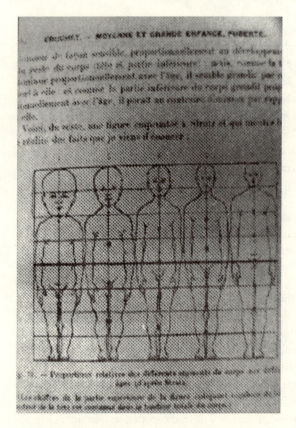

Imagen 14. Libro científico:
R. Cruchet, *La pratique des
maladies des enfants*, vol. I, J. B.
Baillieres et fils, París, 1910.
(ENM.)

[...] en las primeras edades es necesario buscar fenómenos que se desdeñan en el
adulto, como las deformidades del esqueleto que descubren el raquitismo, el estado
del cráneo y de la fontanela mayor y debe tenerse en cuenta la presencia en el tórax
de un órgano que está atrofiado en el adulto: el timo [...] en fin, existen accidentes,
como las convulsiones y signos, como el aumento de volumen del hígado y del bazo,
que no tienen, en el recién nacido y en el lactante, la misma significación que en
otras edades.[21]

El estudio higiénico del crecimiento representó otro campo que se apoyaba
sobre bases objetivas y mensurables y se encargó de ir construyendo indicadores
muy precisos a través de las tablas anatómicas que regían el desarrollo físico de
los infantes. Dichas tablas aparecieron en textos clínicos como el de Cruchet.[22]
(Imagen 14.) La fotografía se adaptó al esquema planteado por estas ilustraciones

---

[21] *Ibidem*, pp. 4-5.
[22] R. Cruchet, *La pratique des maladies de l'enfance*, Fac. Medécine Bordeaux, 1910, pp. 47-48.

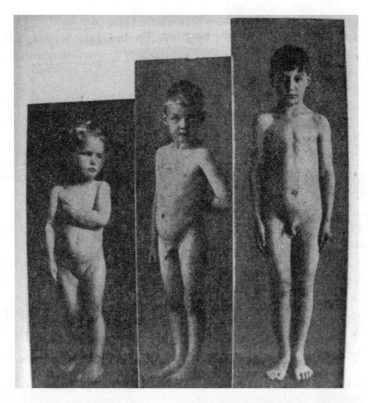

Imagen 15. Libro científico: H. Trumpp, *La crianza del niño pequeño. Higiene infantil para uso de las familias*, Salvat, Barcelona, 1914. (ENM.)

complementándolo pedagógicamente y aportándole mayor dosis de credibilidad. (Imagen 15.)

La práctica de la higiene fue reconociendo y describiendo cada una de las etapas de la niñez, en su afán por ir delimitando las coordenadas por las que tenía que pasar el cuerpo del niño de acuerdo con los cánones científicos. En la búsqueda de estos objetivos se cubrían diversos aspectos, que iban desde el cuidado de las condiciones sanitarias de la vivienda hasta recomendaciones relativas al aseo del cuerpo y las características que deberían tener las ropas y vestidos que lo cubrían. Por debajo de algunas reflexiones aparentemente anodinas e intrascendentes se escondía una nueva visión del cuerpo infantil y las maneras de representarlo. En este sentido, la lectura de los médicos cuestionaba las prácticas de grupos y sectores, todavía mayoritarios en el último cuarto del siglo, que postulaban la rigidez y la inmovilidad del cuerpo infantil como sinónimo de normalidad.

Éstos han sido algunos de los planteamientos centrales de la visión médica desarrollados por la escuela clínica. Toca ahora revisar las condiciones institucionales desde las que fue retomada esta propuesta por los médicos porfirianos y la manera en que los últimos elaboraron y construyeron su propia mirada acerca de la etapa infantil.

PORFIRIATO Y CONTEXTO INSTITUCIONAL

El cuidado y la atención médica de la infancia en México tienen antecedente en el periodo novohispano, particularmente en la segunda mitad del siglo XVIII caracterizada por la voluntad asistencial privada y estatal que creó hospicios, casas de cuna y de recogidas, el Monte de Piedad y hospitales, como el de San Andrés, entre otras importantes instituciones.[23]

Por lo que toca al periodo del México independiente, habrá que esperar seis largas décadas para encontrar una etapa de cierta estabilidad política y económica que permitiera dar continuidad a las ideas médicas relativas a la infancia y para la creación de una infraestructura ligada al Estado. Al menos éste es el diagnóstico al que han llegado los historiadores de la medicina en nuestro país, como podrá verse a continuación:

> Habría que comenzar por decir que en los primeros cincuenta años, esto es, de 1810 a 1860, poco o nada significativo aconteció [...] en cuanto a acciones específicas dirigidas al cuidado y la atención médica de los niños. En efecto, envuelto el país en una ola de turbulencias, desasosiego y ajustes políticos, socioculturales y económicos [...] resulta explicable que no surgieran ni ideas ni acciones específicas relacionadas con el cuidado y salud de los niños.[24]

La formación de una visión médica capaz de reflexionar sobre los problemas de la infancia está ligada al triunfo de las fuerzas liberales y la creación de un Estado nacional en el último cuarto del siglo XIX, lo que se tradujo en la consolidación de una red de instituciones de asistencia a la niñez y en la renovación y profesionalización de cuadros a partir de la incorporación de cursos y cátedras de pediatría dentro de la Escuela Nacional de Medicina (ENM).

En el año de 1861 el Estado llevó a cabo la secularización de hospitales y establecimientos de beneficencia, creando la Dirección General de Beneficencia

---

[23] A. S. Blum, *Family Limits: Fostering, Labor and Public Welfare, Mexico City, 1866-1910*, Latin American Studies Association, XXII International Congress, Miami, marzo, 2000, pp. 7-15.

[24] R. Ávila y J. Frenk, *Historia de la pediatría en México*, FCE, México, 1997, p. 333.

Pública, que quedó posteriormente bajo la jurisdicción de la Secretaría de Gobernación, con tres clases de establecimientos: hospitales, hospicios y casas de educación y corrección. Entre estas instituciones vale la pena detenerse en el Hospital de Maternidad e Infancia, creado por órdenes del presidente Juárez y que cerró durante el periodo de la intervención francesa, en la cual se fundó la Casa de Maternidad e Infancia. En el año de 1867 se inauguró en el Hospital de San Andrés una sala exclusiva para infantes, la cual quedó a cargo del doctor Eduardo Liceaga y pasó dos años después a la Casa de San Carlos, adjunta a la maternidad, convirtiéndose en el Hospital de Maternidad e Infancia que puede ser considerado como el primer hospital para niños en la historia del país.[25] A partir de 1875 su director fue el doctor Juan María Rodríguez, autor del primer tratado mexicano de obstetricia.

En el año de 1905 el Hospital de Maternidad e Infancia se trasladó al recién inaugurado Hospital General. Otras instituciones significativas del periodo fueron el Hospicio de Pobres, la Escuela Industrial de Huérfanos y la Casa Amiga de la Obrera —creada por la esposa de Porfirio Díaz para cuidar a los hijos de las trabajadoras, con un servicio que incluía guardería y educación primaria—, y el Hospicio de Niños, que empezó a funcionar en el año de 1905.

Como parte de esta red institucional, hay que hablar también de la labor del Consejo Superior de Salubridad del Ayuntamiento de la Ciudad de México (CSS), instancia donde se realizaron los primeros esfuerzos gubernamentales encaminados a la protección higiénica de la infancia, con campañas de vacunación y diversas medidas para mejorar las condiciones sanitarias de hospitales, escuelas y asilos.

Uno de los factores que explica el surgimiento de nuevas ideas acerca de la infancia fue la transformación de los hospitales, que dejaron de ser depósitos de pobres y marginados para convertirse en centros de investigación y docencia. Este cambio, como resulta fácil de imaginar, no se produjo de manera inmediata; fue resultado de largas décadas en las que la situación "antigua" y la "moderna" coexistieron en los mismos espacios.[26]

---

[25] Otra referencia importante es la que corresponde al Hospital de la Infancia de San Luis Potosí, inaugurado en el año de 1893. Este mismo hospital promovió la publicación de los *Anales de Pediatría* de San Luis Potosí, considerada la primera revista pediátrica en la historia del país. Al respecto, véase *ibidem*, pp. 27-31.

[26] No obstante, la historia académica de la pediatría marca el año de 1861 como el de ruptura en cuanto al surgimiento de una conceptualización moderna respecto de los hospitales infantiles: "No fue sino hasta octubre de 1861 cuando el Presidente Juárez emite un decreto que ordena el establecimiento de un Hospital de Maternidad e Infancia que resulta ser en verdad el primer y original intento en el México Independiente para tratar de encarar algunos de los problemas relacionados con la salud de las madres y los niños y la primera ocasión en la que de manera precisa y explícita se usa el término de 'Hospital' en lo concerniente a la niñez." *Ibidem*, p. 333.

Es muy interesante el testimonio de uno de los médicos más distinguidos de la época, el doctor Eduardo Liceaga, que en el año de 1882, en su calidad de director de la ENM solicitó a las autoridades gubernamentales que hicieran efectiva la separación del hospital en infancia y maternidad; separación que a pesar de haber sido ordenada por el gobierno en 1861, en los hechos nunca se había materializado y existía sólo en el decreto correspondiente. Este importante documento evidencia el desfase entre los proyectos de reforma gubernamentales y la realidad que privaba y que era la que tenían que sufrir cotidianamente los pacientes.[27] También nos muestra la existencia de un proyecto "civilizador" representado por la noción de hospital impulsada por el gobierno, que estableció gracias a médicos como Liceaga, la consulta gratuita todos los días a partir de las 7:00 de la mañana, así como otras actividades relacionadas con la higiene y la urbanidad. "El hospital tambien se encargó de impartir educación elemental a los internos. Se les enseñaba a comer en la mesa con manteles y cubiertos, a bañarse y a cambiarse de ropa cuando fuera necesario."[28]

El factor más importante que incidió en el cambio conceptual respecto a la infancia fue la renovación que experimentó la ENM durante el Porfiriato, con la incorporación de las primeras cátedras y cursos relacionados con las enfermedades infantiles, fruto de la influencia de la escuela clínica francesa en la formación de profesores y en la difusión de las nuevas ideas a través de la publicación de numerosos textos que explicaban didácticamente los resultados de las investigaciones empíricas.

En la segunda mitad del siglo XIX, la medicina en la capital comenzó a incorporar los grandes cambios provenientes de las escuelas europeas; particularmente los referentes a los criterios fisiológicos, la mirada clínica y la teoría de los gérmenes patógenos, que implicaban nuevas concepciones sobre el cuerpo, las enfermedades y su etiología.

Los médicos mexicanos viajaron a Francia y se compenetraron con este tipo de planteamientos. Algunos de ellos regresaron a México y enriquecieron notablemente el desarrollo histórico de la medicina en este país; es el caso de Miguel Jiménez, considerado uno de los primeros clínicos nacionales; el de José Terrés, uno de los médicos más importantes de la segunda mitad del siglo XIX, y el de Juan María Rodríguez, autor del primer libro de texto en el país sobre temas de obstetricia: *Guía clínica del arte de los partos*, publicado en el año de 1879.[29]

[27] Archivo Histórico de la Escuela Nacional de Medicina, "Pide Informes el Ministerio de Justicia sobre las dificultades que han surgido entre los empleados de Maternidad e Infancia y el Jefe de la Clínica de Obstetricia y practicantes de esta Escuela", 1882, legajo 118, pp. 12-15.
[28] Archivo Histórico de la Escuela Nacional de Medicina, "Pide Informes el Ministerio...", *op. cit.*, p. 16.
[29] R. Ávila y J. Frenk, *Historia de la pediatría...*, *op. cit.*, pp. 334-337.

La presencia de cursos de pediatría dentro del plan de estudios de la ENM data de la década de los años noventa. En el año de 1893 encontramos el primer registro de una clase de "Clínica Infantil" a cargo del doctor Carlos Tejeda.[30] A partir de ese año, el propio Tejeda se encargó de llevar adelante la cátedra en el Hospital de Maternidad e Infancia. En términos generales, ésta se realizaba tres veces a la semana: los martes y los jueves el profesor daba lecciones a la cabecera de alguno de los pequeños enfermos, y los alumnos interpretaban signos y síntomas hasta llegar a la elaboración de un diagnóstico, mientras que los sábados el mismo Tejeda impartía una conferencia sobre el caso clínico más ilustrativo de la semana. Si las condiciones lo permitían, se llevaba a cabo alguna autopsia.[31]

El 19 de diciembre de 1898 apareció una convocatoria para la plaza de Catedrático Adjunto de Clínica de Enfermedades Infantiles, a la que se presentó como candidato el doctor Roque Macouzet, quien fue aprobado por un jurado académico integrado por los doctores Lavista, Parra, Erdozain, Toussaint y el propio Tejeda, el 7 de febrero del año siguiente.[32] A partir de ese momento y hasta el año de 1905, Tejeda impartió el curso de "Clínica Quirúrgica para Niños", mientras que Macouzet hacía lo propio con el de "Clínica Médica para Niños". Desde el año de 1906 se integraron también los doctores Joaquín Cosío, como profesor de la Clínica Médica de Pediatría; Ricardo Manuell, en calidad de Jefe de Clínica Médica de Pediatría, y Luis Troconis, como Jefe de Clínica Quirúrgica de Pediatría.[33]

La información anterior evidencia la consolidación de la pediatría como una de las corrientes de especialización de la medicina mexicana desde fines del siglo XIX, de tal manera que a principios de la siguiente centuria se definieron sus objetivos y características como ciencia moderna incorporada al plan de estudios de la ENM dentro del rubro "Sistemas de perfeccionamiento".[34] Resulta importante el valor simbólico de esta incorporación, en la medida en que muestra el nivel de la ENM respecto a otros países europeos, como es el caso de Alemania, donde para el año de 1901, ocho de las veinte universidades del país poseían algo semejante a una cátedra pediátrica.[35]

---

[30] Archivo Histórico de la Escuela Nacional de Medicina, legajo 260, exp. 18.

[31] *Ibidem*, legajo 192, exp. 1.

[32] El examen consistió básicamente en la presentación de una disertación escrita (probablemente la tesis), un examen oral y un ejercicio práctico. *Ibidem*, legajo 209, exp. 1.

[33] *Ibidem*, legajo 188, exp. 2.

[34] Al respecto, véase las *Memorias* de la ENM correspondientes al año de 1909, en las que aparece la pediatría como una de las especialidades de la carrera de Medicina, con plena legitimidad curricular, basada en las ya mencionadas asignaturas de Clínica Médica y Clínica Quirúrgica.

[35] E. Seidler, "El desarrollo de la pediatría moderna", en P. Laín Entralgo, *Historia de la medicina*, Salvat, Barcelona, 1982, pp. 125-167.

Otra cuestión significativa es la que se refiere al inventario de instrumentos y objetos de los servicios de las diferentes clínicas médicas y quirúrgicas de pediatría de la ENM a principios del siglo XX, en el que se destacan, entre otros, un oftalmoscopio, un laringoscopio, un rinoscopio, un estetoscopio, un microscopio, un otoscopio con espejos, así como diversos abrebocas, bisturíes, pinzas especiales, cucharillas y camas con accesorios. Todos ellos demuestran la consolidación de la mirada clínica entre los médicos y los estudiantes durante esos años.[36]

El rastreo de esta mirada encuentra una de sus líneas más significativas en las tesis de los estudiantes de medicina de la época, que en términos generales confirman los planteamientos de la escuela clínica, pero a partir de observaciones empíricas realizadas en hospitales mexicanos, como el caso de la Casa de Maternidad o el Hospital de la Infancia. Al igual que sus colegas franceses, los estudiantes mexicanos insisten en el ojo diferenciador de la niñez como "otredad", alejada del modelo adulto dominante:

> Para cualquier lado que se dirija la vista, se encuentran diferencias radicales entre el adulto y el niño: ya sea en el dominio de la clínica como en el de la patología propiamente; ya en el de la fisiología como en el de la anatomía; ya en el terapéutico como en el higiénico.[37]

En este orden de ideas, la mirada de los médicos señalaba que la niñez presenta cierta hiperactividad que la distingue y diferencia de la etapa adulta, la cual se manifiesta a través de diversos factores, tales como la actividad circulatoria, la ingesta de alimentos, las actividades del sistema nervioso, la eliminación de orina y heces fecales y el tamaño de varios órganos de capital impotancia, como el cerebro, el encéfalo, los riñones y el corazón, todos proporcionalmente mayores respecto al cuerpo y más diversificados que en las actividades y órganos de los adultos.[38] En este punto encontramos una inferencia muy importante: si el niño presenta un proceso de normalidad diferente a la del adulto, también su proceso de morbosidad tiene que ser distinto. En esto se basa su enorme fragilidad, que lo predispone a la enfermedad, y en última instancia, a la muerte. Esta idea fue desarrollada por la mayoría de los constructores de la mirada clínica, más interesados en la vía patológica como forma privilegiada de acceso a la infancia, que en los procesos que constituían la llamada "normalidad".

---

[36] Archivo Histórico de la Escuela Nacional de Medicina, legajo 241, exp. 4.

[37] M. Herrera, *Algunas consideraciones sobre pediatría*, Tesis, ENM, México, 1881, p. 7.

[38] R. Estrada, *Algunas ligeras consideraciones sobre la falta de higiene infantil en México*, Tesis, ENM, México, 1888, pp. 22-24.

Esta vocación de la pediatría por el descubrimiento de los fenómenos patológicos está presente en la mayor parte de los textos, que se remiten a extensas descripciones de las enfermedades infantiles. En concordancia lógica con los planteamientos centrales de la mirada clínica, insistían en la importancia de las lesiones y las irregularidades como el camino más adecuado para comprender las viscisitudes de la etapa.

Una muestra de lo anterior la podemos encontrar en el *Manual de enfermedades de los niños*, de E. Apert, uno de los textos más influyentes de la época, el cual dedicaba únicamente 55 páginas a las consideraciones en torno del niño "sano", mientras que en otras 520 se daba a la tarea de describir con lujo de detalles las diferentes enfermedades que aquejaban a los infantes de la época.[39]

El saber médico establecía que la fisiología de la infancia poseía carácter único, plenamente diferenciado de la etapa adulta, y que el crecimiento constituía una de sus funciones más importantes. De hecho, el estudio detallado de las condiciones en que se desarrollaba este último, proporcionó un número considerable de referencias documentables para constatar la originalidad de la etapa, caracterizada por el crecimiento acelerado y propensa a número mayor de irregularidades. De esta manera, se estableció que el encéfalo del recién nacido pesaba en condiciones normales cerca de 352 gramos, el equivalente a una octava parte del peso total, mientras que el del adulto correspondía a 1 295 gramos, cifra que representaba una cuadragésima parte del peso total de la persona; o bien que la actividad cardiaca del bebé resulta mucho más intensa que la del adulto, rebasándola en una proporción de dos a uno; entre muchos otros ejemplos que apuntan a lo mismo: documentar que al modelo de normalidad de los infantes le correspondían medidas y estándares mucho más elevados que al de los adultos.[40]

Esta delimitación de las características de la etapa infantil y el establecimiento de sus diferencias respecto del mundo de los adultos debida a los estudiantes capitalinos resulta muy relevante. Al respecto, vale la pena mencionar el testimonio del doctor yucateco Francisco Solís, quien señala que todavía a principios del siglo XX en aquella región del país muchos médicos se resistían a aceptar los nuevos criterios pediátricos y continuaban tratando a los infantes como adultos pequeños:

[...] no concebían que la pediatría pudiera ser una especialidad, pues el criterio de entonces era que el niño era nada más un "adulto pequeño" y con darle un quinto de la dosis de medicamentos señalados para el adulto, se le podía medicar de todas

---

[39] E. Apert, *Manual de enfermedades de los niños*, Salvat, Barcelona, 1914.
[40] *Ibidem*, p. 24.

sus dolencias. Muchos años habían de pasar para que se aceptara al fin que el organismo del niño, en plena evolución y crecimiento, tenía sus características propias, su metabolismo especial, sus sistemas inmunitarios y defensivos condicionados a la frecuencia y peligrosidad de las infecciones, todo lo cual hacía imperativo que el médico lo estudiara en toda su complejidad, evitando para siempre el erróneo y simplista concepto de que el niño era nada más un adulto en miniatura.[41]

En el cambio de siglo, los estudiantes capitalinos vindicaron la importancia de los exámenes clínicos y se encargaron de describir las manifestaciones de las enfermedades en los gestos corporales y las facciones de los rostros de los niños, construyendo un imaginario visual que vinculaba este tipo de signos con las patologías correspondientes:

> La mayor parte de las enfermedades agudas determinan una expresión de la cara muy semejante, caracterizada por la contracción de las facciones, la formación de arrugas en la frente, la aproximación de las cejas […] Recorriendo ligeramente algunas enfermedades en particular, vemos por ejemplo, que la neumonía determina una alteración continua de la fisonomía, cuyos rasgos esenciales son la dilatación de las alas de la nariz, la palidez de la cara y el enrojecimiento de los pómulos.[42]

Roque Macouzet fue uno de los médicos mexicanos más importantes en el campo de la pediatría durante el Porfiriato. Su formación como clínico así lo confirma: estudió en París con los doctores Marfan y Bilhaut y culminó su estadía en el extranjero en el Post-Graduate Medical College de Nueva York, con los profesores Plimpton y Caillé. Otros destacados médicos mexicanos que dirigieron una parte sustancial de su ejercicio profesional al cuidado y atención de los niños en la segunda mitad del siglo XIX y los primeros años del XX fueron José Ma. Reyes, que estudió el problema de la marginación infantil a fines de siglo; Ricardo Cicero, uno de los primeros en utilizar el enfoque antropométrico para el estudio de los casos infantiles; Ramón Pacheco, primer director del Hospital de Maternidad e Infancia (nombrado por el propio presidente Juárez), y Eduardo Liceaga, figura capital de la medicina mexicana que se ocupó de la dirección de dicho hospital durante las décadas de los años setenta y los ochenta.[43]

El hecho que evidencia la importancia de Macouzet en la formación de una pediatría mexicana es la publicación de un libro en el año de 1914 que constituye la síntesis de sus investigaciones: *El arte de criar y de curar a los niños*, que

---

[41] Francisco Solís, citado en R. Ávila y J. Frenk, *Historia de la pediatría…*, *op. cit.*, p. 392.

[42] C. Barrera, *Examen clínico de los niños*, Tesis, ENM, México, 1894, p. 12.

[43] Secretaría de Salubridad y Asistencia, *Breve historia de la protección a la infancia en México*, INPI, México, 1963, pp. 17-19.

dedicó a "los jóvenes médicos en sus esfuerzos por dirigir a las madres en la crianza de sus hijos y por elaborar el diagnóstico y el tratamiento para las enfermedades de éstos".[44] Como indica su título, este libro desarrolla dos líneas de investigación que representaban las dos áreas básicas de la pediatría mexicana a principios del nuevo siglo: la higiene infantil y la exploración clínica de las enfermedades infantiles. Ambas resultaron fundamentales para la invención de un concepto moderno de infancia en México.

Los múltiples discípulos y seguidores de la obra de Macouzet se encargaron de difundir los planteamientos del maestro, contribuyendo así a la formación de una pediatría local. El autor retomó los conceptos de las escuelas francesa, alemana y estadunidense, si bien desarrolló mucho más el punto de vista de la clínica francesa en la segunda parte del texto, en la que se dedicó a describir y clasificar gran variedad de enfermedades de acuerdo con sus causas y síntomas, estableciendo para cada una de ellas un diagnóstico, un pronóstico y un tratamiento. Esta investigación constituye el antecedente básico de la formación institucional pediátrica en nuestro país; al mismo tiempo representa la culminación de los estudios pediátricos mexicanos durante el Porfiriato.

LA MORTALIDAD INFANTIL COMO PROBLEMA POLÍTICO Y SOCIAL

La mortalidad infantil surgió como problema en el horizonte político y cultural mexicano durante el último cuarto del siglo XIX. En este proceso intervinieron dos factores: la consolidación de una lectura política del factor demográfico y la convicción que orientaba a las élites según la consigna de que gobernar era sinónimo de poblar. Además, debe mencionarse la creación de una red de instituciones vinculadas al Estado que disponían por primera vez de un aparato estadístico para contextualizar sus estudios relativos a la población.

El Consejo Superior de Salubridad (CSS) comenzó a proporcionar información diferenciada en cuanto a rangos de edad por lo que respecta al tema de la mortalidad infantil en la capital mexicana a partir del año de 1884. Poco importa que estas cifras no coincidieran de manera exacta con la realidad que pretendían reflejar; lo que nos interesa es el papel simbólico desempeñado por estas ideas, que influyeron en sectores sociales importantes de la época y proporcionaron el imaginario que legitimó el saber médico y las formas de argumentación con las que ese grupo de profesionales encaró este tipo de problemas.

---

[44] R. Macouzet, *Arte de criar y curar a los niños*, Giró Ed., Barcelona, 1914, p. 1. Este importante texto puede consultarse en el Fondo Reservado de la Biblioteca de la ENM.

No se trata entonces de que la reflexión de estos asuntos no existiera en periodos anteriores, sino del hecho de que sólo a fines del siglo XIX comenzaron a tener papel central como parte de las prioridades del Estado en su atención a los problemas que aquejaban a la población.[45] La reflexión sobre el grave problema de la mortalidad infantil tuvo importante peso en Europa y Estados Unidos durante la segunda mitad del siglo XIX; en el caso mexicano, la situación revestía particular gravedad, toda vez que dicha mortalidad alcanzaba índices muy altos, conocidos por sectores cada vez más amplios a través de la estadística de la época. Así, los estudiantes de la ENM fueron construyendo una mirada particular de la etapa de la infancia, que pasaba por los fenómenos patológicos como el campo privilegiado para el estudio de dicho periodo:

> El número de niños enfermos que necesita el recurso del arte es verdaderamente inmenso. Ninguna edad, ninguna época de la vida presta a la patología un contingente tan asombroso como aquel con que la infancia contribuye. Esta sola consideración bastaría para hacer comprender el alto interés que la cuestión presenta, pero hay más: la mayor parte de las enfermedades infantiles están revestidas de una gravedad infinita como lo demuestra la estadística, en que la cifra de la mortalidad está representada por un cociente muy elevado.[46]

En su informe correspondiente al año de 1879, el CSS señalaba que la mortalidad infantil capitalina había alcanzado la cifra de 5 150 niños, lo que representaba en promedio casi 50% respecto de la cifra total de defunciones.[47] Lo anterior nos proporciona una referencia aproximada del alto índice de mortalidad predominante en la ciudad de México en el último cuarto del siglo antepasado, al tiempo que nos sugiere la creciente preocupación de las autoridades frente a este tipo de situaciones, en las que sobresalía por su mayor vulnerabilidad la población infantil de los grupos marginados. En respuesta a estas inquietudes, el Consejo realizó en el año de 1882 un Congreso Higiénico-Pedagógico que se propuso estudiar y aplicar medidas de higiene para conservar la salud y el desarrollo de las facultades de los niños.

---

[45] Lo anterior coincide con el diagnóstico de P. Wright ("Babyhood: The Social…", *op. cit.*, p. 302) para la Inglaterra de fines del siglo XIX: "Algunas expresiones de preocupación sobre el alto índice de muerte infantil se pueden encontrar, por supuesto, a mediados del siglo diecinueve o antes, pero no es sino hasta los últimos años de ese siglo y los primeros de éste cuando se reconoce generalmente que estas muertes constituyen un problema político y social mayor."

[46] R. Estrada, *Algunas ligeras consideraciones…*, *op. cit.*, p. 15.

[47] *Memoria de los trabajos efectuados por el Consejo Superior de Salubridad*, Imprenta de A. Carranza e hijos, México, 1895-1912.

La situación no mejoró gran cosa, como lo muestra la incipiente estadística de la época, que constata la permanencia de los altos índices de mortalidad en la capital para los años 1884 a 1912, cuando las defunciones de los niños menores de 10 años llegaron a alcanzar en promedio 45%. Entre las causas más importantes de mortalidad se encontraban la diarrea, la disentería, la neumonía, la bronquitis, la encefalitis, el tifo, la tuberculosis pulmonar, la tosferina y el sarampión.

En 1884 se registró una mortalidad en la capital de 12 093 personas, de las cuales 3 595 casos se produjeron durante el primer año de edad, y 6 223 durante el lapso de los 10 primeros años de vida; mientras, en lo que respecta al primer semestre de 1886, tenemos un total de 6 708 casos, de los cuales 1 989 se produjeron durante el primer año de vida y 3 149 corresponden a los 10 primeros años.

CUADRO 1
Mortalidad infantil en la ciudad de México. 1895-1912

Año	Total de fallecimientos	Fallecimientos de menores de un año	Fallecimientos de menores de 10 años
1895	14 510	4 983	7 075
1905	19 783	5 095	8 623
1908	21 949	5 226	12 163
1909	21 193	4 625	6 449
1910	20 061	4 524	8 786
1911	19 956	4 748	8 760
1912	20 663	5 199	9 097

Fuente: *Memoria de los trabajos efectuados por el* CSS, Imprenta de Carranza e hijos, México, 1895-1912.

El análisis de los médicos respecto a este tipo de cuestiones fue más allá de la simple ubicación de las enfermedades más importantes e introdujo elementos relevantes que llevaron a considerar la mortalidad infantil no como un hecho inevitable, producto de los designios divinos o de catástrofes naturales, sino como un problema que necesitaba resolverse; esto es, como una situación negativa susceptible de modificarse mediante la acción humana. La construcción de la legitimidad del saber médico, que fue desplazando a otras voces tradicionales como las de sacerdotes, charlatanes y curanderos, resultó básica en todo este proceso; aunque en ciertas ocasiones ese saber era también ambiguo y contradictorio:

Durante el último tercio del siglo XIX, la higiene y la salubridad de la ciudad de México y de sus habitantes fueron preocupaciones constantes de médicos e higienistas; fue precisamente durante el Porfiriato cuando la higiene se consolidó como un campo específico de tratamiento terapéutico social. No sólo era importante que el gremio médico legitimara sus conocimientos científicos y que trazara una frontera entre un médico calificado y un charlatán, también tenía el deber moral y profesional de propagar sus conocimientos científicos con el fin de preservar la salud y prevenir la enfermedad en todos los estratos de la sociedad.[48]

En un texto escrito a principios del siglo XX por un doctor mexicano se describe la incorporación de la lectura demográfica de carácter estadístico al pensamiento médico de la época. Esta construcción conceptual del fenómeno vincula la mortalidad infantil con otros aspectos; por ejemplo, factores meteorológicos que se relacionaban con información acerca de las temperaturas medias, la precipitación de la lluvia en cada uno de los meses del año, la dirección dominante del viento y observaciones detalladas acerca de las polvaredas en la capital mexicana. Para realizar este tipo de análisis, el autor recurría, entre otras fuentes, a las *Memorias del Consejo*, a los *Boletines del Gobierno del Distrito* y a datos cuantitativos proporcionados por el Observatorio Meteorológico Central.[49]

Este tipo de enfoque fue utilizado en la misma época por los médicos franceses para analizar la situación de la mortalidad infantil en su país. Una de las referencias importantes, citadas por el propio cirujano mexicano en su texto, era el trabajo que el doctor Pierre Budin había presentado en París el 12 de noviembre de 1902 a una Comisión de la Población, que bajo el título "La mortalidad infantil de 0-1 años" arribaba a conclusiones semejantes.[50]

Otro texto de interés es la conocida serie de ensayos de Luis Lara y Pardo, titulada "La puericultura en México", publicada en *La Gaceta Médica* en 1903, que resultó ganadora en un concurso convocado por la Academia de Medicina para debatir sobre el tema de la mortalidad infantil. Desde el principio, el autor traza el ángulo con el cual le interesa analizar el problema. Se trataba de revisar la cuestión no como un capítulo de la clínica médica, sino ante todo como un pro-

[48] C. Agostoni, "Médicos científicos y médicos ilícitos en la ciudad de México durante el Porfiriato", en *Estudios de Historia Moderna y Contemporánea de México*, vol. XIX, UNAM, México, 1999, pp. 30-31.

[49] Los resultados de la investigación aparecieron como artículo en *La Gaceta Médica* en noviembre de 1907 bajo el título: "La mortalidad infantil de 0 a 1 años en la ciudad de México y sus principales causas climatológicas". El autor era Rafael Carrillo, un médico cirujano recibido en la ENM en el año de 1895. En su trayectoria profesional destacó su labor como médico en la Casa de los Niños Expósitos de 1903 a 1907 y su participación como médico consultor del Asilo a la Primera Infancia.

[50] R. Carrillo, "La mortalidad infantil de 0 a 1 años en la ciudad de México y sus principales causas climatológicas", *La Gaceta Médica*, México, 1907, p. 81.

blema de carácter social: las cifras de la mortalidad infantil, al igual que las que se referían a otros asuntos prioritarios, como el analfabetismo y la criminalidad, "pintaban gráficamente" los lineamientos de un estado social y económico.[51] Para Lara y Pardo existían dos tipos de causas de la mortalidad infantil: las ocasionales y las predisponentes. Las primeras remitían a las circunstancias geográficas de cada región, como la saturación de los suelos y los cambios climáticos; las segundas, por el contrario, tenían sentido estructural, y se referían a la situación social y económica predominante en el país.[52]

Este marco conceptual le permite al autor cuestionar algunos de los dogmas demográficos imperantes en México a fines del Porfiriato, como el de la creencia —quizá como herencia de los fracasos en la política de colonización durante todo el siglo XIX— de que el incremento de población se traduciría automáticamente en elevación del nivel de vida y de riqueza en general. Para Lara y Pardo, por el contrario, si este aumento no iba acompañado de la diversificación de recursos y la creación de empleos, desembocaría en el fracaso y el desastre económico. Este tipo de planteamientos permitían vislumbrar una explicación más amplia de los problemas sociales.[53]

El otro aspecto relevante, señalado en el texto como clave explicativa de las causas de la mortalidad infantil, se refería a las pésimas condiciones laborales en las que se desempeñaban las trabajadoras mexicanas a principios de siglo. Las soluciones a este problema tenían carácter estructural y se referían al incremento de los salarios y a cambios radicales en la situación educativa para disminuir sustancialmente el analfabetismo. En este punto, Lara y Pardo coincidía con el menos determinista de los positivistas spencerianos mexicanos, don Justo Sierra, quien proponía también alternativas críticas que iban más allá del reduccionismo biologicista predominante en buena parte de los "científicos" de la época.[54]

Los dos artículos analizados forman parte de la visión especializada del problema de la mortalidad infantil, esgrimida por un saber médico que para principios del siglo XX contaba con sus propios canales de difusión, como *La Gaceta* y *El Observador Médico*, que contribuyeron a la redefinición del concepto de la infancia al utilizar nuevos paradigmas y parámetros científicos que crearon las condiciones para el surgimiento de otras formas de pensar y de actuar en relación con ésta.

[51] L. Lara y Pardo, "La puericultura en México", *La Gaceta Médica*, México, 1903, p. 57.
[52] *Ibidem*, p. 60.
[53] *Ibidem*, pp. 61-64.
[54] Una posible explicación del antirreduccionismo presente en estos autores puede verse en Ch. Hale (*La transformación del liberalismo en México a finales del siglo xix*, Vuelta, México, 1991), donde se insiste en el peso del liberalismo como proceso histórico fundamental, que sustentaba al positivismo mexicano en la segunda mitad del siglo XIX.

En un segundo ámbito, los estudiantes de la ENM reflexionaron respecto a este mismo tipo de problemas y dejaron plasmados sus argumentos en sus trabajos de tesis.[55] Este tipo de textos no buscaba aportar soluciones relevantes a los problemas, como resultado de investigaciones científicas originales, sino que pretendía esbozar una primera impresión, realizando una síntesis de los cursos recibidos y de los textos leídos. En esto radica, precisamente, su utilidad para esta investigación: a través de estas tesis, encontramos puntos de vista generales que eran compartidos por la comunidad médica de la época. En lo que toca al asunto de la mortalidad infantil, vale la pena subrayar cierta ambigüedad muy significativa en estos trabajos. Por un lado, contribuían a una lectura científica amplia y profunda del fenómeno, que acudía por lo general a análisis precisos y detallados que mostraban la correlación entre ciertas enfermedades y la edad en la que se presentaban; o bien, mostraban las cifras de abortos producidos en las diversas etapas del embarazo y clasificaban los fallecimientos infantiles según el género.[56] Sin embargo, al lado de estos análisis y reflexiones basados en datos empíricos, desarrollaban también una lectura moralista de los mismos hechos que en nada se distinguían de la prédica de algunos clérigos y otras voces conservadoras de la época. Tal es el caso de atribuir los altos índices de defunciones infantiles en forma exclusiva a la "ignorancia" y la "brutalidad" de los grupos populares o incluso a la "exacerbada sensualidad" de amplios sectores de la población, que los llevaba a cometer el "pecado" de sostener relaciones sexuales durante el embarazo.[57] Una parte importante del discurso reformista de los médicos descansaba sobre una serie de creencias y convicciones religiosas novohispanas, asunto que resulta necesario tomar en cuenta para matizar el proceso de modernización en el país en el cambio del siglo XIX al XX.

Otro ámbito fundamental en el que se debatió y polemizó en torno de estos problemas fue el de la prensa de la época, la cual presentaba modificaciones importantes respecto de las etapas anteriores en cuanto a su infraestructura, formato y tirajes, lo que favoreció un mayor nivel de incidencia en la opinión pública.[58]

---

[55] La colección completa de las tesis de los estudiantes de la ENM puede consultarse en el ya citado Fondo Reservado de la biblioteca de dicha escuela. Respecto a este punto de la mortalidad infantil valen la pena las tesis de J. Rodríguez (*Enfermedades de los niños que producen mayor cifra de mortalidad en México*, Tesis, ENM, Tip. El Libro Diario, México, 1904), y V. del Pino (*Higene de la primera infancia*, Tesis, ENM, México, 1911).

[56] J. Rodríguez, *Enfermedades...*, *op. cit.*, pp. 15-17; V. del Pino, *Higiene de la primera...*, *op. cit.*, pp. 22-28.

[57] J. Rodríguez, *Enfermedades...*, *op. cit.*, pp. 18-23. Un planteamiento interesante sobre la confusión prevaleciente en el México decimonónico respecto de los conceptos de pecado y delito puede verse en J. L. Mora, *México y sus revoluciones*, FCE, México, 1986, vol. I, pp. 47-51.

[58] F. Toussaint, *Escenario de la prensa en el Porfiriato*, Universidad de Colima-Fundación Buendía, México, 1984, pp. 42-46.

En términos generales, dicha prensa presentaba dos tendencias, la liberal-positivista, cercana a los intereses gubernamentales, vocera de cierto discurso científico, y la católica, que sin renegar de posturas tradicionalistas había asumido el ideario del catolicismo social como la mejor vía para enfrentar al liberalismo.[59] La primera señalaba a la ignorancia popular como la principal responsable del problema de la mortalidad infantil:

Casi en cada hogar hay un drama en el que resulta un pequeñuelo víctima de las preocupaciones, de los errores descuidados que se propagan de generación en generación y que, sin duda alguna, son los responsables directos de la debilidad de nuestra raza y de la mortandad inmensa de los pequeños que se extinguen en los primeros meses de vida.[60]

Al mismo tiempo, proporcionaba referencias de otros países que se encontraban en situación parecida o que buscaban soluciones a tan grave problema, como era el caso de Alemania que en 1906 tenía un índice de 18.5% de mortalidad infantil; o la ciudad de Nueva York, que había logrado abatir al mínimo sus índices de defunciones debido a la vigilancia que las autoridades ejercían sobre las mujeres embarazadas a través de las visitas domiciliares y el control de calidad sobre las condiciones sanitarias de la leche de vaca.[61]

Por su parte, la prensa católica retomó el proyecto político-cultural del catolicismo social de fin de siglo, y se encargó de difundir los argumentos de los médicos que debatían este problema en los congresos católicos, como el caso del celebrado en Zamora en septiembre de 1906, donde los especialistas ofrecieron dos causas como posibles explicaciones de la mortalidad infantil: por un lado señalaban los contrastes sociales y la miseria predominante en el campo y la ciudad, lo que implicaba el cuestionamiento profundo del orden social porfiriano, y por el otro la ignorancia de los grupos populares, lo que diluía todo posible cuestionamiento al régimen y focalizaba la atención en la necesidad de fortalecer algunos paliativos superficiales como el ejercicio público y privado de la caridad.[62]

Como puede constatarse en las tesis de los estudiantes de la ENM, el discurso médico porfiriano postuló en términos institucionales el "derecho" de los niños a la vida:

[59] A. del Castillo, *Entre la moralización y el sensacionalismo. El surgimiento del reportaje policiaco en México, 1896-1914*, Tesis de Maestría en Historia, ENAH, México, 1993, pp. 23-66.
[60] *El Imparcial*, 24 de abril de 1904, p. 6.
[61] *Ibidem*, 27 de septiembre de 1909, p. 1.
[62] *El País*, 9 de septiembre de 1906, p. 1, y 6 de noviembre de 1906, p. 3.

La infancia es la edad en que la salud es más delicada, en que la vida está constantemente amenazada y es para ella para la cual la higiene constituye un poderoso escudo, que sirve para protegerla […] el niño, cualquiera que sea la escala social a la que pertenezca, tiene derecho a la vida.[63]

El hilo conductor de esta propuesta lo constituía la higiene infantil, en lo que podemos considerar, siguiendo a Agnes Heller, como una "conquista" de la sociedad moderna.[64] El concepto de mortalidad infantil imperante entre los médicos capitalinos en el cambio de siglo constituyó una de las referencias conceptuales más importantes que influyeron en la lectura e interpretación de las imágenes y representaciones de la niñez. Este tipo de aproximación a los grabados y las fotografías se amplió notablemente con la incorporación de las imágenes a las páginas de la prensa y las revistas ilustradas.

LA PUBLICIDAD MÉDICA Y LAS REPRESENTACIONES INFANTILES

La publicidad médica de carácter comercial tenía como destinatario los sectores pertenecientes a las clases media y alta, consumidores potenciales de los productos anunciados. El desarrollo de esta publicidad dentro de la prensa tuvo lugar en la segunda mitad del siglo XIX y su inserción en la misma formó parte de los cambios típicos registrados en los formatos de los periódicos de la época.

Estos cambios sucedieron paralelamente a los que experimentó la prensa durante el último cuarto de siglo XIX —en su viraje de las gacetillas formales a la prensa mercantil moderna— que le dieron un lugar a la noticia como pieza fundamental, cuando el reportaje desplazó al editorial de corte político. En este sentido, la publicidad moderna también estaba permeada por el concepto de noticia y presuponía el mismo proyecto cultural que subyacía detrás de ésta. El término publicidad se opone, por definición, al concepto de lo íntimo, lo secreto, lo confidencial y, en contraposición, está vinculado con la construcción de un orden público.

A principios del siglo XX existían básicamente dos tipos de anuncios de publicidad médica que recurrían a la imagen como elemento de ilustración. En los

---

[63] F. Martínez, *Ligeros apuntes…, op. cit.*, pp. 7-8.

[64] Me refiero a los señalamientos de la autora relativos al "derecho a la insatisfacción" como un logro de las sociedades modernas: "Una teoría de la historia debe aceptar la universalización de la insatisfacción como una ganancia […] El derecho a la insatisfacción presupone el reconocimiento de los derechos en general. Sólo tienen derecho a sentirse insatisfechos los que están en un cuerpo político de una sociedad en la que se puede expresar la insatisfacción por medio de canales legalmente establecidos." A. Heller, *La teoría de la historia*, Fontamara, Barcelona, 1982, p. 253.

primeros encontramos el predominio del texto sobre la imagen, toda vez que éste ocupaba la mayor parte del anuncio, mientras que aquélla era utilizada únicamente como complemento de lo que se aseveraba en el texto.

Para definir esta situación, los especialistas caracterizan este fenómeno como el predominio del "prestigio" de la palabra escrita sobre la imagen en la segunda mitad del siglo XIX; estado que se acrecentaba en sociedades rurales y analfabetas, donde sólo una minoría tenía acceso a los sistemas educativos.[65] En el segundo tipo de anuncios, la situación anterior se revierte y la imagen comienza a adquirir mayor importancia, al grado de predominar sobre el texto.[66] No se trata de que éste carezca de importancia, sino de que su efecto en los destinatarios debe evaluarse en función del tipo de vínculo que establece con la imagen, a cuyo sentido principal está subordinado.[67]

Los primeros anuncios o el "prestigio" de la palabra escrita

Este primer bloque de anuncios es representativo del predominio de la palabra escrita sobre la imagen.[68] Todos ellos utilizan el grabado como forma de expresión visual y se refieren al tema de la alimentación de los niños. Al respecto, plantean una ambigüedad interesante, ya que retoman gran cantidad de información aportada por el discurso médico especializado de la época, al que complementan, pues contribuyen a su difusión entre los sectores medios con términos correspondientes como el crecimiento, la dentición, el destete y la lactancia; sin embargo, tienden a realizar planteamientos pseudocientíficos, no siempre

---

[65] K. Keller, *Memory Retrieval Factors and Advertising Effectiveness*, Graduate School of Business, Stanford University, 1990, pp. 54-65.

[66] *Ibidem*, pp. 244-257. Kevin Keller muestra que sólo 5% de los lectores de un diario revisan la totalidad del texto de un anuncio publicitario, lo que incrementa el papel persuasivo de las imágenes, cuyo efecto es instantáneo. Probablemente dicho porcentaje a principios del siglo XX resultaba incluso inferior a esta cifra. En lo que respecta a la imagen de los infantes, es conveniente señalar que comenzó a aparecer en viñetas en el último cuarto del siglo XIX y posteriormente a través de retratos fotográficos, en los inicios del siglo XX.

[67] R. Barthes (*Lo obvio...*, *op. cit.*), uno de los teóricos que ha analizado este problema con mayor profundidad, destaca la importancia de los llamados "anclajes" —ya mencionados para el caso de las fotografías utilizadas por el doctor González— que consisten en pequeños textos de pie de página que acompañan a las fotografías en los medios impresos con el objeto de encauzar y orientar las posibles lecturas de la imagen entre los usuarios o receptores.

[68] Este primer grupo de anuncios corresponde al periodo 1898-1914. Su presencia es recurrente en la prensa y las revistas de entonces. Entre éstos se encuentran: *El Imparcial* (1896-1914); *El País* (1899-1914); *El Mundo Ilustrado* (1894-1914), y *La Semana Ilustrada* (1910-1914).

avalados por la comunidad médica, que muchas veces no recomendaba el uso de estos productos aunque la propaganda señalara lo contrario.

Lo anterior hace evidentes los intereses divergentes e incluso opuestos que prevalecían entre los comerciantes, interesados naturalmente en la venta del producto, y los grupos de médicos profesionales, vinculados con una mentalidad moderna basada en la higiene. Otra característica de la mayoría de estos anuncios es su correspondencia clara y transparente con el estereotipo de la inocencia infantil, que los vincula con las imágenes y estereotipos infantiles procedentes de las élites porfirianas.

A continuación, introduzco algunos señalamientos específicos relativos a la propuesta visual. Uno de los primeros grabados localizados es el de la "Fosfatina Faliéres", anunciada como "el alimento más recomendado y el más fácil de tomar para los niños desde la edad de 6 a 7 meses, especialmente en el momento del destete y durante el periodo del crecimiento".[69] La imagen en cuestión está cargada de significados: seis niños de la clase alta —que corresponden a un arquetipo europeo, vestidos como si fueran adultos pequeños— juegan en torno de una especie de plato sopero que tiene grabado el nombre del producto. Cuatro de ellos se asoman desde el interior del plato; una pequeña se balancea de puntitas en el borde de una silla, a punto de resbalarse, y otro pequeño yace en el suelo, en donde se ha caído graciosamente. La imagen proyecta una atmósfera lúdica y hedonista. Los niños lucen como pequeños faunos que se abalanzan sobre la vasija para beber su contenido, como si fuese un elíxir mágico. El texto especifica los supuestos efectos científicos que pueden esperarse del alimento; pero la imagen, por el contrario, lo asocia con propiedades mágicas. (Imagen 16.)

Otros dos anuncios recurrentes relacionados con la idea de nutrición son los de las harinas "Malteada Vial" y la "Láctea Nestlé". Los grabados refuerzan los planteamientos desarrollados en los pequeños textos, al tiempo que ilustran claramente a qué tipo de sectores sociales van dirigidos. En el primero puede verse a una madre de clase media dándole de comer a un sonriente bebé que carga amorosamente en los brazos; mientras que su otra hija, una niña de unos seis años, toma su propia porción. La presencia de esta última en el anuncio resulta de gran importancia, ya que sugiere el éxito del producto. La mesa de madera nos indica el nivel socioeconómico de los protagonistas, similar a los destinatarios de la harina en cuestión. Si las figuras de la madre y los niños nos remiten al estereotipo

---

[69] "La Fosfatina Faliéres", *El Imparcial*, 18 de febrero de 1908. El mismo grabado, con el que se identifica la marca comercial del producto —lo que en en el lenguaje de la publicidad se conoce como "imagen ontológica" (K. Keller, *Memory Retrieval...*, *op. cit.*, p. 37)— aparece también en la prensa de otros países, como Estados Unidos y Francia, así como en textos médicos de la escuela clínica francesa de la época.

Imagen 16. Anuncio publicitario: "La Fosfatina Faliéres", *El Imparcial*, 18 de febrero de 1898, p. 3. (Biblioteca Miguel Lerdo de Tejada, SHCP.)

europeo, la representación de la mesa se vincula a la cocina, ámbito doméstico hogareño por excelencia. (Imagen 17.)

En el segundo encontramos un sonriente bebé que sostiene con su mano derecha una cuchara mientras espera su porción de Nestlé. La figura regordeta del pequeño simboliza la noción cultural de salud prevaleciente en Occidente. Por lo que respecta al campo de la publicidad, la figura del niño constituye en sí misma el símbolo del producto, en lo que ya ha sido descrito como "imagen ontológica". (Imagen 18.)

Por otra parte, el anuncio de la leche malteada "Horlick" se alejaba del formato tradicional e interpelaba directamente a las madres de familia, ofreciendo una disertación sobre el carácter de la digestión infantil que cubría casi la totalidad del cuadro. El título para ilustrar la imagen retomaba la tradición de los reportajes policiacos de la época y sugería claramente la presencia de peligro: "Téngase mucho cuidado […]".[70]

---

[70] *El Imparcial*, 25 de mayo de 1998, p. 4.

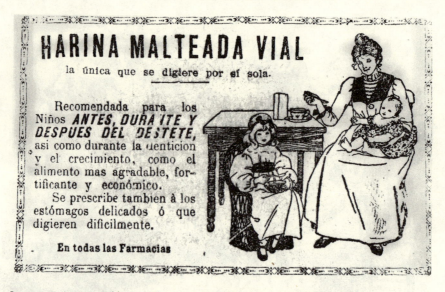

Imagen 17. Anuncio publicitario: "Harina malteada Vial", *El Imparcial*, 14 de enero de 1910, p. 7. (Biblioteca Miguel Lerdo de Tejada, SHCP.)

Imagen 18. Anuncio publicitario: "Harina láctea Nestlé", *El Imparcial*, 25 de mayo de 1908, p. 7. (Biblioteca Miguel Lerdo de Tejada, SHCP.)

Téngase Mucho Cuidado con la Alimentación de los Niños

Si se empieza por darles un buen alimento y después se tiene cuidado con su estómago, ya no habrá peligro

Las madres a veces inconscientemente descuidan la dieta que sus niños deben seguir, haciéndoles o permitiéndoles tomar alimentos que no pueden digerir, de lo que proviene la constipación e indigestión de que sufren con tanta frecuencia.

Déseles un alimento sano que a la vez que ejerza influencia en la formación de los músculos, huesos y nervios, les proporcione la nutrición que la naturaleza requiere durante la infancia en forma fácil de asimilar, que evite por lo tanto, los desórdenes digestivos que tantos alimentos ocasionan.

Este alimento ideal para los niños es la Leche Malteada de Horlick, que se encuentra en todas las Droguerías y Boticas, y se aconseja a toda madre que desee ver a sus niños robustos, sanos y libres de indigestión y constipación intestinal que la use como alimentación de sus niños de acuerdo con las instrucciones que trae cada frasco. La Leche Malteada de Horlick se aconseja también a las madres que crían porque no solamente aumenta la leche sino que la enriquece y mejora su calidad.

Las familias que deseen probar una muestra de la Leche Malteada de Horlick, la pueden obtener dirigiéndo una tarjeta al Apartado No. 1236, México, D. F.

Imagen 19. Anuncio publicitario: "Leche malteada de Horlick", *El Imparcial*, 7 de marzo de 1914, p. 6. (Biblioteca Miguel Lerdo de Tejada, SHCP.)

De acuerdo con el título del anuncio, el dibujo de una pequeña de meses agitando nerviosamente los brazos revelaba cierta angustia que despertaba los sentimientos protectores de los lectores. En esta ocasión el elemento latente de mayor peso que influye en la lectura de la imagen lo representa el alto índice de mortalidad infantil prevaleciente en la época. Este caso resulta muy significativo en la medida en que nos muestra hasta qué punto el carácter noticioso de la prensa podía influir en la misma estructura del anuncio publicitario.[71] (Imagen 19.)

En el extremo opuesto está el anuncio del "Jarabe de higos", cuyo título "Los niños gozan", ya adelanta que el acento del texto —que cubre casi la totalidad del anuncio— y la imagen estarán puestos en valores edificantes y propositivos, ligados con la nueva ideología de bienestar representada por la higiene y la medicina. Las imágenes nos muestran los rostros sonrientes de cinco pequeñas que parecen mirar atentamente al lector. (Imagen 20.)

[71] El surgimiento del reportaje policiaco está ligado a una importante renovación de la prensa, que implicó notables cambios tanto en los tirajes como en los formatos y el lenguaje gráfico de la época. Véase A. Del Castillo, "El surgimiento del reportaje policiaco en México. Los inicios de un nuevo lenguaje gráfico. 1888-1910", en *Cuicuilco*, ENAH, núm. 13, mayo-agosto, México, 1998, pp. 163-194.

Imagen 20. Anuncio publicitario: "Jarabe de higos", *El País*, 27 de febrero de 1907, p. 7. (Biblioteca Miguel Lerdo de Tejada, SHCP.)

Para concluir este primer bloque, debe mencionarse el anuncio "Ferrovose", de pastillas contra la anemia, que muestra a cuatro simpáticos pequeñines vestidos de marineros y sentados de espaldas sobre una banca, en actitud de estar leyendo el propio anuncio. Los acompaña un gato con collar y moño, lo que resalta la clase social de los protagonistas, así como el afán caricaturesco del cuadro, que remite a las innovaciones del cómic presentes en el periodo. El envolvente cuadrado que sirve de límite al anuncio nos proporciona la clave para su interpretación: lo que los niños observan no es otra cosa que la pantalla de un cinematógrafo de la época, con lo cual se introduce un elemento novedoso en el aprendizaje visual de los lectores de la prensa de aquellos años. (Imagen 21.)

Publicidad e imagen

El último cuarto del siglo XIX es conocido como una etapa relacionada primordialmente con los productos y las patentes médicas en la prensa de Estados Unidos, en reconocimiento al papel que desempeñaron en la venta de los anuncios y

Imagen 21. Anuncio publicitario: "Ferrovose", *El Imparcial*, 5 de abril de 1913, p. 7. (Biblioteca Miguel Lerdo de Tejada, SHCP.)

por la influencia que lograron entre los suscriptores, que constituían la base del éxito de los periódicos.[72]

En esta expansión de la publicidad, el papel de estos productos resultó especialmente protagónico, ya que eran los que atraían con mayor poder la atención del público consumidor, vinculándose con las necesidades vitales de los usuarios de la época, acosados por diversas enfermedades y por la alta mortalidad infantil; dichos productos influían en los gustos de sectores sociales cada vez más amplios. Los anuncios publicitarios incluían con frecuencia una carta de agradecimiento del usuario dirigida a la compañía del producto en cuestión, en la que se explicaban los detalles de la curación. Un caso muy significativo y de gran peso en Estados Unidos fue el del jarabe "La Peruna", una de las empresas estadunidenses con mayor éxito de ventas a fines del siglo pasado: "Peruna outdid all predecessors in volume of advertising and at the height was the most widely known trade name in the United States."[73]

---

[72] En el caso mexicano, las patentes y los productos médicos también alcanzaron respetable grado de importancia. Al respecto véase: M. Dublán y J. M. Lozano, *Legislación mexicana o Colección completa de las disposiciones legislativas expedidas desde la Independencia de la República, 1876-1910*, Imprenta de Comercio, México, 1912, pp. 2-3, 10-12, 14 y 26, y J. Figueroa, *Guía general descriptiva de la república mexicana*, Editor Ramón de S. N. Araluce, México-Barcelona, 1899, pp. 675, 679 y 721.

[73] F. Presbrey, *The History and Development of Advertising*, Doubledrey, Albany, Nueva York, 1929, p. 96. "Peruna sobrepasó a todos los predecesores en volumen de publicidad y llegó a convertirse en la marca más conocida en Estados Unidos."

En lo que respecta al caso mexicano, los primeros anuncios publicitarios que incorporan la fotografía y la convierten en el elemento central de la propuesta mercantil son precisamente los que se refieren a este producto.

El primer anuncio de este tipo data de 1906, y a partir de ese momento la serie incrementa su frecuencia en las páginas de la prensa capitalina, mostrando básicamente a parejas de padres y madres de familia estadunidenses al lado de sus hijos. En términos generales, en estos anuncios se encuentra la presentación de una carta de agradecimiento de los familiares del pequeño enfermo, procedente de algún lugar de la Unión Americana, dirigida a la compañía "La Peruna" en aquel país, donde el texto va acompañado con fotografías de gran tamaño, que ocupan dos terceras partes del anuncio y que se muestran como evidencia documental de la curación mencionada en las cartas.

La estructura de las imágenes fotográficas es un código visual muy significativo; generalmente la insistencia principal radica en la unión de la familia nuclear estadunidense, compuesta por el padre, la madre y el niño o niña, reforzando en algunas ocasiones la pareja madre-hijo y otras la del padre-hija. En todos los casos se trata de una imagen prototípica del ciudadano estadunidense que corresponde al estereotipo anglosajón y protestante.

Un aspecto relevante para esta investigación consiste en analizar el uso de la imagen que subyace en estos anuncios, en el que las cualidades del producto pasan a un segundo plano y el peso se encuentra en lo connotativo; esto es, en el tipo de estructura familiar y de relaciones sociales que se propone, junto a una serie de valores sociales y normas de comportamiento implícitas en la propuesta visual. De manera muy clara se percibe en estos ejemplos la vindicación de un estilo de vida propuesto como modelo para las élites urbanas capitalinas de principios de siglo, en su afán por distinguirse de los grupos populares. La primera composición de la serie se titula: "Pe-ru-na conserva la familia en buena salud" y muestra las fotografías de "Mr. Henry S. Campbell", "Mrs. H. S. Campbell" y el "pequeño Baby Gerald".[74] (Imagen 22.)

El diseño esboza la siguiente secuencia: en un primer plano la imagen de Campbell traza una diagonal hacia la figura de su esposa, que se encuentra en un segundo plano y nos comunica con el "pequeño Gerald", en un tercer plano. La lectura de la imagen está claramente sugerida a través del diseño mismo de la composición gráfica, respetando la jerarquía que debía prevalecer en la familia.

La oportuna incorporación en los puntos de contacto de los cuadros de tres pequeñas ramas de guirnaldas (que simbolizaban el éxito del tratamiento y el prestigio del producto, ligados con el bienestar promovido por la ciencia y el progre-

---

[74] *El País*, 3 de julio de 1906, p. 4.

PE-RU-NA CONSERVA LA FAMILIA EN BUENA SALUD

Este Es Solamente Uno, De Un Millón de Hogares Adonde La Pe-ru-na Ha Sido Una Bendición.—Léase El Testimonio De Esta Familia.

BABY GERALD

MRS. H.J. CAMPBELL

FR. HENRY J. CAMPBELL

Imagen 22. Anuncio publicitario: "Pe-ru-na conserva la familia en buena salud", *El País*, 3 de julio de 1906, p. 6. (Biblioteca Miguel Lerdo de Tejada, SHCP.)

so), permitía romper con la frialdad de los ángulos rectos y proyectar una imagen de la familia un poco más amable. La segunda composición muestra un grupo de fotografías familiares, comunicadas entre sí por un diseño garigoleado que se asemeja a los marcos de este tipo característicos de los álbumes de la época. El nuevo soporte publicitario que enmarca a estas imágenes le cambia el significado al trastocar el orden de lo privado y reubicarlas en el espacio público.[75] (Imagen 23.)

El primer grupo es el más significativo para nuestro análisis. Destaca su gran tamaño, que ocupa casi la mitad del cuadro y nos muestra los rostros de una pareja de padres estadunidenses acompañada de su pequeña hija al centro. Todos están vestidos en forma elegante, aunque con austeridad extrema. Sobresale la expresión del rostro de la madre que proyecta gran rigidez y severidad. Los tres personajes lucen como si estuvieran listos para asistir a una ceremonia religiosa. El ascetismo y el puritanismo protestante proyectan aquí su visión de la familia y la niñez. Los otros dos grupos complementan el mensaje. En la parte superior derecha posan dos pequeños —uno de cuatro o cinco años de edad y el otro de unos

[75] *Ibidem*, 18 de junio de 1907, p. 4.

Imagen 23. Anuncio publicitario: "Los mejores amigos de la Pe-ru-na son las madres y los niños", *El País*, 18 de junio de 1907, p. 7. (Biblioteca Miguel Lerdo de Tejada, SHCP.)

siete u ocho—, y en la parte inferior del mismo ángulo puede observarse al tercer grupo, representado por un padre y su hija. En los tres grupos encontramos cartas de los protagonistas dirigidas a la redacción del periódico o a las oficinas de "La Peruna" exponiendo su caso respectivo y agradeciendo las bondades del tratamiento. Dichas cartas acompañan a las fotos y refuerzan su carácter testimonial.

El tercer y último caso es el de la niña Maria Lillian Treganowan, afectada de tos por un lapso de cuatro meses. La imagen fotográfica nos muestra una sonriente niña de pelo rubio que posa coquetamente con la cabeza recargada en su brazo izquierdo, en una típica foto de estudio al estilo de los retratos de la década de los años sesenta del siglo XIX. La inserción de la composición, en un contexto periodístico de carácter noticioso y publicitario, produce un cambio sugerente en el significado de la imagen, confiriéndole sello testimonial y pretensión de veracidad. A un lado de la fotografía se señala lo siguiente: "Esta hermosa niña de cuatro años fue curada por La Peruna de una tos muy severa", y en el interior, para darle mayor credibilidad al acontecimiento, se muestra la típica carta de agradecimiento a cargo del padre de la pequeña. (Imagen 24.)

Conviene para este análisis la vinculación entre el contexto publicitario, los productos médicos y la visión de la época en torno de la niñez. "La Peruna" reto-

LA PE-RU-NA EN EL HOGAR

Esta Hermosa Niña De Cuatro Años Fué Curada Por La Pe-ru-na De Una Tos Muy Severa

MARIA LILLIAN TREGANOWAN.

Imagen 24. Anuncio publicitario: "La Pe-ru-na en el hogar", *El Imparcial*, 26 de febrero de 1911, p. 8. (Biblioteca Miguel Lerdo de Tejada, SHCP.)

ma la tradición de la publicidad comercial estadunidense, en la que las cartas de agradecimiento siguen un modelo preestablecido, que dio lugar a todo un género caracterizado por la publicación del paciente afectado, el contenido de las virtudes científicas del producto y los textos testimoniales de enfermos y familiares que daban cuenta de la efectividad del tratamiento en cuestión.

Al colocarse estos mismos anuncios en el contexto de la prensa mexicana y sus destinatarios, se hace necesario ampliar el campo de recepción de este tipo de mensajes y vincularlos con otros elementos, entre los que se encuentra la tradición de los exvotos o retablos populares, que en otro contexto y circunstancias, pero fuertemente arraigados en las costumbres y creencias católicas de los diferentes sectores sociales de la población capitalina de la época, utilizaban el mismo recurso de la carta acompañada de una imagen para establecer la relación causal entre la curación de un padecimiento o enfermedad y el testimonio de agradecimiento de los enfermos y familiares involucrados en el proceso.[76]

[76] Los exvotos constituyen una manifestación importante de la religiosidad de los pueblos y aparecen en diversas culturas con significados diferentes, aunque casi siempre nos remiten al vínculo

En este contexto, se produce una interesante confluencia entre un elemento secular, que proviene de la evolución de las ideas y las prácticas publicitarias de la prensa moderna, con una tradición religiosa que se remonta a las últimas cinco centurias, pero que tuvo difusión muy significativa a principios del siglo XX no sólo entre los grupos populares, sino incluso en sectores de la clase media, como lo demuestra el aumento de retablos en los santuarios religiosos de la época, particularmente en la Basílica de Guadalupe en la ciudad de México.[77] Ambos espacios responden a intereses y preocupaciones bastante diferentes. Sin embargo, lo que quiero dejar planteado aquí es el problema de la recepción de las imágenes de la prensa a principio de siglo en un público permeado por la concepción religiosa de los retablos, asunto que retomaré al final de este apartado.

Para concluir, conviene señalar que lo novedoso del caso de "La Peruna" consiste en que sus imágenes no refieren directamente las características del producto. Como ha sido estudiado, desde la perspectiva de la concepción motivacionista la imagen no se limita al vínculo con el texto, sino que comunica significados que van más allá de lo verbal y en esto radica su poder persuasivo, que incide sobre actitudes, conductas y comportamientos. "La Pe-ru-na" marca un hito en el desarrollo de la publicidad médica de la época, al proponer la ruptura con el privilegio de la palabra escrita y fabricar un sentido distinto de las cosas, lo que constituye el verdadero mensaje.

Los "institutos médicos" y la venta de ilusiones

El otro conjunto de fotografías relacionadas con la publicidad comercial que ameritan una reflexión distinta, en la medida en que establecen un uso también diferente de la imagen, es el de los llamados "institutos médicos". Este tipo de lugares consistían en clínicas de consulta privada que se anunciaban en la prensa

---

que establece el ser humano con el orden de lo "sobrenatural", que se manifiestaría a través del milagro. En el caso de México, los llamados exvotos de carácter pictórico tienen larga tradición, que se remonta a los últimos cinco siglos. Al respecto, véase T. Calvo, "El exvoto: antecedentes y permanencias", en E. Luque y M. Beltrán (cur.), *Dones y promesas: 500 años de arte de ofrendas (exvotos mexicanos)*, Fundación Cultural Televisa-Centro Cultural de Arte Contemporáneo, México, 1996, pp. 31-38.

[77] En el periodo novohispano predominaron los retablos populares de grandes proporciones. Sin embargo, en el siglo XIX la incorporación de la tecnología hizo que la madera y la tela fueran desplazadas por las láminas de cobre, de mucho más fácil acceso para los grupos sociales con recursos económicos limitados. En el Museo del Exvoto de la Basílica de Guadalupe puede apreciarse una hermosa e importante colección de retablos populares de los siglos XIX y XX, hasta el momento escasamente estudiada desde la perspectiva histórica.

capitalina a principios del siglo XX y ofrecían curaciones, casi milagrosas, para todo tipo de enfermedades y padecimientos, basándose siempre en el poder ilimitado de la técnica y el progreso científicos; contradecían, con sus resultados impactantes y espectaculares, una praxis médica caracterizada en la época por la discreción y por una ética no lucrativa.[78]

La estructura publicitaria de estos institutos —entre los más famosos el del "Dr. Mendizábal" y el del "Dr. Hall"— planteaba una relación muy distinta entre imagen y texto a la que utilizaba "La Peruna".[79] Ambos tipos de propaganda incluían las famosas cartas de agradecimiento de los pacientes; sin embargo, estas clínicas ponían mucho más énfasis en los padecimientos concretos, al grado de proporcionar en algunas ocasiones las historias clínicas de los pequeños. En estos casos se producía cierta paradoja: por un lado contribuían a la difusión del discurso médico y a la manera de argumentar y de pensar los problemas relativos a la niñez; mientras que por el otro se encargaban de construir una imagen de la infancia ligada con la visión futurista y fantasiosa sobre el mundo del progreso y la tecnología, con implicaciones mágicas y milagrosas.

La fotografía desempeñó un papel importante en ambos niveles, pues en ocasiones se vinculó más a los ya mencionados retratos y tarjetas, desligándose de lo que hemos llamado la "mirada clínica" de los cuerpos infantiles, atenta a los signos y las manifestaciones patológicas de los trastornos y las enfermedades; mientras en otros casos se relacionó con el espacio de las expectativas y fantasías mágicas e irracionales que despertaban este tipo de anuncios:

> La esencia "científica" de la fotografía no contradice, en este final del siglo XIX, su empleo en el campo de la ficción, incluso de la magia y el delirio. El valor de autentificación sirve con mucha frecuencia a la causa de un valor de revelación. Dicho de otro modo, la fotografía no se contenta con reproducir lo visible, produce también objetos visibles ideales, al tiempo que los "demuestra" experimentalmente.[80]

---

[78] C. Agostoni, "El arte de curar: deberes y prácticas médicas porfirianas", en C. Agostoni y E. Speckman (ed.), *Modernidad, tradición y alteridad. La ciudad de México en el cambio de siglo (xix-xx)*, UNAM, México, 2001, pp. 97-109. El estudiante de medicina Alberto Salinas (*Moral médica*, Tesis, ENM, Imprenta de la Viuda e hijos de Murguía, Portal del Águila de Oro, México, 1871, p. 19) se refería a estos problemas de la siguiente manera: "Necesitaría escribir un opúsculo de grandes dimensiones, para referir y clasificar todas las variedades de charlatanes que existen, para deplorar el gran nombre que siempre alcanzan en el vulgo, que siempre está dispuesto a creer lo que no comprende, a entregarse en manos de los que se anuncian bajo los halagadores auspicios de lo extraordinario, y que se valen de todos los medios posibles para hacerse de prosélitos para sus pretensiosos sistemas."

[79] El instituto del "Dr. Mendizábal" anunciaba su dirección en la 2ª calle de Manrique, y el del "Dr. Hall" ofrecía sus servicios en la calle de Coliseo Viejo.

[80] Didi Huberman, "La fotografía científica…", *op. cit.*, p. 127.

Uno de los casos más llamativos de esta serie es el que se refiere a la niña
Dolores Mateos, supuestamente curada del "mal de San Vito" con el método de
los baños "electrostáticos" del "Dr. Mendizábal". El anuncio nos proporciona
amplia información de carácter médico sobre los antecedentes familiares y hereditarios de la pequeña, trazando así un perfil biográfico de una niña de apenas
seis años de edad, construido desde un punto de vista anatomo-clínico:

> Antecedentes personales: ochomesina, habiendo sido la causa del parto prematuro
> una emoción sufrida por la madre […] Antecedentes hereditarios: abuela paterna
> histérica. Marcha de la enfermedad y estado al empezar el tratamiento electroterápi-
> co: el principio de la enfermedad data de cuatro meses a la fecha. Se inició por acce-
> sos de urticaria que duraban 15 días y después de igual espacio de tiempo volvían
> a aparecer. Desaparecieron por completo a los tres meses para dar lugar a mo-
> vimientos coréicos que invadieron la cara, los miembros superiores e inferiores. Los
> movimientos disminuían por la noche. En la última semana tuvo reacción febril,
> oscilando la temperatura entre 39 y 40 grados e insomnio tenaz.[81]

La imagen de la niña que acompaña este texto no corresponde en absoluto a
la mirada de carácter clínico; por el contrario, nos remite al lenguaje gráfico y al
mensaje típico de los retratos y las *tarjetas de visita*, que no indican ni sugieren
ninguna patología y en cambio sí muestran aspectos relevantes relacionados con
el estatus social de la persona retratada. En este sentido, el pie de la fotografía en
cuestión, que alude a la condición socioeconómica de la pequeña, ratifica el sentido no clínico de la imagen: "Niña Dolores Mateos Ruiz, de seis años de edad,
hija de un comerciante español." (Imagen 25.)

A medio camino entre el punto de vista médico y la propuesta comercial, este
tipo de anuncios mezclaban la fotografía típica del álbum familiar con la visión futurista de la tecnología, sin entrar en detalles de índole patológica que podrían inte-
resar al ojo especializado de un médico, pero que ahuyentarían a más de un usuario
comercial potencial. A continuación puede verse otro caso significativo, aunque con
implicaciones distintas, que se refiere a la niña Judith Rodríguez, "curada de tos fe-
rina a través de inhalaciones de ozono".[82] (Imagen 26.)

El anuncio nos muestra, una vez más, una foto de estudio comercial que exhibe a una niña desnuda con el pelo arreglado con una peineta y en una postura

---

[81] *El País*, 23 de febrero de 1912, p. 8. Los movimientos "coréicos" o "corea de Sydenham"
fueron descubiertos por el médico inglés del mismo apellido en el siglo XVI. Consisten en movimientos involuntarios que se registran en algunas partes del cuerpo. Su nombre vulgar es muy conocido: "mal de San Vito".

[82] *El País*, 21 de diciembre de 1912, p. 6.

Imagen 25. Anuncio publicitario:
"Instituto Mendizábal", *El País*,
23 de febrero de 1912, p. 7.
(Biblioteca Miguel Lerdo
de Tejada, SHCP.)

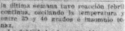

Imagen 26. Anuncio publicitario:
"Niña Judith Rodríguez", *El País*,
21 de diciembre de 1912, p. 6.
(Biblioteca Miguel Lerdo de Tejada, SHCP.)

corporal que podría parecer bastante seductora, con medio cuerpo semiflexionado hacia adelante y los brazos estirados y recargados sobre sus pequeñas rodillas. Por mucho menos que esto se produjo un gran escándalo unos años antes, cuando la prensa católica encabezó una enérgica protesta contra la presentación de fotografías de niños desnudos en los concursos infantiles organizados por las revistas ilustradas de la época. En esta ocasión el propio periódico católico es el que muestra a sus lectores una imagen mucho más comprometedora.[83]

La explicación de esta mezcla de mensajes contradictorios debe buscarse en los pies de foto o "anclajes" que orientaban la lectura e interpretación de los destinatarios de la imagen. En este caso, el periódico católico proponía una lectura de carácter "científico", amparada por los argumentos médicos del "Dr. Mendizábal", que neutralizaba los elementos eróticos de la imagen o al menos aportaba el marco de censura racional desde el cual se supone que el lector tenía que acercarse a este tipo de desnudos. Analizada desde esta perspectiva, la desnudez adquiría un carácter distinto y la calidad y estatus de "paciente" de la pequeña orientaba la lectura e interpretación de sus manifestaciones corporales por otros caminos socialmente aceptados. En este contexto, vale la pena hacer una comparación entre dos imágenes, que aunque provienen de universos bastante diferentes se refieren a la misma enfermedad, nombrándola incluso con el mismo término vulgar y no especializado de "piedra en la orina" (cálculos en la vejiga). La primera corresponde a la prensa y se refiere al niño Juan Rojas y la segunda consiste en un diminuto exvoto o retablo popular, cuyo protagonista es el pequeño Pedro Verde. En el mes de marzo de 1914 apareció en el periódico *El Imparcial* un anuncio del instituto del "Dr. Mendizábal", donde se describía la manera en que la ciencia, a través del innovador método de los "rayos X", había curado a un niño llamado Juan Rojas, de sólo cinco años de edad, que padecía de la enfermedad ya mencionada:

> La radiografía obtenida con los rayos X sirvió para hacer un diagnóstico exacto de la enfermedad, sin molestar absolutamente al enfermo con sondas introducidas por el caño de la orina hasta la vejiga, como acostumbraban los médicos antiguamente, permitiendo saber la existencia del cálculo, su forma, sus dimensiones, su naturaleza, el lugar en que se hallaba, así como que era único, y a la vez estaba movible.[84]

La imagen que acompaña a la explicación "científica" muestra al pequeño Juan sonriente en una fotografía de estudio, en la que las preocupaciones clínicas brillan por su ausencia al igual que en los casos anteriores. (Imagen 27.) La falta de argu-

---

[83] *Ibidem*, 27 de junio de 1904, p. 2: "Un ataque brutal contra la inocencia de los niños."
[84] *El Imparcial*, 15 de marzo de 1914, p. 6.

Imagen 27. Anuncio publicitario: "Instituto Médico de Agentes Físicos", *El Imparcial*, 15 de marzo de 1914, p. 8. (Biblioteca Miguel Lerdo de Tejada, SHCP.)

mentación clínica es colmada por un marco pseudocientífico en el que las expectativas desmesuradas por el progreso y el alcance de las nuevas técnicas se corresponden con una serie de anhelos que rebasan el universo de lo racional. Al respecto vale la pena leer un ameno testimonio de fines del siglo XIX, que resulta útil en tanto que expresa claramente la reacción que el uso de los rayos X despertó en esa época:

> Hace cosa de dos años, fuera de algunos tabernáculos consagrados a la ciencia pura, nadie sospechaba siquiera la existencia de misteriosas radiaciones, capaces de atravesar lo impenetrable y exteriorizar sus secretos [...] Delante de tan sensacional descubrimiento, es difícil rechazar especulaciones fantásticas al estilo de Julio Verne. Nos asaltan a la fuerza cuando se nos dice que acaba de descubrirse un nuevo fotóforo que atraviesa las puertas y las carnes como un rayo de sol atraviesa los vidrios de la ventana: confesamos que todavía todo se reduce a ensueños de porvenir.[85]

---

[85] M. Brotá, *Últimos avances de la ciencia en el mundo*, Imprenta Aguilar, Madrid, 1896, p. 313.

En contraste puede verse un exvoto procedente del pueblo de Iztacalco, al oriente de la ciudad de México, de agosto de 1922, y dirigido a la Virgen de Guadalupe, que planteaba el problema de un niño enfermo del mismo padecimiento que aquejaba al pequeño Juan Rojas y cuya cartela se expresaba en los siguientes términos:

> Allándose [*sic*] gravemente enfermo, el niño Pedro Verde, de edad de 12 años, de una afección de piedra en la orina; durante seis años de sufrimientos, habiendo resistido una operación delicada; sus aflijidos padres Apolonio Verde y Adelaida Chientos de Verde, invocaron a nuestra Señora Madre de Guadalupe, quedando sano y salvo. Y en acción de gracias, le dedican el presente Retablo.[86]

En la pintura del retablo, una pareja de campesinos humildemente vestidos rezan hincados fervorosamente con su pequeño en medio, el cual se mantiene de pie, como signo físico que evidencia la presencia de la enfermedad. Padre e hijo están descalzos y sus sombreros de palma yacen en el suelo. La madre lleva una falda negra y va cubierta con un modesto rebozo. Todos estos elementos revelan la procedencia socioeconómica de los protagonistas de esta historia. El cuarto en el que rezan dispone apenas de dos pequeñas camas de latón, una en cada esquina, y en medio destaca un altar improvisado para honrar a la Virgen. A manera de puerta se abre un hueco en uno de los muros del cuarto y desde ahí se observa el paisaje del campo, que es el que le da identidad a los protagonistas de esta historia: unos campesinos pobres de las zonas rurales de los alrededores de la ciudad, que contrastan con los personajes urbanos de las fotografías de prensa. (Imagen 28.)

Dos grupos sociales enfrentaban así uno de los problemas más graves y devastadores de la época: la elevada mortalidad infantil, apelando, según fuera el caso, a los poderes omnímodos de la religión o de la ciencia. Los primeros acudían al amparo de la Virgen para solucionar sus problemas, mientras los segundos depositaban la misma fe religiosa en los recursos de la ciencia. La relación entre magia y fotografía ha sido retomada por diversos analistas e historiadores, que proponen más de una convergencia entre ambos universos:

> El pensamiento mágico radica en dos principios elementales: el homeopático, en el que lo semejante produce lo semejante, y el simpatético, en el que las cosas que alguna vez estuvieron juntas siguen, aunque separadas, influyéndose mutuamente. Estos dos principios se cumplen en los retratos fotográficos, más allá de cualquier razona-

---

[86] El retablo original puede observarse en el Museo del Exvoto de la Basílica de Guadalupe en la ciudad de México.

Imagen 28. Exvoto: "Familia Verde agradeciendo a la Virgen la sanación de su pequeño hijo Pedro, enfermo de 'Piedra en la orina'", México, 5 de agosto de 1922. (Museo del Exvoto de la Basílica de Guadalupe.)

miento semiótico o artístico. Son los usos cotidianos, en todo caso, los que le asignan sus significados.[87]

Esta lectura mágica de las imágenes de los rayos X estuvo presente desde el inicio de este importante descubrimiento científico:

Cuando Wilhelm Conrad Rontgen descubre los rayos X en diciembre de 1895, la noción de una luz invisible capaz de impresionar la placa fotográfica revoluciona tanto los medios científicos como la importante colectividad de experimentadores espiritistas, siempre en busca de éteres, auras y fluidos de todo tipo [...] Podría decirse que la utilización mágica o mediúmnica de los rayos X estaba inscrita ya en el acta de nacimiento científico del fenómeno.[88]

[87] G. Rodríguez, "De amuletos, retratos y magia", en *Luna Córnea*, núm. 10, septiembre-diciembre, 1996, p. 38.
[88] Didi Huberman, "La fotografía científica...", *op. cit.*, p. 75.

Por otro lado, la exageración de las expectativas en los poderes curativos de la medicina aparece en este caso de manera muy evidente. Al menos, esta conclusión es la que se desprende de la lectura de los planteamientos de especialistas mexicanos de tiempos recientes, quienes aseguran que la curación de las malformaciones urológicas permaneció "en pañales" durante las primeras décadas del siglo XX en este país.[89] La lectura e interpretación de la imagen fotográfica, ligada al campo de la publicidad médica comercial, modificó el sentido de los retratos de estudio infantiles al reinsertarlos en el espacio público de la prensa, produciendo cambios relevantes en el significado de la imagen. Aunque ambos casos presentaban diferencias significativas, la nueva lectura subyacente tanto en "La Peruna" como en los "institutos médicos" estaba orientada a reforzar el prestigio de la ciencia de la época.

A lo largo de este capítulo hemos visto cómo se consolidó en México un discurso médico especializado en las enfermedades infantiles. Dicho discurso se aplicó a través de un dispositivo institucional que abarcó diversos hospitales y se apoyó en distintos tipos de representaciones gráficas; en particular, las imágenes fotográficas publicadas en libros y revistas médicas que produjeron lo que aquí se ha denominado mirada "clínica", así como en la prensa de la época, dando lugar a una mirada de tipo publicitario.

---

[89] J. Kumate (coord.), *Historia de la pediatría en México*, FCE, México, 1997, pp. 9-16.

II. LOS PEDAGOGOS

LA CONSTRUCCIÓN DE UNA "PSIQUE" INFANTIL

La preocupación por la infancia condujo a que diversos pedagogos —entre ellos Pestalozzi— se ocuparan de analizar y estudiar el valor de las sensaciones ligadas al mundo referencial de la experiencia; es decir, por analizar de qué manera la percepción sensorial podía reproducir en la mente del niño el proceso de elaboración de sentimientos, resoluciones y pensamientos. La difusión de las ideas pedagógicas europeas de la época y su discusión en diferentes países hispanoamericanos a lo largo de la segunda mitad del siglo XIX permitió organizar y sistematizar una serie de problemas fundamentales, entre los que destacaron tres: la teoría de las facultades de la mente infantil y la procuración de su desarrollo armónico; la concepción tripartita del sujeto, dividido en las áreas física, intelectual y moral, y finalmente, el desarrollo de un concepto de la naturaleza de la niñez como etapa en la que se encontraban las tendencias e inclinaciones positivas y negativas del hombre, las cuales se conservarían en estado latente en la mente de los pequeños.[1]

Una de las principales preocupaciones de los pedagogos y los médicos fue la de comprender la subjetividad del niño más allá de los procesos lógicos del entendimiento; esto es, a partir de sus características personales, que comenzaban con el estudio de la mente infantil, lo que implicaba la construcción de un concepto de "psique" derivado de una perspectiva fisiológica, con medidas cuantitativas que permitirían evaluar de qué manera eran procesadas las distintas sensaciones y traducidas en reflexiones y abstracciones racionales.[2]

---

[1] J. Sáenz, Ó. Saldarriaga y A. Ospina, *Mirar la infancia: pedagogía, moral y modernidad en Colombia, 1903-1946*, Colciencias, Foro Nacional por Colombia-Uniandes-Universidad de Antioquia-Clío Ed., Bogotá, 1999, vol. 1, pp. 25-40.

[2] Estos cambios han sido tratados de una manera analítica y rigurosa por N. Rose (*The Psychological Complex...*, *op. cit.*), para el caso de Inglaterra, y por J. Sáenz, Ó. Saldarriaga y A. Ospina (*Mirar la infancia...*, *op. cit.*), para el caso colombiano. En esta investigación analizaremos y documentaremos las peculiaridades del caso mexicano, rescatando, sin embargo, una serie de permanencias y regularidades presentes con distintos matices en Occidente.

Las diferencias entonces apreciadas, entre el aprendizaje del niño y el del adulto, comenzaron a ser elaboradas y replanteadas según la teoría de las facultades de la mente infantil, con la penetración de las ideas evolucionistas. De esta relectura de los contenidos pedagógicos pestalozzianos surgirían nuevas preguntas y enfoques, fundamentales en las siguientes décadas:

Fue esta encrucijada pestalozziana la que permitió a la pedagogía abrirse a sus preguntas centrales en la modernidad: ¿Cuál es el vínculo entre los procesos físicos y los psíquicos en el niño?, ¿cómo se encadenan los sentidos con el sistema nervioso, el cerebro, la mente, el lenguaje, la razón y el espíritu o el alma?[3]

De acuerdo con el nuevo orden de cosas, la pedagogía no podía ya prescindir del conocimiento de las leyes generales que regulaban la naturaleza humana, y en particular del estudio de la organización mental de la psicología infantil, que se regía por dichas leyes. Este encuadre exigía un espacio específico para el estudio de los infantes: "Se ha dicho con razón: es preciso conocer la psicología del hombre. Nosotros añadiremos: hay que estudiar la psicología del niño si se quiere educar a un niño."[4]

Los tratados de psicología infantil estudiaron las reacciones y los comportamientos de los infantes, realizando observaciones de carácter experimental que mostraban la manera en que los pequeños comenzaban a distinguir la realidad a través de los sentidos y, posteriormente, de la palabra. Los estímulos y representaciones del mundo exterior penetraban en los cerebros infantiles bajo la forma de percepciones. La formación de la memoria, la atención y los recuerdos y el surgimiento de la inteligencia fueron descritos por medio de observaciones puntuales, muchas de ellas realizadas día con día en los pequeños pacientes.[5]

La psicología recreaba y daba contenido a los complejos procesos que tenían lugar en las mentes infantiles. Sin embargo, no se trataba de convocar el regreso nostálgico de las ideas tradicionales de Rousseau y su defensa de la inocencia. Los

---

[3] J. Sáenz, Ó. Saldarriaga y A. Ospina, *Mirar la infancia...*, *op. cit.*, vol. 1, p. 50.

[4] G. Compayré, *Curso de pedagogía teórica y práctica*, Ed. Viuda de Bouret, México, 1903, p. 15. Por su parte, Rodolfo Sennet (*Elementos de psicología infantil*, Cabaut y Cía. Editores, Buenos Aires, 1911, p. 41), planteaba el mismo problema en los siguientes términos: "Nadie está autorizado para opinar sobre la psique del niño por el solo hecho de saber psicología del adulto. El conocer y aun conocer mucho de la psicología del último no habilita sino en una parte ínfima para hablar de la psicología del primero."

[5] Véase B. Perez, *L'enfants de trois a sept ans*, Félix Alcan Éditeur, París, 1907, y W. Preyer, *El alma del niño. Observaciones acerca del desarrollo psíquico en los primeros años de vida*, Daniel Jorro Editor, Madrid, 1900.

pedagogos no consideraban al niño como un ser autónomo o independiente; lo veían a través del filtro evolutivo, preguntándose en qué momento iba a desarrollar ciertas habilidades previstas en su desarrollo en estadios posteriores: "El espíritu del niño es ya un todo organizado y completo, que contiene en germen todas las facultades, y si no es posible ponerlas todas al mismo paso y hacerlas marchar de frente, no hay un solo instante de la vida en que no sea preciso pensar en cultivarlas."[6] La nueva propuesta se apoyaba en las teorías evolucionistas, que incorporaban los conceptos de adaptación, equilibrio y progreso para evaluar los procesos. En este contexto, la mente era representada como un órgano biológico, mientras que la inteligencia era catalogada como un instrumento de la adaptación y el organismo quedaba convertido en una metáfora del territorio social.[7]

Los postulados de Darwin sobre la evolución de las especies, así como sus planteamientos respecto a la analogía entre la ontogenia y las etapas atravesadas durante la filogenia, que equiparaban el desarrollo de las etapas de un individuo con las de las especies, facilitaron y contribuyeron al surgimiento de una psicología comparada entre el hombre y los animales, y entre el hombre "civilizado" y las sociedades "primitivas", calificadas como "degeneradas". La recepción de las ideas sociales darwinianas en el medio intelectual y académico mexicano a principios del siglo XX nos permite conocer una extensa red de pedagogos europeos que reflexionaban sobre la naturaleza infantil desde la perspectiva fisiológica referidos en las investigaciones mexicanas. Las referencias comprenden desde los influyentes trabajos de Perez,[8] Preyer,[9] Claparede,[10] y Compayré,[11] hasta los cursos escolares españoles realizados en la Normal madrileña por Alcántara,[12] y la versión de la tesis doctoral de García Conde.[13] En el caso de los pensadores ibéricos, de particular interés para este estudio, el posible materialismo de la propuesta darwiniana está suavizado y matizado por su recepción en una realidad católica; hecho que se manifestaba en una doble lectura que reconocía la existencia del alma, pero que aceptaba al mismo tiempo la necesidad científica de expli-

---

[6] G. Compayré, *Curso de pedagogía...*, *op. cit.*, p. 62.

[7] *Ibidem*, pp. 73-75.

[8] B. Perez, *L'enfants de trois...*, *op. cit.*

[9] W. Preyer, *El alma del niño...*, *op. cit.*

[10] E. Claparede, "Rousseau y la significación de la infancia", en Lorenzo Luzumaga (ed.), *Ideas pedagógicas del siglo xix*, Losada, Buenos Aires, 1954.

[11] G. Compayré, *Curso de pedagogía...*, *op. cit.*

[12] P. de Alcántara, *Teoría y práctica de la educación y la enseñanza. Curso completo y enciclopédico de pedagogía*, tomo IV, Gras y Cía. Editores, Madrid, 1881.

[13] J. García Conde, *Educación de los niños bajo el concepto médico psicológico*, Imprenta y Librería de Andrés Martín, Valladolid, 1906.

carla. Por otra parte, se cita también el trabajo del argentino Sennet, quien representa un importante punto de referencia latinoamericano.[14]

Darwin había dado muestras de la importancia estratégica que le asignaba tanto a la reflexión como a las imágenes y representaciones sobre la niñez, cuando contrató al distinguido fotógrafo holandés O. G. Rejlander para el diseño y la realización de una serie de fotografías infantiles, que finalmente publicó en su texto *La expresión de las emociones en el hombre y los animales*, en el año de 1872. Esta obra continuaba la argumentación darwiniana sobre la correlación existente entre los factores biológicos y los de orden emocional. Escrito trece años después del célebre *El origen de las especies* —para muchos la obra científica más importante e influyente del siglo XIX— ahondaba en los planteamientos acerca de la manera en que las características físicas de los seres vivos determinan su comportamiento. En particular, Darwin intentó describir las expresiones crudas e incontrolables de las emociones en los seres humanos, al establecer una línea de continuidad entre los niños, los locos y los hombres primitivos. El común denominador entre estos grupos era el mismo: su incapacidad para controlar las emociones y su mayor grado de espontaneidad para expresarlas en diferentes contextos.

En noviembre de 1871, un desesperado Rejlander le escribía a Darwin respecto de su petición de obtener lo más pronto posible la fotografía de un niño llorando para ilustrar su texto: "One might get up scenes with the chance of taking it photographically, instantaneously, but not now —not now. You ask more than I can do —at this time of the year— at least."[15] El científico requería la imagen del niño en cuestión para mostrar el movimiento muscular y poder ilustrar sus planteamientos del supuesto vínculo de la fisonomía infantil con los instintos de los hombres primitivos. Por su parte, la queja del artista se refería a las limitaciones técnicas de la fotografía, propias de principios de la década de los años setenta, que le impedían satisfacer en el corto plazo las exigentes peticiones de Darwin. Pese a todo, al final obtuvo las imágenes, publicadas en el texto citado, que adquirieron de inmediato gran popularidad, lo que contribuyó a la difusión de las ideas darwinianas.

La expresión de las emociones en el hombre y los animales constituye uno de los primeros libros científicos que recurrió a la fotografía para ilustrar sus plantea-

[14] R. Sennet, *Elementos de psicología infantil, op. cit.* Todas las citas de las obras corresponden a sus primeras ediciones, y en su caso, traducciones al castellano. Pueden consultarse en el Fondo Reservado de la Escuela Normal, en la ciudad de México.

[15] *Unpublished Correspondence. O. Rejlander to Ch. Darwin*, citada en P. Prodger, "Rejlander, Darwin and the Evolution of 'Ginx's Baby'", en M. Weaver y A. Hammond (ed.), *History of Photography*, vol. 23, núm. 3, Oxford, otoño de 1999, pp. 259-260. "Uno puede obtener escenas con la posibilidad de tomarlas fotográficamente, instantáneamente, pero no ahora; no ahora. Usted me pide más de lo que puedo hacer, en esta época del año al menos."

Imagen 29. Fotografía: Sin título,
O. Rejlander (fotógrafo), 1872.
(Colección particular.)

mientos. La imagen que se presenta corresponde a la segunda ilustración del libro, lo que refuerza la idea de la importancia simbólica que le asignaba el propio Darwin. En su teoría, el científico consideraba que la observación de los gestos infantiles resulta de gran importancia, en la medida en que, para él, los niños son más espontáneos que los adultos y no controlan sus gestos y movimientos, guiándose de manera más directa por sus instintos, como los hombres primitivos. La fotografía, en este caso, pretendía asumirse como prueba documental que ilustraba estos planteamientos y permitiría la observación precisa y puntual del fenómeno. Es interesante el hecho de que esta imagen se apega también a los lineamientos generales y a los cánones del retrato decimonónico, en tanto que todo está posado. La única diferencia estriba en el gesto, que no busca idealización, sino que es utilizado como soporte de una serie de argumentos científicos. (Imagen 29.)

Al año siguiente, Darwin escribió otro texto en el que reflexionó de manera específica acerca de su propuesta teórica y su adaptación al estudio de la naturaleza infantil, desarrollando una serie de planteamientos y puntualizaciones derivadas de la observación empírica del desarrollo cotidiano de su propio hijo, las cuales se referían a aspectos relacionados con el surgimiento de la vista, la aparición del miedo y de otras sensaciones.[16] El punto clave del artículo se refiere al momento en que el pequeño registra y capta el sonido que corresponde al nombre de su "nana". Lo anterior representaba para el científico un signo muy claro de la vinculación de los infantes con los animales menos desarrollados, tesis que serviría de sustento para posteriores analogías entre los infantes y los hombres primitivos:

> Before he was a year old, he understood intonations and gestures, as well as several words and short sentences. He understood one word, namely, his nurse's name, exactly five months before he invented his first word mum; and this is what might have been expected, as we know that the lower animals easily learn to understand spoken words [...] Infants, when suffering slight pain, moderate hunger, or discomfort, utter violent and prolonged screams. Whilst thus screaming their eyes are firmly closed, so that the skin round them is wrinkled, and the forehead contracted into a frown. The mouth is widely opened with the lips retracted in a peculiar manner, which causes it to assume a squarish form.[17]

Esta mirada psicológica, recreada y construida desde la perspectiva evolucionista de la madurez, encontraría su desarrollo más significativo en el espacio de las instituciones escolares. En efecto, la transformación de las escuelas en ámbitos de investigación por pedagogos y médicos comenzó a rendir sus primeros frutos en el cambio de siglo. Los nuevos ejes de esta construcción serían los departamentos de higiene escolar y los gabinetes antropométricos.

EL LABORATORIO PEDAGÓGICO PORFIRIANO: LA HIGIENE ESCOLAR Y LOS GABINETES ANTROPOMÉTRICOS

La convergencia de las miradas médica y la pedagógica se produjo en el terreno de la higiene escolar. El Congreso Higiénico-Pedagógico realizado en la ciudad de Méxi-

---

[16] El artículo lleva por título: "A Biographical Sketch of an Infant", escrito en el año de 1873. Puede ser consultado en *Developmental Medicine and Child Neurology*, vol. 13, núm. 15, supl. 24, Londres, 1970, pp. 1-8. En este texto, Darwin lleva un diario pormenorizado con observaciones sobre su hijo William, nacido el 27 de diciembre de 1931.

[17] *Ibidem*, p. 8. "Antes de cumplir un año comprendía entonaciones y gestos, así como varias palabras y oraciones cortas. Entendía una palabra: a saber, el nombre de su nana exactamente cinco meses antes de que inventara su primera palabra, *mamá*, y esto era lo que se podía haber esperado, ya que sabemos que los animales menores fácilmente aprenden a entender palabras habladas [...] Los niños, cuando sufren un dolor ligero, hambre moderada o incomodidad lanzan gritos violentos y prolongados. Mientras gritan, sus ojos están firmemente cerrados, de tal manera que la piel que los rodea se arruga y la frente se contrae hacia el ceño. La boca está ampliamente abierta, con los labios retraídos en una forma peculiar que la hace parecer casi cuadrada."

co en el año de 1882 constituye un indicador que facilita al historiador de las ideas acercarse a las discusiones, debates y polémicas, protagonizadas por médicos y pedagogos, relativas a la importancia creciente de la higiene y sus repercusiones en las condiciones físicas y psíquicas de los infantes.

En el mencionado congreso se reflexionó teóricamente acerca de la cuestión de la higiene y su vínculo con la escuela. Después, a principios del siglo XX, encontramos sus primeras aplicaciones en la creación del Departamento de Inspección Médica e Higiénica en la Dirección General de Instrucción Primaria del D. F., que se encargó de llevar a cabo los primeros estudios sistemáticos entre la población escolar, convirtiendo a las aulas en los nuevos laboratorios de investigación de las miradas médica y pedagógica; transformando los cuerpos y mentes infantiles en verdaderos objetos de estudio.[18]

Dicho departamento quedó instalado en el mes de julio de 1908 y contó en sus inicios con un servicio higiénico que tuvo la participación de siete médicos-inspectores que cubrían diversas actividades en el D.F. Entre ellos encontramos figuras de la higiene y de la incipiente medicina infantil, como Máximo Silva, Joaquín Cosío y Jesús Gonzalez Ureña. El director fue el doctor Manuel Uribe y Troncoso, quien se convirtió en uno de los principales difusores del proyecto, lo mismo en discusiones y debates nacionales con otros colegas, que por medio de la presencia de México en foros internacionales de gran importancia, como el III Congreso Internacional de Higiene celebrado en París en 1910.

El inicio de este tipo de actividades y su coordinación por el régimen quedó sancionado con la aprobación de un reglamento, que preveía entre otras cosas la inspección médica de los edificios escolares, documentando sus condiciones higiénicas y clausurando los locales que presentaran irregularidades y deficiencias; asimismo, estipulaba la participación de médicos-inspectores y la realización de exámenes individuales entre la población escolar. Esta última labor comenzó a llevarse a cabo a partir del año escolar 1908-1909 (véase cuadro 2), cuando se aplicaron 17 534 exámenes en el D. F., obteniéndose por primera vez una muestra estadística de las diversas enfermedades que aquejaban a los escolares, entre las que sobresalían las de la piel, la boca y las afecciones visuales.

Las actividades del nuevo departamento aumentaron en los siguientes años, demostrando que la higiene escolar había llegado para quedarse en el siglo XX y que la presencia de médicos y pedagogos, legitimados por el régimen, aumentaría

---

[18] Algunos antecedentes de este tipo de estudios en la Escuela Normal se remontan al año de 1902, bajo la gestión del doctor Eugenio Latapí. Posteriormente, en 1906, se creó la sección "Higiene y Antropometría Escolares", dentro de la Dirección General de Instrucción Primaria.

CUADRO 2
Exámenes individuales aplicados en las escuelas primarias del D. F.
Año escolar 1908-1909

Enfermedades registradas	Núm. de alumnos	Porcentajes (%)
Piel	2911	16.6
Boca	2152	12.2
Vista	1971	11.2
Lesiones nasofaríngeas		
Escrofulosis	1068	6
Oído	544	3.1
Lesiones cardiacas	94	.54
Locución	59	.33
Tuberculosis	23	.13

Fuente: Secretaría de Instrucción Pública y Bellas Artes, "Informe de Trabajo del Servicio Higiénico Escolar", *Boletín de Instrucción Pública y Bellas Artes*, México, 1909, p. 246.

la vigilancia y control sobre los cuerpos y mentes infantiles a lo largo del mismo siglo.[19] Uribe y Troncoso se refería a este proceso de la siguiente manera:

Algunos se oponen a ellas porque no las conocen, otros porque dudan de sus resultados; pero el hecho solo de que ya la discutan, es un signo de que la institución progresará y se abrirá camino en el ánimo del público, cuando sean reconocidas sus ventajas.[20]

Un discurso que refleja la visión optimista del progreso, típica del pensamiento científico de la época, representada en esta ocasión por el avance de las inspecciones médicas escolares.

En el año escolar 1910-1911 se aplicaron 39 123 exámenes individuales, en una población escolar cuyo número oficial de alumnos inscritos era de 55 142, lo que constituía un logro importante para las labores y actividades del incipiente Servicio Higiénico Escolar.[21]

---

[19] Manuel Uribe y Troncoso, "Informe del Servicio Higiénico de las escuelas. Año escolar 1910-1911", *Boletín de Instrucción Pública y Bellas Artes*, México, 1912, pp. 317-334.

[20] *Ibidem*, p. 322.

[21] Un dato comparativo significativo es el que se refiere a España, que en los mismos años iniciaba la construcción de una red institucional de este tipo de labores: "Por R. D. de 6 de junio de 1911, se estableció la llamada Inspección Médico-Escolar en algunas capitales de provincia, a título experimental, a cargo de los vocales médicos de las Juntas de Primera Enseñanza, lo que sólo tuvo efectividad, y no completa, en Madrid. El 20 de septiembre de 1913 se convocó un concurso gene-

La realización de los exámenes individuales a cargo de los médicos-inspectores constituye uno de los puntos más interesantes de un proyecto que configuró el marco concreto para las nuevas ideas sobre la infancia, las cuales se habían consolidado en los textos médicos y pedagógicos, así como en los manuales de higiene escolar a fines del siglo XIX. Estos exámenes se practicaban en las propias escuelas, con la cooperación de maestros y profesores. El médico llenaba una cédula de identidad por cada niño, en la que consignaba todos los datos de la talla, el peso, las mediciones de la cabeza, la boca, los oídos y la columna vertebral, entre otras partes del cuerpo.[22] Algunas iban acompañadas de fotografías que daban cuenta de los métodos utilizados y reconstruían el procedimiento seguido en el cumplimiento de la observación médica de los pequeños educandos convertidos en pacientes. Estas imágenes ilustraban los informes oficiales y representaban una prueba documental que buscaba legitimar el rigor científico de las nuevas ideas en torno de la niñez. (Imágenes 30 y 31.)

No resulta casual que esas fotografías hayan formado parte de exhibiciones públicas organizadas por el gobierno en congresos nacionales e internacionales; por el contrario, constituyen una muestra de la voluntad del poder estatal que veía en la fotografía un instrumento eficaz para el cumplimiento de sus objetivos propagandísticos. Algunas de las imágenes formaron parte del pabellón mexicano que se exhibió en los Campos Elíseos, en el marco de la celebración del III Congreso Internacional de Higiene, que tuvo lugar en París en agosto de 1910. Dicha muestra nos indica la importancia asignada a la fotografía dentro del nuevo horizonte médico-pedagógico, y la imagen que las autoridades médicas y gubernamentales deseaban proyectar en el extranjero.[23]

En estas ilustraciones destaca la figura del médico-inspector, que se encuentra vestido de civil y ejecuta con profesionalismo todo el exámen, entrevistándose con las madres de familia, revisando minuciosamente a las pequeñas, explorando y auscultando sus cuerpos o escuchando los latidos de sus corazones, con la ayuda del estetoscopio. Todo el ritual se cumple ante la presencia vigilante de la progenitora en cuestión y la mirada solícita de la maestra, que se dispone a auxiliar al especialista.

El sector de los médicos fue consolidando una identidad que le permitió competir y desplazar a otros adversarios todavía muy poderosos, como las parte-

---

ral para cubrir sus plazas, a la vez que se creaba, sobre el papel, un Instituto de Higiene escolar de ámbito estatal dirigido por Manuel Tolsá y Eduardo Masip." E. Rodríguez, "Una medicina para la infancia", en J. M. Borrás (coord.), *Historia de la infancia en la España contemporánea, 1834-1936*, Ministerio del Trabajo y Asuntos Sociales-Fundación Germán Sánchez, Madrid, 1996, p. 168.

[22] M. Uribe y Troncoso, "Informe del Servicio Higiénico...", *op. cit.*, p. 324.

[23] Al respecto, véase de M. Uribe y Troncoso, "Informe sobre el III Congreso Internacional de Higiene", *Boletín de Instrucción Pública y Bellas Artes*, México, 1911.

El examen médico de los alumnos.

Recogiendo los antecedentes de familia

◄ Imagen 30. Informe médico-pedagógico:
"El exámen médico de los alumnos",
Boletín de Instrucción Pública y Bellas Artes,
México, Secretaría de Instrucción Pública
y Bellas Artes, 1909. (Biblioteca Miguel Lerdo
de Tejada, SHCP.)

El examen médico de los alumnos

Examinando el corazón
(La madre y la maestra están presentes en el examen)

Examinando las cicatrices de la vacuna.

La maestra examina la agudeza visual.

Imagen 31. Informe médico-pedagógico: ➤
"El exámen médico de los alumnos", *Boletín
de Instrucción Pública y Bellas Artes*, México,
Secretaría de Instrucción Pública
y Bellas Artes, 1909.
(Biblioteca Miguel Lerdo de Tejada, SHCP.)

ras y los curanderos, en su lucha por obtener consenso y hegemonía en la definición de los problemas de salud pública. Una investigación reciente muestra cómo dicho sector fue "inventando" una tradición, que se remontaba a la praxis de la mirada clínica francesa. El uso de este tipo de fotografías y en particular las representaciones de las figuras de los médicos, pueden ser analizadas como parte fundamental de este proceso.[24]

A través de estas representaciones se apuntala la idea del niño como objeto de estudio, con la observación médica asentada en el espacio escolar. Familia y escuela, las dos instancias de control y socialización que se habían consolidado a lo largo del siglo XIX, proporcionan el marco legitimador de la presencia del especialista, quien a partir de ese momento se constituirá como la única autoridad reconocida para explorar los cuerpos y las mentes infantiles, para así tomar decisiones respecto de su posible salud o enfermedad, descubriendo anomalías y señalando desviaciones e irregularidades.

La fotografía contribuyó al reforzamiento propagandístico del uso de la escuela en el cuidado de la salud y el descubrimiento de las enfermedades; marco idóneo para la praxis de la autoridad médica que se definía, en estos escenarios, como figura clave en el cuidado de los infantes y el diagnóstico de las enfermedades que los aquejaban. Al respecto, conviene mencionar un elemento muy significativo para la lectura e interpretación de estas imágenes: la instancia político-institucional que promovió la realización de las inspecciones médicas fue la Secretaría de Instrucción Pública y Bellas Artes. Este dato nos remite a la importancia de esta mirada educativa y al impulso del régimen; también nos indica la forma en que la higiene escolar se convirtió en el espacio aglutinador de las nuevas ideas y prácticas, y cómo la figura del médico comenzó a trascender a principios del siglo XX el espacio institucional del hospital, para acercarse a una población infantil de manera ordenada y sistemática.

Una de las discusiones más representativas de las nuevas posturas médicas y pedagógicas fue la que se produjo entre algunos destacados miembros del Consejo Superior de Educación Pública, a propósito del estudio de los lineamientos que deberían seguirse para el diseño y la aplicación de los cursos de la materia de "Educación física" en las escuelas primarias de la capital. De acuerdo con las nuevas ideas acerca del estudio de las necesidades y tendencias del desarrollo psíquico y fisiológico de la infancia, la educación física debía adaptarse a las exigen-

---

[24] C. Agostoni, "'Que no traigan al médico'. Los profesionales de la salud entre la crítica y la sátira (ciudad de México, siglos XIX-XX)", ponencia presentada en el Seminario sobre Historia y Salud, Instituto de Investigaciones Históricas, UNAM, noviembre de 2002.

cias del organismo, adecuándose a las leyes del desenvolvimiento y crecimiento fisiológico y psíquico.[25]

En el debate con otros médicos y pedagogos, Uribe y Troncoso explicaba que el objetivo del Estado consistía en aplicar en el país los principios de la higiene escolar y estudiar las condiciones de crecimiento de los niños mexicanos, señalando lo que diferenciaba a éstos de sus pares en otros países e indagando en datos tales como el peso y la talla, para elaborar un perfil propio y deducir si se estaba siguiendo la misma tendencia correspondiente a los niños europeos o si se formaba parte de una raza "degenerada", alejada de los modelos "normales" de crecimiento:

> No sabemos si la estatura, si el peso de los niños sigue en la misma progresión que en los niños europeos o americanos [...] todos estos pequeños detalles tienen que conducirnos a la formación de lo que se ha llamado las "normales". Las "normales" de crecimiento indican en qué forma se efectúa el crecimiento de los niños, y esto viene a formar las bases de la higiene escolar. De ahí que necesitamos formar nuestra estadística, para conocer el tipo medio mexicano y poder saber cuáles son los niños que se separan de este tipo y cuáles se conforman a él.[26]

La mayor parte de los especialistas coincidían en señalar que la nueva tecnología permitiría documentar la inferioridad de los niños mexicanos respecto de sus congéneres europeos; sin embargo, las diferencias radicaban en las implicaciones que se derivaban de esta "fatal" realidad. Así, para unos el asunto tenía una carga biológica determinante e inmodificable; mientras que para otros —como el señor Williams, director de una escuela primaria de la capital— la higiene adquiría un papel relevante:

> No creo justo que se diga que el niño europeo es más inteligente que el mexicano; aquél recibe una educación gimnástica muy perfecta; los europeos son naciones muy antiguas, que han estudiado siglos y siglos para llegar a la perfección, en tanto que *México es un país niño*. Si le aplicáramos las condiciones higiénicas y gimnásticas de aquellos países, yo creo que en la mitad del tiempo, en la décima parte, llegaría esta nación a la altura de aquéllas.[27]

Tenemos aquí una muestra muy sugerente de la manera en que el evolucionismo orientaba las discusiones médico-pedagógicas de la época, dando lugar a

---

[25] Consejo Superior de Educación Pública (CSEP), "Dictamen de la Comisión del Consejo de Educación Pública encargada de estudiar las bases que deben normar la Educación Física en las escuelas", *Boletín de Instrucción Pública y Bellas Artes*, México, 1909, pp. 372-446.

[26] *Ibidem*, p. 385.

[27] *Ibidem*, p. 390. El subrayado es mío.

más de una postura, e incluso a la divergencia de opiniones. Si algunos profesionistas apelaban a una visión determinista, otros —partiendo del mismo horizonte eurocentrista en el que las metas y los logros estaban representados por los países del norte— se permitían discrepancias y aludían a cuestiones de carácter social y cultural (como el uso de la higiene escolar) para plantear posibles cambios y transformaciones. Resulta interesante cuestionarse aquí si conceptos como el de mestizaje pudieron servir de base a un sector de estos profesionistas para contraponerlo a categorías dominantes como el de degeneración.

La imagen de la niñez para identificar el supuesto nivel de desarrollo del país resulta también muy significativa. Para esta visión —predominante a principios del siglo XX— la etapa de la infancia era concebida como símbolo de inmadurez y como catálogo de deficiencias respecto del modelo de madurez y perfección adulta, representado por los países europeos. Al mismo tiempo, el tema de la infancia comenzaba a ser leído e interpretado por las élites como un problema prioritario en los asuntos de la vida política y cultural de la nación.[28]

Para la perspectiva evolucionista, la joven nación mexicana compartía los mismos problemas de la etapa infantil del ser humano y las características de los hombres "salvajes" y "primitivos"; esto es, carácter instintivo y emocional, así como precaria capacidad para la memoria, debilidad de voluntad y fragilidad psíquica y moral. El concepto de "degeneración" a fines del siglo XIX tenía carácter muy ambiguo y su uso estaba bastante extendido entre los diferentes sectores y corrientes de pensamiento. En términos generales, se pueden establecer tres fuentes distintas que proporcionaron el marco conceptual para su aplicación en dicha época: los planteamientos ilustrados de Buffon y su explicación de la caída del hombre, utilizando el concepto de marras como punto de partida; Gobineau, con su influyente texto, *Ensayo sobre la desigualdad de las razas humanas*, publicado en 1853, que señalaba que la degeneración constituía un proceso histórico inevitable, derivado de la mezcla de razas denominadas "puras" con otras, consideradas como "inferiores", y Morel, con su célebre *Tratado de las degeneraciones físicas, intelectuales y morales*, que en 1857 identificaba elementos hereditarios, ligándolos a comportamientos sociales como el alcoholismo, uno de los temas más recurrentes de la literatura evolucionista de las últimas décadas del siglo XIX.[29]

---

[28] Esta visión política de la niñez se extendió por toda América Latina. Al respecto, véase J. Sáenz, *Mirar la infancia...*, *op. cit*, pp. 76-89.

[29] D. Pick, *Faces of Degeneration. A European Disorder, c. 1848-1918*, Cambridge University Press, Cambridge, 1996. Por su parte, M. Foucault (*Los anormales. Curso en el Collége de France*, FCE, México, 2000, p. 294) plantea que este concepto de degeneración dio lugar a un cierto tipo de racismo: "El racismo que nace de la psiquiatría de esos momentos es el racismo contra el anormal, contra los individuos que, portadores de un estado, de un estigma o de un defecto cualquiera, pueden transmitir a sus herederos, de la manera más aleatoria, las consecuencias imprevisibles del mal

La recepción de estas ideas en el contexto mexicano no fue uniforme: había diversas escuelas antropológicas con distintas posturas, y algunos planteamientos sobre la degeneración racial formulados en un ámbito externo a estas teorías, se entremezclan, dando resultados diferentes. Algunas de las principales discusiones giraban alrededor de la coexistencia de lo atávico y lo moderno y de los orígenes raciales de la humanidad. Una de las preocupaciones centrales consistía en la búsqueda de rutas para la superación de la diversidad racial, percibida como resabio negativo en la tarea de unificación étnica de la nación moderna.[30]

Uno de los objetivos de la aplicación de los exámenes infantiles fue crear una estadística nacional que permitiría resolver el problema "antropológico" de verificar si las características físicas y el tipo de crecimiento de los niños mexicanos correspondían a los términos "normales", dentro de los parámetros occidentales; o si, por el contrario, deberían ser catalogados y analizados como "anormales".[31] Al respecto, el doctor Uribe señalaba que la superación del mexicano en términos de "raza" (sic), sólo se lograría a través de la modificación de algunos de los carácteres físicos de la etapa infantil, lo cual implicaba enriquecer la perspectiva médica con estudios de carácter antropológico:

> En México, nuestra raza no es fuerte, ni mucho menos. La raza mexicana es débil por muchas circunstancias y la tarea de la educación física es tratar de que esos caracteres físicos mejoren más y más, que se llegue a suprimir esos factores que son nocivos

---

que llevan consigo o, más bien, de lo no normal que llevan consigo. Es, por lo tanto, un racismo que no tendrá por función tanto la prevención o la defensa de un grupo contra otro como la detección, en el interior mismo de un grupo, de todos los que pueden ser portadores efectivos de peligro. Racismo interno, racismo que permite filtrar a todos los individuos dentro de una sociedad dada."

[30] B. Urías, *Indígena y criminal. Interpretaciones del derecho y la antropología en México, 1871-1921*, UIA, México, 2000, pp. 61-100. Otro de los espacios privilegiados para estudiar los usos y aplicaciones de este concepto de degeneración es el de la psiquiatría positivista porfiriana, como lo muestran algunas investigaciones recientes en este campo: "La noción de degeneración a la que se referían los alienistas porfirianos se debe al médico francés Morel y su significado se engloba en el concepto de herencia […] Algunos de los signos visibles de degeneración destacados por los alienistas porfirianos fueron las irregularidades físicas, como asimetrías de la cara, alopecia, dientes mal implantados, cuerpos mal proporcionados, deformidades, retrasos y supresión en la menstruación, entre otros". M. Mancilla, *La locura de la mujer durante el Porfiriato*, Tesis de Doctorado, UNAM, México, 1997, p. 86. Otros argumentos significativos pueden encontrarse en los ensayos de Ana María Carrillo, Laura Cházaro y Beatriz Urías, publicados en 2000-2001, en la revista *Ciencias* de la UNAM.

[31] La referencia a la estadística resulta básica para ubicar y analizar el trabajo de los gabinetes antropométricos en el siglo XIX. En particular, debe destacarse la obra de L. A. Quetelet, *Traité de l'homme et le développement de ses facultés*, publicada en el año de 1842, en la que el autor desarrolla su noción de "hombre promedio". Toda la obra de los antropómetros del siglo XIX, comenzando por el influyente A. Bertillón, toman como punto de referencia inicial dicha obra. Al respecto, véase S. Lalvani, *Photography…*, *op. cit.*, pp. 96-102 y J. Tagg, *The Burden of Representation…*, *op. cit.*, pp. 60-65.

para el desarrollo del niño y del adulto y que se llegue a educar de modo que pueda competir con los individuos de otras razas.[32]

La documentación del "tipo físico" del niño mexicano se había iniciado con la aplicación ya descrita de los primeros exámenes individuales. Las metas y objetivos del propio Servicio Higiénico Escolar exigían explorar más profundamente y desarrollar iniciativas que condujeran a resultados más significativos. Tanto la difusión de la existencia de este servicio, como el cuestionamiento sobre el posible estatus del pueblo mexicano como una raza "degenerada" y la necesidad de estudiar los cuerpos infantiles como los posibles portadores de esta "degeneración", tuvieron intensa cobertura en las páginas de la prensa, la que con ayuda de fotograbados y otras ilustraciones difundió esta cruzada médica entre un público más amplio, convirtiéndola en reivindicación patriótica.

Las imágenes se encargaron de familiarizar a los padres con las nuevas metodologías, así como de reforzar esta legitimación de la figura del médico como la única autorizada para explorar y encontrar las enfermedades y desviaciones de la etapa infantil. Los distintos aparatos e intrumentos de la exploración clínica formaban parte de la supremacía médica y eran exhibidos en las ilustraciones. La prensa proporcionó amplia cobertura a las actividades del Servicio Higiénico Escolar; en estos casos, el discurso periodístico no entró en contradicción con el de los médicos y las autoridades educativas; por el contrario, la mirada "divulgadora" complementa aquí a la "especializada". En un fotograbado se muestra al "Dr. Cosío reconociendo a una niña", mientras en un dibujo puede apreciarse la realización de un exámen de la vista a otra pequeña. Conviene observar la dimensión nacional asignada a la tarea de los especialistas, remarcada por el énfasis de los titulares de la prensa. La imagen profesional del médico rebasa el contexto académico y se transforma en noticia; el subtítulo de la nota así lo ratifica: "Deben ayudar al Ministerio en su obra humanitaria por ser de interés nacional."[33] (Imagen 32.)

La polémica desatada entre médicos y autoridades educativas en el ministerio de Instrucción Pública y Bellas Artes encontró aquí resonancia nacional a través del reportaje fotográfico. La mirada "divulgadora" resaltó la figura del médico y la rodeó de una aureola patriótica en el delicado esfuerzo de investigar

---

[32] CSEP, "Dictamen de la Comisión...", *op. cit.*, p. 439.

[33] En realidad, el médico que aparece en las imágenes 32 y 33 es el doctor Everardo Landa, asistente del doctor Vergara, quien desempeñó un papel crucial en el trabajo de medición de los niños del Hospicio de Pobres. Al respecto, véase L. Cházaro, "La fisioantropometría de la respiración en las alturas, un debate por la patria", *Ciencias*, núm. 60-61, Facultad de Ciencias, UNAM, México, octubre de 2000-marzo de 2001, pp. 37-43.

Imagen 32. Noticia de prensa: "Interesa a los padres fijarse en la bondad del nuevo servicio higiénico escolar", *El Imparcial,* 25 de noviembre de 1908. (Biblioteca Miguel Lerdo de Tejada, SHCP.)

acerca de la supuesta degeneración racial del pueblo mexicano; al mismo tiempo, se encargó de mostrar gráficamente que la respuesta simbólica a este tipo de interrogantes no provenía de reflexiones filosóficas y argumentos teóricos, sino de un mundo mucho más empírico y terrenal, ligado a los instrumentos del quehacer médico, representados en este caso por la novedad científica de microscopios, estetoscopios y otros utensilios. (Imagen 33.)

En este marco hay que ubicar la fundación de un departamento antropométrico así como la elaboración de los primeros exámenes de esta naturaleza, que implicaban mayor grado de dificultad en la medida en que se requería de técnicos y profesionistas especializados en los nuevos saberes y técnicas y no se podían difundir indiscriminadamente entre la población escolar, pues su aplicación requería del consentimiento de los padres.

El doctor Daniel Vergara Lope organizó el mencionado departamento con personal de la sección de Fisiología Experimental del Instituto Médico Nacional, e investigó, a partir de abril de 1908, los promedios anatómicos y funcionales de los

Imagen 33. Noticia de prensa:
"¿Es el pueblo mexicano
una raza degenerada?",
El Imparcial,
8 de enero de 1909.
(Biblioteca Miguel Lerdo
de Tejada, SHCP.)

niños mexicanos. Para ello se incorporaron diversos instrumentos, entre los que sobresalen un aparato radioscópico, otro ortodiográfico y un antropómetro. En 1909 dicho departamento se separó del Instituto Médico Nacional y se anexó al Servicio Higiénico Escolar. Entre diciembre de 1908 y abril de 1911 se practicaron 276 exámenes antropométricos a niños de uno a catorce años en el Hospicio de Pobres, la mayor parte de ellos pertenecientes al género masculino (266 niños y 10 niñas).[34] El procedimiento para obtener las medidas y los perfiles antropométricos estaba previsto con gran rigurosidad, según los criterios vigentes en la época:

Con el niño sobre el antropómetro, colocado de una manera que coincida, sin forzarlo, su eje longitudinal con el eje central del aparato, se le inmoviliza y fija con cla-

[34] "Investigación de los promedios anatómicos y funcionales de los niños mexicanos, según sus diversas edades", *Boletín de Instrucción Pública y Bellas Artes*, 1909, pp. 532-554.

vijas dispuestas alrededor del tronco y de los miembros; en seguida se recorre todo el contorno del cuerpo con el pequeño estilete que lleva en su ángulo recto una escuadra, trazando así el perímetro con absoluta fidelidad.[35]

Los comentarios y observaciones que acompañaban estos procedimientos eran expuestos por medio de un lenguaje que descansaba sobre presupuestos y medidas geométricas con pretensiones de objetividad, precisión y exactitud, en un contexto en el que la mayor parte de las veces los adjetivos desaparecían o eran desplazados por trazos geométricos y fórmulas matemáticas que marcaban los límites y los encuadres de las nuevas interpretaciones científicas. La representación del cuerpo infantil también pasaba por este tipo de diagramas y de proyecciones. (Imagen 34.)

En la construcción de la nueva mirada médica en torno de la etapa de la niñez se utilizó la fotografía para legitimar los prejuicios y las creencias evolucionistas respecto de la degeneración racial. Fue el instrumento idóneo para transformar la ficción pseudocientífica en realidades y certezas acordes a la visión etnocentrista de la época:

La imagen fotográfica corrobora las imágenes mentales (inmateriales e ideológicas) y las transforma en una "verdad" material. Es decir, transforma la ficción en realidad, la fantasía en verdad y los prejuicios en hechos concretos. Una vez que el documento fotográfico le otorga validez, lo imaginario adquiere forma concreta.[36]

Este tipo de representaciones cumplieron con el sueño ilustrado de acceder a un idioma universal; en este sentido, las imágenes se ligaban al lenguaje abstracto de las matemáticas y pretendían reducir la naturaleza humana a su esencia geométrica.[37] Tenemos aquí representada una vertiente significativa de las imágenes y representaciones científicas de principios del siglo XX; imágenes que fueron utilizadas por los médicos y profesionistas para la difusión de las nuevas propuestas antropométricas. Las fotografías y las ortorradiografías no sólo avalaban y legitimaban el carácter científico subyacente en las propuestas, sino que contribuían a esclarecer y difundir métodos que no eran conocidos ni de fácil comprensión, salvo por una minoría de los miembros de la comunidad de académicos, profesionistas y especialistas.

---

[35] *Ibidem*, p. 545.

[36] Boris Kossoy, "La fotografía en latinoamérica en el siglo XIX. La experiencia europea y la experiencia exótica", en Wendy Watriss y Louis Parkinson (ed.), *Imagen y memoria. Fotografía de Latinoamérica, 1866-1994*, University of Texas Press, Austin, 1998, p. 46.

[37] A. Sekula, "The Body and the Archive", *op. cit.*, pp. 17-32.

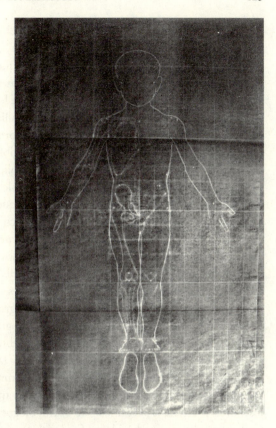

Imagen 34. Informe
médico-pedagógico:
"Cédula antropométrica" (detalle),
*Boletin de Instrucción Pública
y Bellas Artes*, México,
Secretaría de Instrucción Pública
y Bellas Artes, 1910. (Biblioteca
Miguel Lerdo de Tejada, SHCP.)

El nuevo tipo de representación no sólo propagó las nuevas ideas, sino que contribuyó a estructurarlas, a conformarlas, al convertirse en el vehículo privilegiado para sus expresiones y manifestaciones. La fotografía de carácter antropométrico se aplicó desde mediados del siglo XIX en los gabinetes carcelarios como parte del perfil y la mirada criminológicas, que asociaba los rasgos morales y psíquicos de los delincuentes y los infractores con sus respectivas fisonomías. Las imágenes contribuyeron de esta manera a la creación de una cultura visual en la que la discusión sobre la existencia de razas "degeneradas" y la descripción de sus rasgos físicos ocupó un lugar destacado.[38]

[38] Alphonse Bertillón fue el creador de un famoso sistema de identificación de criminales, retomado por la mayor parte de los departamentos de policía occidentales de la época. Las premisas básicas de su obra están presentes en los diversos trabajos fotográficos ejecutados en las instituciones de control social, como cárceles y manicomios, e incluso en otras de carácter científico y educativo, como los hospitales y las escuelas.

Este bagaje evolucionista impregnó tanto el diseño como la aplicación y el uso de las fotografías escolares antropométricas, que deben ser leídas según las propuestas teóricas que las sustentaban. La búsqueda del "tipo físico" mexicano, para documentar su carácter inferior y su pertenencia a razas "degeneradas", orientó claramente esos trabajos. Las imágenes de los exámenes individuales aplicados en las escuelas pasaban por el filtro de la familia y contaban con la aprobación de la vigilancia materna; en la fotografía antropométrica y las ortorradiografías lo último resultaba innecesario, toda vez que la población seleccionada para las investigaciones no provenía de alguna escuela pública o particular, sino del Hospicio de Pobres, una institución de origen borbónico, que a principios del siglo XX dependía directamente del Estado porfiriano y que facilitaba la intervención médica sin testigos incómodos que pudieran obstaculizar el proceso.[39] (Imagen 35.)

Las llamadas "cédulas antropométricas" encuentran su antecedente más relevante en la fotografía carcelaria que retrataba a los sujetos de frente y perfil y que fue utilizada por el Estado mexicano desde mediados del siglo XIX.[40] Otro antecedente importante lo constituyen las imágenes —captadas a lo largo de la segunda mitad del siglo XIX— de los diversos grupos étnicos que habitaban el territorio nacional. La magna exhibición de fotografías étnicas mexicanas montada en la Exposición Histórico-Americana celebrada en Madrid en 1892 para conmemorar el "descubrimiento" de América, y la que tuvo lugar en el XI Congreso de Americanistas de 1895 constituyen el primer mapa etnográfico de grupos indígenas del territorio mexicano. Tambien hay que considerar las publicadas en los libros y artículos científicos de antropólogos extranjeros como el noruego Carl Lumholtz, el estadunidense Frederick Starr y el francés Leon Diguet, que llegaron a México a fines del siglo XIX buscando registrar a los sobrevivientes de lo que los europeos consideraban las "razas primitivas".[41]

En las cédulas aplicadas en esta institución pueden observarse las imágenes de frente y de perfil de los sujetos recluidos; en este caso no se trata de un reo o de un paciente, sino de un pequeño interno de unos 10 años de edad. La imagen está acompañada de una serie de datos numéricos que representan algunas

[39] El Hospicio de Pobres constituye una de las expresiones más significativas de un cambio histórico en la percepción de las nociones de lo público y lo privado en el México porfiriano, caracterizado por el endurecimiento familiar frente a los niños "ilegítimos" ya mencionado. Un acercamiento a esta institución y su funcionamiento durante este periodo puede consultarse en A. S. Blum, *Family Limits...*, *op. cit.*

[40] E. Speckman, *Crimen y Castigo. Legislación penal, interpretaciones de la criminalidad y administración de justicia (ciudad de México, 1872-1910)*, El Colegio de México-UNAM, México, 2001, pp. 34-37.

[41] G. Rodríguez, "Recobrando la presencia. Fotografía indigenista mexicana en la Exposición Histórico-Americana de 1892", *Cuicuilco*, núm. 13, ENAH, México, mayo-agosto, 1998, pp. 123-144.

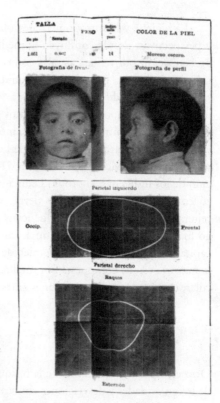

Imagen 35. Informe médico-pedagógico:
"Cédula antropométrica", *Boletín de Instrucción
Pública y Bellas Artes*, México, Secretaría de
Instrucción Pública y Bellas Artes, 1910.
(Biblioteca Miguel Lerdo de Tejada, SHCP.)

mediciones de las distintas partes del cuerpo, con especial interés en lo que respecta a las dimensiones craneales. También se incluyen un par de diagramas con trazos geométricos que se refieren a esta parte de la cabeza. En septiembre de 1912 ocupó la dirección el doctor Nicolás León, profesor de Antropología en el Museo Nacional, quien incorporó más aparatos de París y fortaleció las actividades del departamento con la aplicación de mayor número de exámenes.

El doctor León realizó cambios fundamentales en el servicio antropométrico: criticó el sistema de Vergara y rediseñó las cédulas antropométricas con la orientación del doctor Ales Hrdlicka —destacado antropólogo del Instituto Smithsoniano, que realizó importantes investigaciones etnológicas en México entre 1902 y 1906— y separó este servicio de la Secretaría de Instrucción Pública y Bellas Artes, incorporándolo al Departamento de Antropología Física del Museo Nacional, cuya dirección estaba a su cargo.[42]

[42] En una carta dirigida a León el 23 de noviembre de 1911, el propio Hrdlicka señala que si bien la cédula antropométrica utilizada por Vergara se adaptaba a la Escuela de Antropología de

La higiene y la antropometría escolares nos conducen a un cruce de miradas y perspectivas, donde confluyen la medicina, la pedagogía y la antropología. La preocupación por temáticas tales como la degeneración racial ocuparon la atención de científicos, practicantes y seguidores de estas tres disciplinas, que comenzaron a vincular de una manera cada vez más sistemática los estudios sobre la infancia con ese tipo de planteamientos y enfoques. Un dato revelador de la convergencia de las miradas etnológica, médica y pedagógica está representado por el hecho de que Hrdlicka, maestro de León, acompañó a Lumholtz en su primer viaje al norte de México en el año de 1898 y se encargó de las técnicas de medición de los indígenas; el propio León aprendió estas técnicas en el viaje que realizó en 1903 con su maestro a tierras yaquis. Un último dato nos muestra la reiteración de este tipo de confluencias: entre 1910 y 1912, el famoso antropólogo Franz Boas impartió una serie de cursos en la Escuela de Altos Estudios en la capital mexicana. El perfil académico de sus alumnos resulta bastante signicativo: la mayoría estaba compuesta por médicos del multicitado Servicio Higiénico Escolar, interesados en las cuestiones antropométricas.[43]

LOS NIÑOS "ANORMALES" DEL DOCTOR JOSÉ DE JESÚS GONZÁLEZ

Otro ejemplo representativo de la búsqueda de conexiones entre la investigación de irregularidades y desviaciones conductuales en la etapa de la infancia y la existencia de las llamadas razas "degeneradas", lo encontramos en el ámbito local en la obra del doctor José de Jesús González, médico, pedagogo e higienista mexicano, quien a principios del siglo XX aplicó su bagaje evolucionista al estudio de la higiene escolar, compartiendo los resultados de sus investigaciones con pedagogos y maestros normalistas y utilizando en forma privilegiada la fotografía como instrumento científico para documentar sus revelaciones.

El doctor González fue un miembro destacado de la Academia Nacional de Medicina de la República Mexicana en las postrimerías del Porfiriato; entre otras áreas, se especializó en los temas de higiene escolar y psicología infantil. A partir de 1912 impartió una serie de cursos sobre la psique infantil. Una recopilación de este material fue utilizado para la publicación de su texto *Los niños anormales*

París, resultaba poco práctica para su aplicación en las escuelas mexicanas, por la gran cantidad de datos que pretendía recabar; además podía provocar otro tipo de problemas, pues las mediciones podían llevar a la realización de actos contra la decencia. Véase F. González Dávila, *El doctor Nicolás León. Ensayo biográfico*, Tesis, UNAM, México, 1996, pp. 24-26.

[43] *Ibidem*, pp. 43-46.

psíquicos en el año de 1914, con imágenes fotográficas que buscaban ilustrar sus argumentos.[44]

La obra del mencionado autor revela de manera muy significativa el nivel de conciencia alcanzado por un sector de profesionistas locales respecto a los cambios profundos que se habían registrado internacionalmente en la disciplina pedagógica a principios del siglo XX, con aportaciones académicas provenientes del campo de la psicología y su incidencia en una relectura de la naturaleza infantil:

> La pedagogía mexicana empieza a seguir nuevos derroteros y a salir del rutinarismo en que ha caminado por siglos. Empieza a darse cuenta de que, si la educación debe ser integral, es decir, física, moral e intelectual, el educador necesita conocer tanto el desarrollo físico del niño y las leyes que rigen tal desarrollo, como el gradual desenvolvimiento psíquico de ese mismo niño, la época de la vida en que van manifestándose sus diversas facultades mentales y cómo va delineándose y afirmándose su carácter.[45]

Una muestra concreta que avalaba la existencia de este relevo en las instituciones locales fue la incorporación de dos materias dentro del plan de estudios de la Escuela Normal; se trata de las asignaturas de "Higiene escolar", que enseñaba a "proteger y conservar la salud física de los educandos", y de "Psicología pedagógica", encargada de estudiar la mente del niño con los nuevos métodos de la observación y la experimentación.[46] La institución escolar resultaba ser la instancia más idónea para realizar el estudio de la psique infantil y su relación con la existencia de las razas "degeneradas" y con los vicios y los problemas sociales. Para González, fiel lector de los textos pedagógicos y psicológicos, y participante en algunos de los congresos nacionales e internacionales sobre estos temas, la psicología habría demostrado dos cosas fundamentales para el estudio a principios del nuevo siglo de la psique infantil: primero, que las facultades psíquicas de los niños —esto es, su capacidad de atención, memoria, inteligencia, carácter, voluntad, etc.— eran diferentes en cada individuo, lo que obligaba a la realización de estudios médicos y pedagógicos específicos, y segundo, que así como se podía reconocer a las personas por sus rasgos físicos, también podían estudiarse los llamados rasgos de la mente, de tal manera que habría correspondencia entre los rasgos físicos y los espirituales.[47]

Así como resultaba factible obtener el promedio anual de la temperatura o de otros fenómenos, también era posible determinar la *media* mental; es decir, el

---

[44] J. González, *Los niños anormales psíquicos*, Lib. Viuda de Bouret, México, 1914.
[45] *Ibidem*, p. 11.
[46] *Ibidem*, pp. 28-30.
[47] *Ibidem*, pp. 35-47.

tipo psíquico medio, gracias a los avances de la psicología infantil. Esto implicaba, entre otras cosas, el estudio de las características de los infantes que diferían
del modelo de "normalidad" psíquica y que presentaban algunos desequilibrios e
irregularidades manifiestas de manera empírica en distintos aspectos —como fa-
llas y deficiencias en la atención y la memoria— sin olvidar otro tipo de indicios
relacionados con los comportamientos sociales, particularmente los casos de sífilis y de alcoholismo. Aunque no existían en el país estadísticas confiables, a
excepción de las iniciadas por el ya citado Departamento del Servicio Higiénico
Escolar de la Secretaría de Instrucción Pública y Bellas Artes, el autor calculaba
que los casos de infantes con desviaciones de los procesos "normales" representaban en porcentaje entre uno y 5% de la población escolar, lo cual justificaba el
estudio a fondo de este tipo de problemas, como "profilaxis" social contra el vicio, la criminalidad y la miseria.[48]

La limitación principal de la disciplina pedagógica había residido en su naturaleza excesivamente teórica, que le impedía contacto empírico con los hechos.
Para superar estas barreras, González proponía que los pedagogos trabajaran de
manera conjunta con los psicólogos y los médicos, asumiendo los criterios de la
mirada clínica de estos últimos:

> […] haremos en suma, lo que el estudiante de medicina en las clínicas: palpar, per-
> cutir, explorar al enfermo, deducir de esa exploración su estado morboso y aplicarle
> el método terapéutico más eficaz para volverlo a la salud.[49]

En México, la primera medida importante al respecto se había tomado en el
año de 1908 con la promulgación del *Reglamento para la inspección de las escuelas
primarias y kindergarten en el D. F.*, que en su artículo 51 señalaba claramente:

> Para la determinación de los niños intelectualmente anormales y retardados se ten-
> drán en cuenta las observaciones del maestro acerca de sus aptitudes mentales. Com-
> probado el diagnóstico desfavorable, el médico inspector, previa consulta con el Jefe
> del Servicio Higiénico Escolar, autorizará el pase del alumno a una escuela especial
> para retardados.[50]

---

[48] *Ibidem*, p. 58. Estos objetivos vinculan de manera directa el trabajo de nuestro autor con el
de algunas obras destacadas de la criminología porfiriana, como *La génesis del crimen* de Julio Guerrero, publicada en el año de 1901, donde el autor buscaba posibles causas de la criminalidad en
México.

[49] *Ibidem*, p. 20.

[50] "Proyecto de reglamento para la inspección de escuelas primarias y kindergarten en el
D.F.", *Boletín de Instrucción Pública y Bellas Artes*, 1910, p. 127.

Estas medidas tomadas por el régimen porfiriano, respondían también al contexto internacional, pues la psicología y la higiene infantiles tenían cada vez mayor peso en las instituciones escolares de los países occidentales. Una expresión concreta de este proceso la encontramos en la celebración del ya mencionado Congreso Internacional sobre Higiene Escolar celebrado en París en 1910, donde se aprobaron diversas medidas encaminadas a impulsar este tipo de conocimientos sobre la naturaleza de los infantes entre los propios maestros:

> Que los alumnos maestros y las alumnas maestras de las escuelas sean iniciados, en lo sucesivo, en el conocimiento de las anomalías mentales de los escolares y en los medios prácticos de mejorar a los anormales.[51]

Para analizar y verificar el grado de retraso escolar respecto al nivel de desarrollo de las facultades mentales, se tomaba como parámetro el criterio del doctor Cruchet, reconocido médico francés del hospital-escuela de Bouscat, cuyos textos formaban parte a principios del siglo XX de las referencias de la comunidad médica capitalina y quien establecía el criterio de considerar como retraso escolar, un atraso de dos años respecto de la edad biológica del pequeño paciente.[52] El estudio para el diagnóstico de las causas del retraso en los infantes abarcaba, entre otros aspectos, la salud física, las perturbaciones mentales, las condiciones del medio escolar y la situación familiar, particularmente la pertenencia a familias con padres viciosos o con problemas de alcoholismo. La clasificación de los niños retrasados podía referirse a un psiquismo "normal", con problemas comunes, como la inasistencia escolar, la vagancia, las enfermedades y los conflictos sensoriales y de lenguaje; o bien a un psiquismo "anormal", con transtornos y perturbaciones más serias, como la imbecilidad, la debilidad mental y el idiotismo.

La infancia, convertida de esta manera en el futuro de la nación, era el espacio estratégico donde convergían los peligros más terribles de una posible degeneración racial, tanto como las ilusiones y esperanzas sociales en el progreso y el bienestar colectivos. Las fotografías utilizadas por el doctor José de Jesús González se vinculan con la consolidación internacional de una psicología infantil que en la primera década del siglo XX se apoyaba en categorías de carácter evolucionista y estudios antropométricos validados y legitimados en prácticas empíricas llevadas a cabo bajo la orientación de diversos departamentos de higiene escolar. Todas las fotografías ilustraban el texto utilizado por el autor durante los cursos que dictó en la Escuela Normal para Maestros en el año de 1914.

---

[51] M. Uribe y Troncoso, "Informe sobre el III Congreso…", *op. cit.*, p. 257.
[52] R. Cruchet, *La pratique des maladies…*, *op. cit.*, pp. 54-57.

La primera fotografía que analizamos (imagen 2) nos remitía al género de los retratos de estudio típicos de la segunda mitad del siglo XIX, donde se reforzaba la idea de la "respetabilidad" y la "unidad" familiar; lo mismo sucede en la siguiente imagen donde puede observarse a una pareja de esposos que posan frente a la cámara acompañados de sus cinco hijos. Se trata de una familia de clase media en la que todos sus integrantes lucen sus mejores ropas y vestidos. El padre esboza una sonrisa y abraza a dos de ellos, mientras que la madre, con semblante serio y rígido, carga a una pequeña de meses con todo y su ropón y abraza al hijo mayor. (Imagen 36.)

Una lectura de esta imagen se produce al ubicarla en un marco distinto al de su origen estrictamente familiar, cuando es utilizada como ilustración de una serie de argumentos médicos y pedagógicos. Al incorporar la fotografía al contexto de una interpretación específica —la argumentación científica sustentada por el doctor González—, su lectura como retrato de estudio queda supeditada al código de interpretación sugerido por el especialista y compartido en mayor o menor medida por los nuevos destinatarios, que ya no son los familiares o amigos de la pareja en cuestión, sino un grupo más amplio, integrado por médicos, pedagogos y profesores normalistas.

El "anclaje"[53] o pie de foto detalla de manera sintética la intención del autor de la publicación, que proporciona el marco clínico "correcto" para leer la imagen: "El primogénito (nacimiento prolongado y difícil) es débil mental, presenta cabeza oxicefálica, padece atrofia de los nervios ópticos con 0.1 de agudeza visual. *Los demás hijos, como se ve, son normales.*"[54] La imagen es *resignificada*, circunscribiendo la lectura al marco de las observaciones sustentadas por el especialista, quien ha convertido al hijo mayor (figura de la extrema izquierda en la foto) en el centro de atención de la propuesta, al contrastarlo con los otros integrantes como la única persona del grupo familiar que pertenece al territorio clínico de la "desviación" o la "anormalidad".

Destaca el hecho de que el médico apelara a la simple percepción visual del lector para verificar un estatus de normalidad. Lo que el especialista señalaba como algo que debiera ser "obvio" o "natural", era en realidad producto de un largo trabajo ideológico de sistematización de la medicina y la pedagogía correspondiente a la segunda mitad del siglo XIX: la construcción de un concepto de "normalidad" a partir de una serie de criterios médicos. Una segunda fotografía nos ilustra sobre la profusión de este tipo de ideas y nos muestra un acercamien-

[53] R. Barthes, *Lo obvio y lo obtuso…*, *op. cit.*, pp. 23-34.
[54] J. J. González, *Los niños anormales…*, *op. cit.*, p. 72. El subrayado es mío.

Imagen 36. Libro científico: "Familia con débil mental", en José de Jesús González, *Los niños anormales psíquicos*, Lib. Viuda de Bouret, México, 1914. (Biblioteca Nacional.)

to de carácter antropométrico a un pequeño de 10 años captado de frente y de perfil; su nombre y biografía se omiten en el texto. (Imagen 37.)

El "anclaje" guía y delimita el marco clínico de la lectura de la imagen. En esta ocasión alude a la clasificación de la cabeza del pequeño, cuyo cráneo en forma de elipse recibe el nombre de "dolicocéfalo", evidenciando la influencia ya señalada de los trabajos de Lavater, y sobre todo de Franz Joseph Gall. Lo único relevante aquí es precisamente la referencia al tipo de cráneo, base fisiológica a partir de la cual el autor descubrirá la presencia de estigmas físicos, supuestamente característicos de las razas "degeneradas". La biografía del pequeño en cuestión ha desaparecido y en su lugar sólo aparecen los signos de la enfermedad. Así como en el género de los retratos de estudio el individuo se convierte en estereotipo al servicio de un reconocimiento social, en este tipo de fotografía antropométrica los rasgos personales del individuo desaparecen y la imagen adquiere un sentido indicial. Por todo ello, la identidad del pequeño se ha diluido; en su lugar encontramos el retrato de la enfermedad como una entidad.

Una tercera fotografía nos ofrece un acercamiento de frente del rostro de una niña de nueve años que aparece sentada en una silla, en un formato no muy

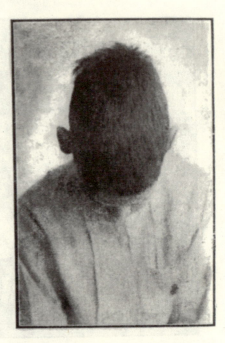

Imagen 37. Libro científico: "Niño con cráneo 'dolicocéfalo'", en José de Jesús González, *Los niños anormales psíquicos*, Lib. Viuda de Bouret, México, 1914. (Biblioteca Nacional.)

distinto al de los ya mencionados retratos. En el pie de foto se señala: "Débil-mente apático. Notable deformidad del pabellón de la oreja: plano, sin antihelix y erguido. La niña de 9 años tiene un desarrollo mental como si sólo tuviera 5. Descendiente de alcohólico."[55] (Imagen 38.) Este breve título alude en realidad a tres esferas muy diferentes: la primera se refiere a la "notable deformación" del pabellón de la oreja, lo cual se vincula con la tradición frenológica iniciada por Gall y actualizada por Lombroso y con la antropología criminal de la segunda mitad del siglo XIX; la segunda nos remite a las lecturas y acercamientos, vigentes en la época, respecto de la cuestión de la inteligencia infantil como entidad sus-ceptible de ser medida y cuantificada; cuestión que formaba parte de los debates médicos y pedagógicos;[56] la tercera se dirige a la literatura "científica", que aso-ciaba los llamados "vicios" de las clases populares, como la sífilis y el alcoholis-mo, con cargas de condenación y reprobación moral.[57]

[55] *Ibidem*, p. 83.
[56] N. Rose, *The Psychological Complex...*, *op. cit.*, pp. 54-55.
[57] E. Speckman, *Crimen y castigo...*, *op. cit.*, pp. 115-172.

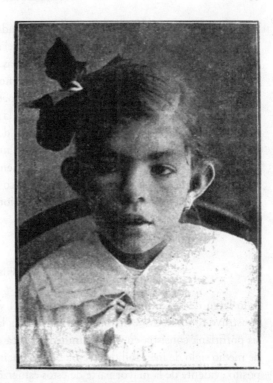

Imagen 38. Libro científico:
"Niña con deformidad
en el pabellón del oído izquierdo",
en José de Jesús González,
Los niños anormales psíquicos, 1914.
(Biblioteca Nacional.)

Estos tres niveles encuadrarían la perspectiva de la interpretación que el médico especialista deseaba subrayar en esta imagen. En esta lectura, el centro de atención sugerido por la mirada del especialista apunta al oído izquierdo de la pequeña, que ahora es resignificado como estigma asociado con uno de los "vicios" sociales por excelencia estudiados por los grupos dominantes a principios de siglo: el alcoholismo. La focalización médica en un punto tan particular dista de ser casual; por el contrario, se relaciona con la tradición frenológica ya referida.[58]

Resulta interesante que para 1872 el ya mencionado fotógrafo O. G. Rejlander sugería que las fotografías de los oídos podían ser utilizadas para la identificación de delincuentes y criminales.[59] La referencia más directa, sin embargo, corresponde al caso del célebre criminólogo Alphonse Bertillón, cuyo sistema aplicó el uso de la fotografía para el reconocimiento de algunos signos corporales, entre los que sobresalía la clasificación de distintos tipos de oído.[60]

[58] P. Piccato, "La construcción de una perspectiva científica: miradas porfirianas a la criminalidad", *Historia Mexicana*, vol. XLVII, núm. 1, El Colegio de México, México, 1997, pp. 89-92.
[59] O. G. Rejlander, citado en P. Prodger, "Rejlander, Darwin…", *op. cit.*, pp. 116-117.
[60] A. Bertillón, *La photographie judiciaire*, Gauthier-Villiars, París, 1890, pp. 43-46.

El historiador Carlo Ginzburg ha relacionado el interés de Bertillón con los intentos del crítico Giovanni Morelli, a fines del siglo XIX, por construir un modelo teórico de estudio en la historia del arte, basado en el reconocimiento de los oídos como parte de la ubicación de los pequeños signos y detalles de las obras, para reconocer los estilos de los artistas. Otros personajes de esa época fascinados por el mismo "paradigma" habrían sido, según la sugerente perspectiva del historiador italiano, el creador del psicoanálisis y el detective Sherlock Holmes.[61] En la lógica de esta nueva mirada sugerida por el autor de *El queso y los gusanos*, la etapa de la infancia quedó asociada simbólicamente con el concepto de futuro de la nación, representando así el lugar estratégico donde convergían los peligros de una posible degeneración racial con las ilusiones y esperanzas depositadas en el progreso.

CONSIDERACIONES FINALES

A lo largo de las últimas décadas del siglo XIX y principios del XX, el régimen construyó todo un dispositivo institucional para la educación infantil. La hipótesis porfiriana consistía en que la unidad política conquistada en el país, después de medio siglo de inestabilidad, tenía que traducirse en unidad educativa. El propósito evidente de la mayor parte de estos esfuerzos fue el de dotar a la nación de homogeneidad y el de uniformar los métodos y sistemas de enseñanza.

El Estado asumió que el problema de la "degeneración" de la raza podía ser enfrentado en el terreno de la higiene escolar. Esta vocación gubernamental por cambiar el destino de la nación, a partir de la transformación de las condiciones educativas construidas alrededor de la niñez, constituye uno de los legados más significativos del régimen porfiriano. Desde la perspectiva de las élites, orientadas por el discurso evolucionista predominante, la infancia adquiría por primera vez el rango de un asunto de prioridad nacional, en la medida en que el proyecto de transformación del país en una nación civilizada pasaba por la modificación sustancial de las características negativas de la "raza mexicana".

La niñez quedó convertida en la etapa más importante del desarrollo del individuo, construyéndose una plataforma básica que retomarían en el siglo XX Freud y Piaget, entre otros autores pilares del estudio de la infancia durante dicha centuria. El interés por esta etapa se vería reforzado por los diagnósticos

---

[61] C. Ginzburg, "Señales, raíces de un paradigma indiciario", en A. Gargani (coord.), *Crisis de la razón. Nuevos modelos en la relación entre saber y actividad humana*, Siglo XXI, México, 1983, pp. 43-51.

evolucionistas relativos a la supuesta degeneración de la raza, ya que de acuerdo con los presupuestos científicos vigentes en la época, las distintas anomalías e irregularidades raciales ocurrían durante la infancia.

La mirada médico-pedagógica contribuyó a la creación y difusión de una extensa serie de representaciones de la niñez que permitieron un acercamiento diferente a los cuerpos y las mentes infantiles, convirtiendo a esta etapa en un objeto de estudio que trascendió los círculos académicos y se vinculó con intereses y preocupaciones más amplias. La contribución de esta mirada y su penetración en el dispositivo institucional escolar formaron parte de un proceso de medicalización de la población, que permitió consolidar las bases de un espacio público y secular para reflexionar sobre los problemas de la infancia. Debido a lo anterior, tanto esta mirada como otros saberes modernos, representados por la biología y la psicología infantil, privilegiaron la infancia como objeto de estudio, a través de la intervención institucional y la investigación científica.

A casi un siglo de distancia, podemos señalar que los esfuerzos del régimen no alteraron ni modificaron en lo sustancial el atraso y las penurias educativas de la nación.[62] Lo que sí proporcionaron fue la construcción de sólidos lineamientos ideológicos que tuvieron que ser ampliados y recuperados por los regímenes emanados de la Revolución mexicana; entre éstos destaca, como hemos visto en este capítulo, una visión particular de la infancia, con una serie de imágenes y representaciones acordes con los paradigmas científicos predominantes en el mundo occidental de la época.

[62] Un indicador de la precaria situación prevaleciente en el país en el cambio de siglo es el enorme porcentaje de analfabetismo, cercano a 84%; si bien el dato hay que matizarlo debido a las grandes diferencias existentes entre un norte dinámico y un centro-sur más atrasado. Según datos oficiales, en el D. F. había, en 1910, 50.79% de analfabetismo. *Estadísticas oficiales del Porfiriato, 1877-1910*, Secretaría de Economía, México, 1956.

SEGUNDA PARTE

LA MIRADA DIVULGADORA:
LA NIÑEZ EN LA PRENSA Y LAS REVISTAS ILUSTRADAS

III. LAS DIVERSAS REPRESENTACIONES
DE LA INFANCIA

LOS INICIOS DE UN NUEVO LENGUAJE GRÁFICO
EN LA PRENSA Y LAS REVISTAS ILUSTRADAS

> Si la fotografía fue utilizada inicialmente por la prensa como re-
> curso ilustrativo, pronto se convirtió en el truco favorito para
> mostrar cualquier información como veraz. Pasó imperceptible-
> mente de una función ilustrativa a una función comprobatoria.
> La credibilidad en la imagen, su enorme poder de persuasión, es-
> timuló su uso en la creación de una imagen del poder.
>
> FLORA LARA y MARCO ANTONIO HERNÁNDEZ

En las últimas décadas del siglo XIX inició una nueva etapa en la historia de Occidente. La industrialización avanzó a pasos agigantados y se ampliaron los mercados, pero la gran expansión se dio en el terreno de las comunicaciones: la invención del teléfono en 1876 y la construcción de cientos de miles de kilómetros de vías férreas en Europa y Estados Unidos son sólo una pequeña muestra de los grandes cambios que se estaban gestando. En este contexto, en el año de 1880 se publicó por primera vez en la prensa estadunidense una fotografía reproducida por medios puramente mecánicos; hasta entonces habían predominado los grabados en madera y las fotos se reproducían de esa manera, con la clásica mención en el periódico que señalaba: "sacado de una fotografía".

A fines de la década de los años setenta abundaba la reproducción de dibujos y grabados copiados de las imágenes fotográficas. Sin embargo, en 1882 se produjo un acontecimiento fundamental, con la invención de la placa de la autotipia o cliché, que permitió la impresión simultánea de la imagen y su respectivo texto sobre el papel.

En la década de los años noventa se introdujeron los procesos fotomecánicos que permitieron la inserción de las fotografías en la prensa, con la técnica del fotograbado de "medio tono", que superó al conocido como "de línea", que únicamente reproducía las líneas que formaban el dibujo, y permitió por primera vez reproducir las sombras, tonos y fondos de las imágenes.[1]

Por lo que respecta a México, el salto cualitativo en lo que se refiere a la popularidad de la fotografía y sus condiciones reales de difusión en sectores más amplios lo constituyó su incorporación a las páginas de la prensa. Ésta fue, sin duda, el medio de comunicación masivo más importante en el transcurso del siglo antepasado, ya que representaba la opción expresiva más significativa para todas las corrientes políticas y culturales. A lo largo de dicha centuria se desarrolló en el país una prensa predominantemente política, que otorgaba mucho más importancia a la interpretación de la noticia que a la noticia misma. Los grandes periódicos del momento, como *El Monitor Republicano* y *El Siglo Diez y Nueve*, se caracterizaron por sus limitados tirajes, que apenas superaban los 1 000 ejemplares. Formaban parte de una prensa especializada, dirigida a lectores cultos que compartían de antemano las ideas y los planteamientos del diario. La primera plana, por lo general, era ocupada por un extenso editorial político, mientras que las páginas interiores contenían informaciones diversas tratadas en forma breve y escueta.

En términos generales los diarios constaban de cuatro páginas; en la primera, se publicaban las noticias de actualidad; en la segunda, podía verse una serie de pequeñas notas sobre temas varios, con el título de "Gacetilla" o "Miscelánea"; a veces se extendía hasta la tercera página, en la que aparecían las notas llamadas cablegráficas, con noticias procedentes de la provincia y el extranjero. En ocasiones se incluía también un capítulo de alguna novela, que se iba publicando por "entregas". La cuarta página se dedicaba por lo general a los anuncios publicitarios.[2] La situación comenzó a cambiar durante el último cuarto de siglo, cuando el país se incorporó al mercado capitalista internacional, e internamente

---

[1] En la década de los años noventa los grabados sobre madera van cediendo el paso a las impresiones en medio tono sacadas de las fotografías. Las impresiones eran todavía pobres en calidad. Se trata de un periodo de transición, en que los grabados se acercaron a un género realista más convincente, aunque con imágenes muy retocadas por los grabadores. El término "fotograbado" que utilizaré en este texto proviene de W. H. Ivins (*Imagen impresa y conocimiento...*, *op. cit.*, pp. 176-177): "Hacia 1860 el inglés Bolton puso una fotografía de una obra de arte sobre la superficie de un bloque de madera y la grabó. El grabado en madera sobre o a través de una fotografía impresa en la superficie del bloque siguió siendo hasta fines de siglo, en Inglaterra y América, el método típico para producir dibujos, pinturas y fotografías destinados a ilustraciones de libros y revistas. Pero hasta el comienzo del presente siglo la confección e impresión de fotograbados no se perfeccionó lo suficiente para producir impresiones claras sin el retoque suplementario con el buril del grabador"; y Aurelio de los Reyes ("El cine, la fotografía y los magazines ilustrados", en J. Manrique (coord.), *Historia del arte mexicano*, tomo XII, SEP-Salvat, México, 1994, p. 1804): "El retoque era sumamente apreciado y valorado, pues entrañaba uno de los medios para obtener la idealización de la obra de arte; de ahí, tal vez, el término de fotograbado para las imágenes que ilustraban los magazines".

[2] F. Toussaint, *Escenario de la prensa...*, *op. cit.*, pp. 26-30.

se produjo un proceso de centralización en el que la ciudad de México consolidó su hegemonía política sobre el resto del territorio. Como resultado de este proceso, el control del Estado sobre la prensa aumentó notablemente, en ocasiones mostrando el lado áspero y duro de la represión por medio de la desaparición, el asesinato o el encarcelamiento de periodistas opositores o disidentes, aunque casi siempre hubo métodos persuasivos más efectivos, como la corrupción de periodistas o la subvención estatal de papel.[3]

En una investigación sobre la transición del periodismo doctrinal al noticioso se muestra cómo a lo largo de las décadas de los años setenta y los ochenta se fue consolidando la figura del reportero, que incorporó el análisis y la descripción de la vida social a las páginas de la prensa. Los inicios de este proceso pueden ubicarse a partir de la publicación de una serie de reportajes sobre el secuestro de un personaje llamado Juan Cervantes en el periódico *El Federalista*, los cuales concentraron la atención de los lectores durante varias semanas. Dicho proceso continuó con la narración periodística de Manuel Caballero de un duelo protagonizado por los generales Rocha y Gayón, publicada por el diario *El Nacional* y considerada como el primer reportaje moderno.[4] Heriberto Frías, el célebre cronista de la masacre de Tomóchic, describía la labor de estos incómodos personajes y los nuevos aires que vivía la prensa de la siguiente manera:

Va a los talleres, entra a las fábricas, charla en los cuarteles, visita las cárceles, recorre los hospitales, ríe en los teatros, pasa por burdeles, frecuenta las iglesias y cantinas, escucha en las antesalas ministeriales, come en los banquetes solemnes y goza en los almuercitos en los barrios pobres, atraviesa por los incendios, presencia los matrimonios, asiste a las apoteosis, contempla los fusilamientos de los asesinos, y en los cementerios conoce a los vivos. Y de todo saca apunte, y ¡hay de él si olvida un detalle exterior, aunque se comulgue la verdad íntima y calle lo que no debe decirse![5]

Un testimonio menos optimista, aunque igualmente agudo y perspicaz, es del célebre escritor Manuel Gutiérrez Nájera, quien lamentaba la nueva hegemonía del *reporter* y la decadencia del cronista, conflicto que el periodista percibía en términos de una singular contradicción: melodrama, pragmatismo y vulgaridad *versus* tragedia, belleza, y originalidad. El *Duque Job* concluía sugiriendo al

[3] A partir de 1883 comenzó una etapa de represión severa sobre la prensa. Durante ese año se llevó a cabo una reforma a la Ley de Imprenta para permitir el encarcelamiento legal de periodistas por decisión de un juez. Los editores de *El Tiempo* y *El Hijo del Ahuizote* compartieron el "honor" de estrenarla. Al respecto véase *ibidem*, pp. 13-18.

[4] I. Lombardo, *De la opinión a la noticia*, Kiosko, México, 1992, pp. 68-77.

[5] Heriberto Frías, "Notas de combate. ¡Un anciano reportero! Las protestas de la torre de marfil", *Azul*, México, 12 de mayo de 1907, p. 2.

lector que todos estos cambios tenían que ver con la nueva dependencia del país respecto de los vecinos del norte:

> La crónica, señores y señoritas, es, en los días que corren un anacronismo.
>
> La crónica ha muerto en manos del *reporter*. ¿De dónde había de venir para nosotros el *reporter* sino del país del revólver? Allá en la tierra de los zapatos de siete leguas [...] florece el periodista de repetición, la cocina al minuto y la electricidad. De ella nos vino el *reporter* ágil, diestro, ubicuo, invisible, instantáneo, que guisa la liebre antes de que la atrapen.[6]

La figura del *reporter*, como sugería Frías, se adaptó rápidamente a la realidad mexicana y comenzó a describir cierto imaginario colectivo que abarcaba desde tragedias conyugales locales hasta conflictos bélicos internacionales para un universo cada vez mayor de lectores. Sin embargo, el origen de la nueva mirada habría que buscarlo, como indicaba Gutiérrez Nájera, en los cambios y transiciones de la prensa estadunidense, que durante la guerra civil, en la década de los años sesenta, había logrado involucrar por primera vez a un sector considerable de lectores de aquel país en los reportajes de los corresponsales especializados, los cuales narraban en forma pormenorizada las viscisitudes cotidianas del conflicto bélico.

La decisión estatal de subvencionar un nuevo tipo de prensa industrial con un enfoque novedoso, en el que las noticias y los reportajes ocupaban la primera plana, desplazando a los editoriales, supuso un cambio drástico en la década de los años noventa. Había un gran contraste entre aquellas páginas con pequeños titulares para las diversas secciones con títulos tradicionales como: "Notas varias" o "Gacetilla", que caracterizaban todavía a la mayor parte de la prensa de los años ochenta, y esta nueva prensa con grandes titulares que atraían poderosamente la atención del lector, anticipando el contenido y despertando gran curiosidad. Varias crónicas de la época relatan cómo en aquel entonces bastaba salir a las calles para saber cuáles eran las noticias más importantes del día. Éstas se discutían acaloradamente, lo mismo en los modernos y aristocráticos cafés que en las populares y tradicionales pulquerías.[7]

Estamos frente a un proceso muy significativo en el cual se ha transitado del predominio del artículo "de fondo" y el editorial de corte político de la prensa

---

[6] Manuel Gutiérrez Nájera, *El Universal*, 3 de diciembre de 1893, p. 1.

[7] Al respecto, véase las *Memorias de mis tiempos* de Guillermo Prieto y *La Rumba* de Ángel de Campo. Esta última es una novela por entregas publicada en 1891 en el diario *El Nacional* que describe las condiciones de recepción de la prensa en los barrios populares y los segmentos medios de la ciudad de México a fines de la década de los años ochenta.

partidista, al nuevo imperio del reportaje característico de los diarios noticiosos mercantiles. Se trató de un viraje hacia los intereses de empresa en el que los reporteros se profesionalizaron, los artículos literarios y las noticias se transformaron en mercancías y el objetivo principal se convirtió en atraer lectores y anunciantes, ofreciéndoles todo a un precio bajo. Uno de los representantes más importantes de estos cambios en México fue el periódico *El Imparcial*, fundado en el año de 1896 por Rafael Reyes Spíndola. El nuevo diario llevaba en su propio título una declaración de principios, una pretensión de neutralidad política muy en boga con los nuevos tiempos que vivía la nación, bajo los acordes triunfalistas de la dictadura y las consignas de "orden y progreso" formuladas por los grupos de empresarios y políticos entre los que destacaba, por su importancia, el de los llamados "científicos", que contaba entre sus miembros a personajes tan relevantes en el gabinete de Díaz como Miguel Macedo, Justo Sierra y José Yves Limantour.[8]

A través del surgimiento de *El Imparcial*, la euforia porfiriana parecía informarle al país que la etapa de las pugnas radicales había concluido. Tocaba el turno a la ciencia, que formularía con objetividad y exactitud las leyes necesarias para la salvaguarda de la estabilidad política y social. Se trataba de un proceso en el cual la prensa transitó de la hegemonía del editorial político de los periódicos "de partido" al nuevo género del reportaje, impulsado por los nuevos órganos de información con pretensiones de neutralidad. Entre los factores que hicieron posible estas transformaciones se pueden mencionar la construcción y diversificación de vías férreas en el territorio nacional, la ampliación de la red telegráfica, los adelantos técnicos en las máquinas de escribir y la invención de las rotativas modernas. Toda una infraestructura moderna puesta al servicio de una prensa industrial capaz de producir tirajes de varias decenas de miles de ejemplares. El nuevo diario introdujo los primeros linotipos Mergenthale y las primeras rotativas modernas, copiando los formatos estadunidenses, renovando las estrategias publicitarias, reduciendo el tratamiento de los temas políticos y consolidando la técnica de la entrevista y el reportaje para la cobertura de los asuntos sociales; para todo ello disponía de una variedad de servicios nacionales y extranjeros, así como de propaganda mercantil. En sus inicios contaba con sólo cuatro páginas, una sección literaria los lunes y un suplemento ilustrado con dibujos y grabados los domingos. Sin embargo, pronto fue ampliando su extensión, incorporando a sus líneas a algunos de los escritores más reconocidos de la época, como Justo Sierra, Ángel de Campo "Micrós", Juan de Dios Peza y Francisco Bulnes, entre otros.[9]

[8] L. González, *Todo es historia*, Cal y Arena, México, 1987, pp. 152-164.
[9] C. Monsiváis, *A ustedes les consta*, Era, México 1984, pp. 11-13.

El Imparcial irrumpió en la escena pública el 2 de septiembre de 1896, publicando como nota principal un editorial titulado: "Qué es un periódico de a centavo", en el que justificaba su aparición y delineaba su postura frente a la nueva situación:

> Hace veinticinco años la suscripción del *Siglo* XIX valía dos pesos mensuales, y la circulación máxima en días de grandes trastornos revolucionarios no pasaba de 4 000 ejemplares [...] Hoy todo ha cambiado: la divisa es vender mucho y barato y la competencia ha reducido considerablemente el precio de una buena suma de productos necesarios a la vida. ¿Por qué había de sustraerse el periódico a este movimiento general que tiende a abaratar la existencia? [...] existen dos comerciantes que siguen los dos programas enunciados: vender poco y caro, vender mucho y barato. Que el público decida.[10]

La dirección del primer diario moderno en la historia del periodismo nacional corrió a cargo, como ya hemos señalado, de Rafael Reyes Spíndola. Tanto sus apologistas como sus detractores coinciden en que este personaje no fue un simple vocero de la dictadura, sino que representó la figura de un verdadero innovador en el periodismo de la época, concentrado en la creación de un estilo noticioso dirigido a un perfil de lectores muy diferente de los politizados usuarios de los grandes diarios del momento. La ampliación en páginas y el incremento de los tirajes así lo constata: el nuevo diario pasó de los 5 000 o 6 000 ejemplares a los 100 000 en un lapso poco mayor de 10 años; una cifra muy significativa, que aun hoy en día competiría con cualquier rival a casi un siglo de distancia.[11] Este cambio en el perfil de los lectores destinatarios de la prensa constituye una de las diferencias más importantes entre *El Imparcial* y los representantes de los periodos anteriores; en efecto, aquellos liberales y conservadores activos y politizados de las crónicas de los años sesenta habían quedado atrás. En los noventa, la nueva prensa se dirigía a un lector no especializado, pasivo en términos políticos y mucho más interesado en la tragedia conyugal o el reportaje policiaco del momento que en doctas y sabias reflexiones doctrinarias y políticas.

Como indicaba el primer editorial del nuevo diario: las reglas del juego habían cambiado drásticamente en un lapso de treinta años. A fines de siglo, Reyes Spíndola surgía como el portavoz de un nuevo orden; sin embargo, no había inventado nada nuevo: capitalizó la experiencia reporteril de las últimas tres décadas y se apoyó en un cambio cualitativo de la maquinaria periodística, así como

---

[10] *El Imparcial*, 2 de septiembre de 1896, p. 1.
[11] F. Toussaint, *Escenario de la prensa...*, *op. cit.*, p. 67.

en la nueva situación económica y política, convirtiéndose en el vehículo masivo de las ideas en torno del orden y el progreso. La labor del nuevo periodismo que combinaba el sensacionalismo con la investigación frente a las posturas doctrinarias decimonónicas era defendida por el propio director del diario positivista de la siguiente manera:

> La prensa no tiene ya esa misión casi divina, doctrinaria y sagrada, que la obligaba a tomar la entonación magistral y la frase altisonante y pomposa para el asunto más baladí [...] Aquellos artículos sin fin y sin color como el caos atiborrado de sentencias, trufados de citas, salpicados de anotaciones, embadurnados de latines, están tan pasados de moda como los zapatos de hebilla [...] Para nosotros el periodismo es una especialidad como cualquiera. Si es verdad que debe tener fines instructivos, lo esencial es saciar esta enorme curiosidad que tenemos de saberlo todo, hasta lo que nada nos importa. Pretender llenar el primer requisito, esto es, hacer un periódico doctrinario, sin dar preferencia a la información sensacional, es estrellarse en la indiferencia del público. El reportero es el cazador que recoge y lanza la noticia aún fresca, cuando todavía el suceso es palpitante. Ya no se le pide un estilo de maestro, sino buenos pies, un ojo avisado e investigador.[12]

A pesar del elevado porcentaje de analfabetismo, que afectaba a la mayoría de la población, el nuevo tipo de prensa impulsada por Reyes Spíndola avanzó y superó grandes obstáculos apoyada en diversos factores, entre los que sobresalían su bajo costo, el hecho de que la cultura oral, de fuerte arraigo entre la población, se encargara de multiplicar la posible influencia de las páginas escritas, la utilización de las entrevistas y reportajes para cubrir hechos noticiosos, que abarcaban dramas pasionales, hechos delictivos y episodios bélicos, y la incorporación de un discurso gráfico renovado en el que las imágenes de grabados, litografías y fotograbados comenzaron a adquirir preponderancia respecto de los mismos textos escritos. La nueva actividad de los reporteros no hubiese tenido la enorme repercusión social que alcanzó de no haberse acompañado del elemento renovador y sustancial que representó el discurso gráfico. El diseño de la prensa nacional experimentó un cambio radical cuando los grabados y las fotografías comenzaron a poblar sus páginas en forma más sistemática a mediados de la década de los años noventa.

El manejo de las imágenes no representaba un aspecto complementario o meramente ilustrativo, sino que formaba parte sustancial de la nueva estrategia del diario. Desde la perspectiva de la época, la fotografía en particular implicaba reforzamiento de los conceptos de verdad y objetividad, ya que las personas se acercaban a ella con la convicción de estar comprobando y verificando una realidad:

[12] *El Imparcial*, 6 de marzo de 1897, p. 1.

Se tenía fe en la "validez científica" de la información gráfica, pues se creía que no había ningún elemento que desvirtuara la realidad. Se aceptaba ciegamente la "objetividad científica" y se ignoraba por completo el subjetivismo inherente a todo fotógrafo y aun la orientación política de los *magazines* que servían de tribuna.[13]

El "reflejo" de la realidad no podía producirse de una manera más precisa y exacta. A partir de estas primeras pruebas didácticas de realismo, las imágenes fotográficas comenzaron a aparecer en forma cada vez más recurrente, estructurando el aprendizaje visual del lector:

> La fotografía permitió renovar el binomio imagen-información, al crear una nueva cultura gráfica realista, para la cual la imagen debía ser descriptiva, sugestiva, lógica y clara [...] Despertar la curiosidad del público y comunicar hechos de trascendencia social mediante las imágenes creadas por la cámara oscura, aún necesitaba de toda una educación de la mirada, o mejor dicho, una nueva manera de percibir el entorno social y cultural, así como adaptarlas a las nuevas necesidades de información visual que iban surgiendo y crear una nueva manera de visualizar la vida diaria que se convertía en historia.[14]

Esta "educación de la mirada", implícita en la difusión de las nuevas imágenes, tiene vinculación muy estrecha, por un lado, con los avances y cambios de la tecnología y, por otro, con las normas y parámetros vigentes de la tradición artística predominantes a fines del siglo XIX. A diferencia de los primeros *magazines* capitalinos que incorporaron la fotografía con muy buenos resultados, ya que el papel de tipo couché que utilizaban era de muy buena calidad y su frecuencia semanal o quincenal les permitía la preparación adecuada de las imágenes, el caso de la prensa diaria arrojó resultados muy distintos ya que utilizaba papel de baja calidad, lo cual se reflejó en la poca nitidez de las primeras fotografías, todavía oscuras y borrosas.[15]

---

[13] A. de los Reyes, "El cine, la fotografía...", *op. cit.*, p. 1798.

[14] M. Rojas, *La fotografía en los inicios de la prensa de la ciudad de México. 1890-1900*, Tesis, UNAM, 1998, p. 105.

[15] Las primeras revistas ilustradas surgen en la capital a mediados de la década de los años ochenta. Su precio era notablemente superior al de la prensa cotidiana (entre 20 y 50 centavos). Privilegiaron el retrato fotográfico, principalmente de las élites y proyectaron la imagen de una sociedad de bienestar y progreso, acorde con los proyectos políticos y culturales del régimen. La mayoría de sus retratistas provenían del ámbito de las *tarjetas de visita*, por lo que sus imágenes difundieron los mismos valores. En este trabajo destacó la labor de la revista ilustrada más influyente, *El Mundo Ilustrado*, cuya trayectoria resulta muy similar a la de *El Imparcial* y cubre la última etapa del Porfiriato y los primeros años de la Revolución.

A principios de la década de los años noventa, algunos diarios capitalinos empezaron a incorporar en forma esporádica la fotografía. Tal es el caso de *El Universal*, que el 3 de octubre de 1893 publicó una primera imagen anunciando una "magnífica" residencia en la colonia Santa María la Rivera en su sección correspondiente a los anuncios publicitarios; o el de *El Diario del Hogar*, que el 21 de mayo del siguiente año publicaba una serie de fotografías con retratos de la familia de un acaudalado personaje asesinado en San Luis Potosí.[16] Este tipo de publicaciones tuvo un carácter irregular y esporádico. A veces pasaban meses sin que apareciera otra fotografía, o en ocasiones la impresión de la imagen resultaba bastante desafortunada, como en el caso del periódico *El Nacional*, que el 10 de marzo de 1894 intentó ilustrar en sus páginas una expedición a la sierra de Huauchinango en bicicleta, y sólo consiguió publicar una imagen ilegible y oscura, de ínfima calidad.[17] A fines de siglo, el avance tecnológico permitió la incorporación de la fotografía instantánea, que ya no requería de la pose y revolucionó las formas de representación de la imagen. *El Mundo*, uno de los portavoces de este vertiginoso cambio, planteaba la situación en su peculiar estilo:

La instantánea es una monomanía universal, como lo ha sido el uso de la bicicleta [...] Pierden el dinero los fabricantes de libros de bolsillo y los fotógrafos titulados porque no hay quien quiera retratarse de busto, o apoyado en el tronco de un árbol navegando en un barquichuelo de fantasía, en postura (tratándose de las damas) de ver huir a un pichón mecánico de una jaula o de llorar al pie de una cruz de cartón piedra los desengañados de este mundo y la subjetividad de otro. Se prefiere la efigie tomada en la calle, en el patio de la casa, al aire libre.[18]

El testimonio anterior refleja una lectura irónica de cierta prensa ilustrada acerca del mundo de las apariencias, arcaico hacia fines del siglo XIX. La nueva propuesta de representación, encarnada en la instantánea, entroncaba directamente con el recientemente adquirido concepto de noticia y permitió a la figura del *reporter* desarrollar cierto nivel de narración que aspiraba a recrear de manera exacta la realidad.

La nueva prensa noticiosa impulsó esta renovación gráfica en algunas otras áreas y campos temáticos. Durante los primeros meses de 1898 publicó una buena cantidad de grabados, algunos de ellos tomados de fotografías, para cubrir el episodio de la llamada "Guerra de Cuba", que enfrentó a Estados Unidos y a España por el dominio político y económico de la isla, y en los años posteriores

---

[16] Ambos casos, con sus respectivas fotografías pueden verse en M. Rojas, *La fotografía en los inicios...*, *op. cit.*, pp. 87-90.

[17] *Ibidem*, p. 90.

[18] *El Mundo*, 4 de junio de 1899, p. 1.

incorporó reportajes y gráficas de diferentes conflictos bélicos internacionales.[19] En los nuevos espacios se publicaron regularmente numerosas "vistas" de países "lejanos" y "exóticos", retratos de personajes famosos en el mundo de la política y el espectáculo, máquinas novedosas, innovaciones tecnológicas, adelantos en las vías férreas, e incluso una buena cantidad de imágenes de anuncios publicitarios de la más diversa índole. Para concluir, resulta importante señalar que no es casual que las primeras imágenes fotográficas que se difundieron en la prensa capitalina correspondieran al género del retrato. Éste predominó en las artes plásticas a lo largo de todo el siglo XIX y consolidó toda una tradición visual en términos de validación, en la manera de representar el cuerpo y el rostro humano.

En términos generales, se trataba de una visión del retrato emparentada con la pintura y desarrollada por la fotografía desde sus antecedentes con los daguerrotipos, hasta sus primeros logros en el terreno de la difusión masiva con las llamadas *tarjetas de visita*, que preservaron y enriquecieron una forma de representar el retrato ligada a la pose, al decoro y a la búsqueda del reconocimiento social. La enorme popularidad de estos retratos se vinculaba con la difusión de las ideas vigentes en la época sobre la fisiognomía y la frenología, y la posibilidad de delinear las características del carácter moral de las personas a través de sus rasgos físicos.

Uno los campos temáticos en el que este binomio imagen-información pudo expresarse de manera más contundente fue el correspondiente al género de los reportajes policiacos. El auge de este tipo de reportajes obedeció a diversos factores, entre los que habría que destacar la gran preocupación de las élites por el incremento de la criminalidad, aunado al interés mercantil por asegurar la venta del periódico entre sectores más amplios y heterogéneos. Tenemos aquí la combinación de las teorías y planteamientos fisionógmicos y frenológicos con las premisas noticiosas y mercantiles de una prensa ávida de lectores.

La atracción que ejercía la figura de algunos criminales y delincuentes entre una porción significativa de lectores era un fenómeno conocido que despertó la curiosidad y la preocupación de algunos estudiosos. También en el caso de los reportajes policiacos podemos señalar que aunque los personajes infantiles no fueron el eje prioritario ni la preocupación fundamental de este tipo de publicaciones, tampoco estuvieron totalmente ausentes. A continuación doy cuenta de tres ejemplos que constituyen referencias significativas.

En muy escasas ocasiones se encuentra al niño delincuente como protagonista central de los hechos; por eso, vale la pena el reportaje titulado *El macha-*

[19] J. Lizardi, "Imaginar el 98: iconografía mexicana de la guerra hispano-cubano-estadounidense", *Historia Mexicana*, núm. 190, El Colegio de México, México, octubre-diciembre, 1998, pp. 321-340.

Imagen 39. Noticia de prensa:
"José Sid Bandera 'Machaquito'",
El Imparcial, 18 de octubre de 1908.
(Biblioteca Miguel Lerdo de Tejada, SHCP.)

quito en México, que narra las aventuras infantiles de un ratero de 16 años que comenzó a robar a los ocho años de edad. En el texto, se habla de su habilidad para robar en las tiendas de ropa, en las kermeses, en los trenes y en las iglesias; a veces vestido inocentemente de marinerito; en ocasiones disfrazado de bebé con cuello doblado, medias y pantalón corto.[20]

La fotografía del pequeño delincuente resulta bastante significativa. Bajo el título de *José Sid Bandera (a) Machaquito*, puede observarse la imagen de un muchacho con gorra y un traje elegante con chaleco; tez morena, grandes ojos y mirada inquieta. No se trata de la típica fotografía carcelaria realizada en el gabinete antropométrico, sino de una imagen que responde a una lógica muy diferente. Estamos en realidad frente al caso de una fotografía que no responde en absoluto a esas reglas y que nos muestra al muchacho disfrazado, probablemente captado en el momento de su detención, tal como le gustaba vestirse para realizar alguna de sus ingeniosas fechorías. (Imagen 39.)

En esta importante imagen, quizá procedente de un archivo policiaco, la prensa trastocaba el sentido "original" de la fotografía, dotándola de nuevos significados al privilegiar la figura personal y fantasiosa que el delincuente recreaba de sí mismo por encima de la lógica del poder de la mirada carcelaria, uniformizante y estigma-

[20] *El Mundo*, 18 de octubre de 1908, p. 8.

tizadora de los grupos populares, catalogados como potencialmente criminales. La misma imagen que en el contexto policiaco se usaba para localizar e identificar al delincuente, en el marco noticioso de la prensa podía traducirse fácilmente en un signo positivo que estimulaba el ingenio y otros atributos del transgresor entre la comunidad de lectores. Por otro lado, resulta muy importante la reiterada insistencia del diario en la biografía del pequeño delincuente, donde se subrayan las fechorías cometidas por éste durante los años anteriores.

Otro caso que vale la pena mencionar aquí es el titulado: *El contingente del crimen*, que narra la historia de unas "raterillas" de nueve años de edad. Se trata de dos hermanas y una amiga que habían robado un abrigo olvidado por una persona en una butaca durante una función cinematográfica detenidas al empeñar la prenda en una calle de Santo Domingo. La composición de la imagen desempeña en este caso un papel fundamental para la interpretación, ya que añade elementos no presentes en el texto de la nota. De esta manera, aparecen dos fotografías enmarcadas, vinculadas entre sí a través de la fotografía de un hombre. En la imagen de la izquierda puede verse a las tres niñas: Josefina y Elena Solórzano y María García, que posan muy serias, con sus vestidos y abrigos, probablemente a las puertas de la comisaría. Al centro figura un criminal llamado J. Paz Alatriste, del cual no se menciona nada en el texto del reportaje, y en la parte derecha se muestra a Hilaria Mondragón y Julia Vargas "la Vaquera", identificadas como "cruzadoras"; esto es, cierto tipo de ladronas que robaban mercancías en las tiendas de ropa y que frecuentemente estaban ligadas al mundo de la prostitución.[21] Rodeando a la primera imagen aparecen dibujadas algunas prendas y joyas, anillos y relojes asociados al robo y a la delincuencia, así como un cadáver y un cuchillo sangrantes. El vínculo propuesto por la composición es muy sugerente: estas pequeñas ladronas se convertirán fatalmente en prostitutas "cruzadoras" al seguir por el camino de la delincuencia. La figura del criminal homicida estaría presente de manera simbólica en este tipo de tránsitos. (Imagen 40.)

Un tercer caso de esta especie nos narra la captura de dos niños delincuentes que atracaban a transeúntes y comercios en las calles de la ciudad de México durante los primeros años del siglo XX, y se titula "Cómo descubrió la policía el robo a la Admón. de *El Imparcial*".[22] Los fotograbados nos muestran los retratos de un par

---

[21] "Las delincuentes que más preocupaban a la policía eran las 'cruzadoras', que penetraban a los comercios o a sus cajones y aprovechaban cualquier descuido de los dependientes o 'con miradas prometedoras y coqueterías los mareaban' para apoderarse de la mercancía. Entre ellas encontramos mujeres de todos tipos y edades, pero todas provenían de las clases populares", E. Speckman, *Crimen y castigo...*, *op. cit.*, p. 162. (La autora cita expresiones correspondientes a la *Gaceta de Policía* del 24 de diciembre de 1905, p. 11.)

[22] *El Imparcial*, 14 de julio de 1907, p. 14.

Imagen 40. Noticia de prensa: "El contingente del crimen", *El Imparcial*, 10 de abril de 1908. (Biblioteca Miguel Lerdo de Tejada, SHCP.)

de niños con los rostros serios y la mirada dura; muy alejada de los modelos de inocencia infantil tan característicos de las revistas y los *magazines* ilustrados de la época. El apodo de uno de ellos, "el Apache", aparece identificando la imagen, lo cual refuerza la idea evolucionista de la época de una visión estigmatizante de la condición indígena asociada con conductas criminales. (Imagen 41.)

La representación fotográfica de los personajes infantiles en los reportajes policiacos de la prensa capitalina de principios del siglo XX culminó un ciclo de imágenes que se inició con los daguerrotipos y las *tarjetas de visita* a mediados de la centuria anterior. En un lapso de poco más de cincuenta años, estas representaciones adquirieron peso e influencia cada vez mayores en la construcción de un imaginario en torno de la infancia, con una serie de referencias visuales al alcance de sectores sociales cada vez más amplios y heterogéneos.

LA CONSTRUCCIÓN DE LA INOCENCIA

La imagen fotográfica relativa a la "inocencia" infantil predominante a fines del siglo XIX en Occidente está vinculada con la visión romántica creada en el terreno

Imagen 41. Noticia de prensa:
"Cómo descubrió la policía el robo
a la Admón. de 'El Imparcial'",
El Imparcial, 14 de julio de 1907.
(Biblioteca Miguel Lerdo de Tejada, SHCP.)

plástico, un siglo atrás, por una generación de artistas británicos que comprende,
entre otros, a Reynolds, Lawrence, Gainsborough, y Banks. Dicha representación adquirió distintas manifestaciones que iban desde niños vestidos con ropa
diseñada especialmente para ellos hasta infantes acompañados de mascotas y
juguetes, entre otras modalidades que tuvieron exitosa difusión comercial y que
fueron retomadas por las élites en la segunda mitad del siglo XIX:

> The first great movement in the visual history of childhood innocence was led by
> elite eighteenth —century British portrait painters [...] These painters introduced a
> new vision of the child, a set of visual signs brilliantly embedded in individual pictu-
> res, and so basic they could inform all future pictures. I call this vision, this collec-
> tive image, Romantic childhood.[23]

_____

[23] A. Higonnet, *Pictures of Innocence...*, *op. cit.*, p. 9. "El primer gran movimiento en la historia visual de la inocencia de la niñez fue encabezado por la élite de retratistas ingleses del siglo die-
ciocho. Estos pintores introdujeron una nueva visión del niño, un grupo de señales visuales
brillantemente incorporadas a los retratos individuales y tan básicas que podían informar todos los
retratos futuros. Yo llamo a esta visión, a esta imagen colectiva, la niñez romántica."

La fotografía no sólo heredó esta tradición plástica, sino que la enriqueció y la difundió entre sectores mucho más amplios. En la culminación de este proceso, las revistas de principios del siglo XX se encargaron de reforzar estos elementos, integrándolos a una clase social específica. Poco antes, la prensa capitalina intentó delimitar el entorno cotidiano de los niños pertenecientes a estos grupos privilegiados, sugiriendo a las madres propuestas tan ineficaces en la práctica como sintomáticas de las nuevas ideas que flotaban en el ambiente de ciertos sectores sociales, como la siguiente:

Criarás a tu hijo con la leche de tus pechos, y a no ser posible, vigilarás atentamente su alimentación. No le destetarás hasta que tenga dientes, señal de que puede digerir, y aun así no le darás alimentos fuertes. No usarás más medicamentos que los que el médico te ordene, repasando toda instrucción de comadre. Tendrás siempre limpio a tu hijo como lo manda la madre ciencia, no abrumándolo con ropas, ni desnudándolo imprudentemente. No le obligarás a dormir en vano, ni le alimentarás en cada momento. Le darás diariamente un baño de aire puro, y a ser posible, de agua fresca. No permitirás que escuche ruidos desagradables, no le expongas a focos de luz muy fuertes, ni le acostumbres a seguir sus caprichos. Le vacunarás sin pretexto alguno. No obligarás a tu hijo a hacer esfuerzos materiales ni intelectuales que no estén relacionados con sus condiciones físicas o mentales. Le acostumbrarás a vivir las penalidades de la vida, a creer en algo y a practicar el lema de: si quieres ser amado, ama.[24]

Los grabados y las fotografías convivieron en las páginas de las revistas ilustradas porfirianas para exaltar la figura del "rey" bebé, convertido en el nuevo objeto de culto de la familia nuclear urbana. El niño de las clases media y alta porfirianas representaba uno de los símbolos por excelencia de la inocencia y pureza "naturales", cuyo bienestar debía protegerse. Estos valores tienen su correspondencia en las imágenes. Así, los retratos de estos niños pretendían borrar en algunos casos las diferencias de género y los presentaban como seres asexuados e inmaculados, sin la menor huella de corrupción. Tal es el caso de las imágenes 42 y 43 correspondientes a infantes pertenecientes a las élites, pero abarca incluso a los sectores populares, como en el caso de la imagen 44, donde se muestra a una niña de mirada y gesto compungidos moliendo maíz en un metate, dentro de una bella composición que juega con los claroscuros y en particular con la sombra de la falda y el rebozo infantil proyectados sobre la pared de un humilde cuarto. En esta imagen, procedente de algún concurso de fotografía organizado por la propia revista, la categoría "Tipos mexicanos" neutraliza las condiciones de marginación de esta pequeña, y la convierte en patrimonio de la riqueza étni-

---

[24] *El Periódico de las Señoras*, 1896, p. 14.

Entonces, tras de la tácita abdicación, empiezan padres á desempeñar su papel de súbditos. Be modifica por completo las anteriores condi-

Mas Bebé llora también. Cuando la satisfacción de sus caprichos es imposible, cuando quiere que del cielo se le baje el sol ó la luna para jugar con ellos, entonces sus ojitos se humedecen, su na-

Imagen 42. Artículo de revista ilustrada: "El rey bebé", *El Mundo Ilustrado*, 18 de marzo de 1900, p. 6. (Biblioteca Miguel Lerdo de Tejada, SHCP.)

ca de la nación. El pie de foto refiere la carga étnica de la protagonista, la ubicación regional y la actividad en uno de los utensilios populares por excelencia: "Niña indígena de las cercanías de Culiacán al pie del metate."

Uno de los espacios privilegiados para la representación de este tipo de infantes fue el de los exitosos concursos de "belleza" para niños y niñas organizados por algunas revistas ilustradas. La siguiente composición combina armoniosamente el grabado y la fotografía al presentar a algunos concursantes con edades entre los dos y cuatro años. La mayor parte de las imágenes corresponde a lo que Karen Calvert ha denominado el modelo del niño "andrógino", que suaviza las diferencias genéricas.[25] Asimismo, da importancia a los apellidos, que nos remiten al estatus familiar, trascendente para estos grupos sociales durante el Porfiriato. Las citas van desde los "Arcaraz y Gordon" hasta los "Bolaños Cacho".[26] (Imagen 45.)

[25] K. Calvert, *Children in the House. The Material Culture of Early Childhood, 1600-1900*, University of Chicago, Chicago, 1992, p. 109. "If children were angelic, then it followed that they were also asexual and androgynous, innocent of the ways of the flesh. By favoring a custome exclusive to children but inclusive of both boys and girls, parents created an image of childish asexuality that concurred with their image of childlike innocence and purity." [Si los niños eran angelicales, entonces eran tambien asexuados y andróginos, inocentes respecto de la carne. Favoreciendo este hábito exclusivo de la niñez, pero inclusivo de niños y niñas, los padres crearon una imagen de la niñez asexuada que correspondía con su imagen de la apariencia infantil inocente y pura.]

[26] R. Barceló (*Cultura y vida cotidiana de las familias prominentes porfirianas de la ciudad de México y Yucatán*, Tesis de Doctorado, El Colegio de México, México, 1999, pp. 71-77), señala en

Imagen 43. Portada de revista ilustrada: "Dos purezas", *El Mundo*, 27 de septiembre de 1896. (Biblioteca Miguel Lerdo de Tejada, SHCP.)

Imagen 44. Portada de revista ilustrada: "Tipos mexicanos", *El Mundo Ilustrado*, 29 de octubre de 1911. (Biblioteca Miguel Lerdo de Tejada, SHCP.)

Las representaciones fotográficas de infantes continuaron maquillando la realidad y adecuándose a los códigos morales y a los modelos estéticos propios de los grupos privilegiados, ya fijados en las *tarjetas de visita* de los años sesenta. Todo ello, a pesar de haberse alcanzado innovaciones tecnológicas importantes en la década de los años noventa, como las ya mencionadas instantáneas o el proceso de impresión del "medio tono", que permitían un acercamiento más dinámico a la realidad:

---

una reciente investigación sobre el comportamiento de las élites porfirianas la enorme importancia que éstas depositaban en sus apellidos como símbolos de poder: "La preocupación por el apellido y el linaje fue constante entre las familias prominentes. No sólo les importaba la fortuna sino también la alcurnia de los antepasados [...] Este grupo privilegiado concebía el linaje simultáneamente como un derecho y un deber. En la medida que se le asociaba la idea de virtud, de superación moral, implicaba el derecho a ser respetado por los demás, a gozar del prestigio que se otorga a quienes aparecen como mejores."

Imagen 45. Artículo de revista ilustrada:
"Concurso de niños. Grupo de 2 a 4 años
de edad", *El Mundo Ilustrado*,
8 de marzo de 1896, p. 3.
(Biblioteca Miguel Lerdo de Tejada, SHCP.)

Así pues, durante el porfirismo la idealización y la complacencia pedida a la fotografía de estudio fue extensiva a la instantánea y a las películas cinematográficas, que evitaron conscientemente captar aquellos aspectos de la realidad que dejaban un sabor agrio y amargo en el paladar estético.[27]

Este concepto de niñez se vincula con la construcción histórica de una visión moderna de maternidad, la cual vino acompañada por un despliegue de juguetes, vestidos y mobiliarios —importados de Europa y Estados Unidos— especialmente diseñados para los infantes de estos grupos sociales.[28] El vestuario apoyaba un modelo de tipo andrógino, que suavizaba o eliminaba las diferencias sexuales; los juguetes, por el contrario, estaban diseñados para cada uno de los géneros y diferenciaban los límites que los adultos esperaban entre uno y otro sexo:

Los juguetes modernos, muchos traídos de Europa y Estados Unidos, eran frecuentemente lujosos e ingeniosos […] Había muñecas articuladas y parlantes, barcos

[27] A. de los Reyes, "El cine, la fotografía…", *op. cit.*, p. 1812.
[28] E. Badinter, *¿Existe el amor maternal? Historia del amor maternal, siglos xvii al xx*, Paidós, Barcelona, 1991.

Imagen 46. Portada de revista ilustrada:
"La sorpresa",
El Mundo Ilustrado, 12 de junio de 1904.
(Biblioteca Miguel Lerdo de Tejada, SHCP.)

provistos de verdaderas calderas, cajas para experimentos eléctricos, ferrocarriles mecánicos provistos de túneles, discos, estaciones y agujas.[29]

Las revistas de la época retrataron frecuentemente a los infantes de estos círculos junto a la servidumbre y en el contexto material creado a su alrededor, lo mismo para su control que para su entretenimiento. Las acciones de los pequeños poseían, por lo general, un carácter pretendidamente trivial que los ligaba artificialmente al mundo inocuo de la travesura. (Imagen 46.)

La siguiente narración periodística, titulada "El primer cigarro", se refería irónicamente a este valor culturalmente aceptado de la inocencia infantil, contraponiéndolo con el vicio del cigarro. La historia cuenta las aventuras de "Manuelito Mora y Mariscal", descrito en la nota como un ático de la "bon chére", que

---

[29] R. Barceló, *Cultura y vida cotidiana...*, *op. cit.*, p. 186. Por su parte, K. Calvert, *Children in the House...*, *op. cit.*, p. 110, señala lo siguiente: "[...] as costume became more andogynous, toys seemed an ideal means by which to identify and encourage socially correct behaviour for boys and girls". [Mientras la costumbre se tornó más andrógina, los juguetes parecían el medio ideal para identificar y apoyar el comportamiento correcto para niños y niñas.] Un buen indicador de este proceso fue la aparición en la prensa capitalina de los catálogos de juguetes de algunos almacenes comerciales, como el de El Puerto de Liverpool, en el año de 1905. Al respecto, véase *El Imparcial*, 18 de diciembre de 1905, p. 8.

"ni Manuel Sierra Méndez hubiese desdeñado como comensal en los banquetes del Jockey Club".[30]

El texto relata el comportamiento de este curioso personaje después de una agradable comida, durante la sobremesa, "el momento de las paradojas y las grandes verdades". Manolito cruza la pierna, "como conviene a un hombre de su edad", saca un cigarrillo de su tabaquera, frota una cerilla y lo enciende. Fuma plácidamente, despidiendo "flotantes anillos que se desvanecen en el aire", meditando sobre los sueños efímeros de la vida, que se disuelven en el humo: "¡Bah!, ¡fumemos! Esto aproxima al ideal, ¿fumar, no es soñar? El humo es la túnica tenue que envuelve los ensueños. Tras de las espirales vagas, se destacan las esperanzas, los deseos, las ilusiones. ¡Todo es humo!"[31]

En esas filosóficas divagaciones anda el buen Manolito, cuando siente un picor en la garganta y experimenta un sabor desagradable en la boca, por lo que se toma un sorbo de licor, con lo que su situación se agrava, sus oídos le comienzan a zumbar, su estómago se contrae y sus piernas vacilan. Al final, la situación se aclara: el pequeño, que se ha puesto a fumar y a beber en ausencia de sus familiares se ha sentido mal y ha pedido a gritos el auxilio de su mamá. Los padres se dan cuenta de la travesura del infante y llaman, escandalizados, al médico, que controla la situación y pone final feliz a todo el curioso episodio. Una serie de ocho fotografías ilustra toda la aventura del protagonista, desde que cruza la pierna y enciende el cigarro hasta que se marea y emborracha. La secuencia de las imágenes se relacionan irónicamente con el texto y juegan con la idea de un niño que se comporta como un experimentado comensal de la clase alta porfiriana. La hilaridad implícita en el contraste entre texto e imagen reside en la aceptación de la existencia de un concepto de inocencia infantil, alejado no sólo de los vicios, sino de la corrupción mundana que caracterizaría la existencia adulta. (Imágenes 47 y 48.)

Un aspecto importante para la lectura e interpretación de la imagen fotográfica es que el conocimiento que tenga el lector del objeto retratado no es lo relevante, sino su grado de familiaridad con el modo acostumbrado de representación del objeto. En esto reside la posibilidad de crear esta distancia irónica desde la cual es leído el texto de Manolito. Esto implica el aprendizaje visual de las reglas culturales habituales con las que un determinado medio representa sus objetos, que en el caso de las élites capitalinas se verificó en las páginas de la prensa desde mediados de la década de los años ochenta del siglo XIX.

La actitud hacia los infantes en este medio social se encontraba estrechamente vinculada con el culto positivista de la noción de progreso, predominante en

[30] *El Mundo Ilustrado*, 20 de mayo de 1900, p. 4.
[31] *Ibidem.*

Imagen 47. Artículo de revista ilustrada: "El primer cigarro", *El Mundo Ilustrado*, 20 de mayo de 1900. (Biblioteca Miguel Lerdo de Tejada, SHCP.)

Imagen 48. Artículo de revista ilustrada: "El primer cigarro", *El Mundo Ilustrado*, 20 de mayo de 1900. (Biblioteca Miguel Lerdo de Tejada, SHCP.)

Occidente durante la segunda mitad del siglo XIX. Por ello, la imagen de este tipo de niños aparecía asociada frecuentemente con visitas escolares a fábricas, paseos recreativos, kermeses, "tívolis"[32] y festivales cívicos. Entre todas estas actividades, las fiestas de caridad, organizadas por colegios particulares y sociedades filantrópicas, constituían el acto propagandístico más adecuado para acercarse a una representación de la pobreza convenientemente domesticada y suavizada para legitimar las buenas intenciones del régimen.

La composición titulada "Reparto de ropa en Santa María" resulta un poco más compleja que las anteriores, pues incluye una serie de elementos retóricos que

[32] Este nombre se le daba en el Porfiriato a los centros de diversiones rodeados de jardines. El término viene del Tívoli, cercano a Roma, donde el Cardenal del Este mandó construir una serie de jardines. Esta atmósfera paradisíaca pretendía ser el contexto más idóneo para el desarrollo de estos niños inocentes.

manipula el conjunto de las fotografías para construir un mensaje, de acuerdo con los intereses de la publicación en turno.[33] La narración visual se centra en la comparación entre dos grupos de niños procedentes de sectores sociales opuestos. En la parte superior puede verse a la señora Morales de Dormann, presidente de la "Sociedad Protectora de la Niñez" distribuyendo ropa entre un grupo de niños marginados, mientras que en la imagen inferior se observa a varias de las madres de familia de dicha organización posando alegremente con sus hijas. Flanqueando ambas fotografías se encuentra un montaje que representa a uno de los niños "beneficiados" posando antes y después de recibir sus prendas. Aparte de las diferencias obvias entre ambos grupos de niños en lo que se refiere a sus vestimentas, podemos señalar que los niños pobres carecen de identidad propia y personalidad; son captados en serie y de perfil, haciendo la cola correspondiente para recibir su ropa. Las niñas de las familias contribuyentes, por el contrario, están plenamente concientes de la mirada del fotógrafo y posan con rasgos tranquilos y confiados, seguras de sí mismas, viendo de frente a los lectores de la publicación, lo que reafirma su singularidad.[34]

El elemento central de la propuesta periodística reside, a mi juicio, en el montaje que muestra los cambios espectaculares del niño pobre, el cual luce descalzo y porta en el ángulo de la izquierda los jirones de una camisa y un pantalón de manta totalmente despedazados, para quedar convertido, en el lado derecho de la composición, en un simpático pequeño con zapatos y sombrero, que posa con actitud más convencional, envuelto en una camisa a rayas y con las manos metidas en los bolsillos de sus nuevos pantalones. Esta transformación sintetiza el mensaje propagandístico de todo el reportaje, que se refiere a la necesidad urgente de superación del atraso ancestral indígena y su posible incorporación a un México moderno. No es casual que unos cuantos meses antes de la publicación de esta fotografía, el gobierno porfiriano hubiese ordenado encerrar a todos los indígenas con camisa de manta que deambularan por las calles céntricas; en particular por el paseo de La Alameda, durante los actos de celebración del Centenario de la Independencia. Lo anterior es indicador de este tipo de tensiones y sus repercusiones en la vida cotidiana; gráficamente se reflejó en la omisión sistemática de las representaciones de la niñez indígena en la prensa capitalina del periodo.

En este apartado hemos seguido las ideas y los planteamientos de Higonnet

[33] La retórica constituye un conjunto de operaciones que se hacen sobre el lenguaje con el fin de convertirlo en un instrumento de persuasión. En el caso de estas fotografías, la retórica se expresa a través de la manipulación de la imagen. L. Boltansky, "La retórica de la figura", en P. Bourdieu (comp.), *La fotografía. Un arte intermedio*, Nueva Imagen, México, 1989, pp. 185-212.

[34] P. Massé (*Simulacro y elegancia...*, *op. cit.*, pp. 145-162) ha estudiado este tipo de representación fotográfica de los grupos subalternos, que los cosifica y elimina sus rasgos de identidad; ella denomina a este fenómeno "subalternidad".

y Calvert, que puntualizan la importancia de la difusión de este modelo de inocencia infantil entre las élites urbanas a fines del siglo XIX, lo que nos acerca a la representación de un mundo secular, hedonista y pragmático. Al mismo tiempo, se ha señalado la importancia simbólica de estas imágenes, asociadas con la creación de una identidad de clase para estos grupos privilegiados, que percibieron en este tipo de representaciones un universo particular, que los distinguió y los diferenció del resto de los sectores sociales.[35]

En los apartados posteriores podremos observar de qué manera este tipo de referencias visuales encontraron continuación en los reportajes cívicos y policiacos, así como la forma en que se fueron desgastando al comenzar a surgir otras propuestas periodísticas que trascendieron el restringido universo de las élites y se acercaron a otros sectores.

EL NIÑO COMO BUEN CIUDADANO

La educación representó una de las herramientas básicas con la que los grupos dirigentes imaginaron resolver todos los problemas del país a lo largo del siglo XIX, llegándola a concebir como una especie de "panacea" social. Lejos de apartarse de esta postura, los pedagogos e ideólogos del Porfiriato continuaron con la ilusión de unificar al país a través de la educación, con la diferencia notable —que ya se ha señalado— de que en esta ocasión se presentaban condiciones más idóneas para la realización de estos proyectos.

El régimen fracasó rotundamente en algunas metas básicas, como la disminución del analfabetismo, factor real que impedía la realización de cualquier proyecto racional de modernización. Sin embargo, lo que me interesa resaltar aquí es su notable capacidad para construir los lineamientos ideológicos del sistema educativo moderno, los cuales fueron retomados a lo largo de este siglo por los distintos regímenes posrevolucionarios.[36]

[35] Como contraste a esta visión secular de la inocencia, debemos mencionar la tradición religiosa de los llamados "angelitos", que se remonta al periodo novohispano y fue retomada por la fotografía en la segunda mitad del siglo XIX, dando lugar al género conocido como la "muerte niña". Como señala Gutierre Aceves ("Imágenes de la inocencia eterna", *Artes de México. El arte ritual de la muerte niña*, núm. 15, Conaculta, México, primavera, 1992, p. 34), la imagen del niño muerto comparte los valores de pureza e inocencia antes mencionados, y se convierte en un elemento mediador entre la familia y el campo de lo sagrado: "La fotografía no es sino la cristalización de este suceso, la victoria sobre la muerte reservada para los justos. El devenir truncado del niño queda fijo en esta imagen, que será piadosamente conservada, como una constancia del ingreso de un niño a la vida eterna: a partir de ese momento, será considerado como un santo y tendrá un lugar especial dentro del culto doméstico que se rinde en la intimidad a los desaparecidos."

[36] El promedio general de analfabetismo se mantuvo en 85% a lo largo del Porfiriato. Al res

Una de las tareas prioritarias que se proponía el régimen era el reforzamiento de la moral cívica como instrumento básico en la búsqueda de uniformidad; objetivo explícito a través de la realización de medidas concretas, como la celebración del Primero y del Segundo Congreso Nacional de Instrucción, en los años 1889-1890 y 1890-1891, los cuales marcaron una nueva época en la historia política del país en la medida en que trazaron directrices claras para el establecimiento de una instrucción moral y cívica:

[…] la preocupación fundamental del Congreso fue trabajar para lograr la uniformidad de la enseñanza en toda la República, para lograr que la formación que recibieran todos los mexicanos fuera exactamente igual para que se pudieran formar ciudadanos cumplidos y que respondieran a los mismos ideales.[37]

La enseñanza de la historia ocupaba un lugar estratégico dentro de la formulación de estos planes. A principios de la década de los años noventa, la reflexión sobre la historia patria había alcanzado un alto grado de desarrollo; una muestra clara lo constituye la obra magna, *México a través de los siglos*, coordinada por Vicente Riva Palacio en 1889, primera gran síntesis historiográfica que recorría en sentido lineal la historia del país, desarrollando la idea de una nación embrionaria que se habría ido gestando poco a poco desde los primeros asentamientos prehispánicos hasta su consolidación con la victoria liberal juarista y su prolongación porfiriana.

Esta obra, que representaba el punto de vista del liberalismo triunfante en transición al positivismo "científico", introdujo cambios importantes que reflejaban la nueva situación política del país, al mismo tiempo, orientó debates y discusiones posteriores sobre estos temas. Entre otras cosas, superó la visión criolla que veía con desdén el pasado indígena y ponderó el pasado colonial con una visión más equilibrada. En particular, legitimó la épica de la independencia como el episodio fundador de la nación, con la figura del cura Hidalgo como protagonista principal.[38]

---

pecto, véase M. Bazant, *Historia de la educación durante el Porfiriato*, El Colegio de México, México, 1993, p. 78.

[37] J. Vázquez, *Educación y nacionalismo*, El Colegio de México, México, 1970, p. 97.

[38] T. Pérez Vejo ("Pintura de historia e imaginario nacional: el pasado en imágenes", *Historia y Grafía*, núm. 16, UIA, México, 2001, p. 73) ha analizado este mismo proceso en el campo de la pintura histórica del siglo XIX, cuya evolución da cuenta de la manera en que las imágenes fueron construyendo un concepto moderno de nación: "[…] la pintura de historia no es sólo un episodio más de la evolución de la historia de la pintura. Es un sofisticado ejemplo del uso de las imágenes como elemento de persuasión ideológica, de la capacidad de las imágenes para crear realidad y de la capacidad de la historia para legitimar el presente. Entender la forma en que los pintores de historia dieron imágenes a las historias nacionales es una forma de entender el proceso de construcción, de invención, de la nación como mito identitario de la modernidad".

En la década de los años noventa del siglo XIX, Justo Sierra consolidó este proceso al atribuir la paternidad de la nación al liderazgo fundador de don Miguel Hidalgo, en un duelo con los hispanistas, que vindicaban la figura de Hernán Cortés:

> Cortés fue, como la personalidad capital de la conquista, el fundador de la nacionalidad; Hidalgo, como la personalidad capital de la independencia, es el Padre de la Patria [...] por eso admiraremos siempre al primero, pero amaremos eternamente al segundo; a éste es a quien nos liga —lo siente el pueblo mexicano en el fondo de su alma— el deber filial. Hidalgo es el padre de la patria.[39]

Como señala Koselleck, cada sociedad establece una relación particular con el tiempo definiéndolo a partir de las contradicciones de su presente. En este sentido, la memoria moderna, surgida de la construcción de los Estados-nación, ha inventado su propio pasado, seleccionando sucesos y personajes que considera dignos de conmemoración.[40] En el caso mexicano, el régimen porfirista asumió esta voluntad de reordenación y utilización del pasado con funciones cívicas muy evidentes:

> En la época porfiriana, la historia no es sólo un instrumento de poder y de construcción de la nación, sino también la conciencia histórica, o de la historia, influye globalmente en la manera de pensar. Es el modo de la conciencia por excelencia [...] Dentro de este pensamiento dominado por la historia, las conmemoraciones y manifestaciones de identidad están animadas por una tensión permanente entre los deseos de utilizar el pasado y la aspiración de ser modernos y colocar a México en el diapasón del progreso universal.[41]

La idea de la historia como referencia estratégica para la educación nacional de los distintos sectores, así como la reflexión sobre el papel del maestro como forjador de futuros ciudadanos constituyen verdaderos puntos programáticos en la obra de los pedagogos más influyentes del régimen durante la década de los

---

[39] J. Sierra, *Obras completas*, tomo V, UNAM, Nueva Biblioteca Mexicana, núm. 53, México, 1991, p. 194.

[40] "Ya hay que poner en duda la singularidad de un único tiempo histórico, que se ha de diferenciar del tiempo natural mensurable. Pues el tiempo histórico, si es que el concepto tiene un sentido propio, está vinculado con unidades políticas y sociales de acción, a hombres concretos que actúan y sufren, a sus instituciones y organizaciones." R. Koselleck, *Futuro pasado. Para una semántica de los tiempos históricos*, Paidós, Barcelona, 1993, p. 14.

[41] A. Lempérière, "Los dos centenarios de la independencia mexicana (1910-1921): de la historia patria a la antropología cultural", *Historia Mexicana*, vol. XXXIX, núm. 81, El Colegio de México, México, octubre-diciembre, 1995, p. 321.

años noventa.[42] Tal es el caso ya mencionado de Sierra, sin duda el ideólogo educativo más importante del Porfiriato, quien dedicaba a sus hijos su texto *Elementos de historia patria* de la siguiente manera: "El amor a la patria comprende todos los amores humanos. Ese amor se siente primero y se explica luego. Este libro dedicado en vosotros a todos los niños mexicanos, contiene esa explicación."[43]

La idea se repite en los promotores directos de la educación, como el profesor normalista Celso Pineda, autor de un importante texto escolar que ameritó varias reediciones a principios de siglo, *El niño ciudadano. Lecciones de Instrucción Cívica*, en el cual insistía con sus alumnos sobre la necesidad de "amar a nuestra patria que es nuestra madre" y desarrollaba un esbozo de historia patria que se ajustaba en su esquema general a los lineamientos de la obra de Riva Palacio.[44]

La implantación de una moral cívica formó parte de un largo y penoso proceso de construcción histórica, que pasó por un proyecto de individualización. En esa medida, "pensar" sobre la naturaleza de los ciudadanos en el siglo XIX implicó el trazo de un proceso de diferenciación de la infancia como la etapa clave para cimentar y construir los nuevos valores. Uno de los instrumentos más importantes por donde pasó esta depuración y especialización del periodo de la niñez como el lugar privilegiado para la formación de esta moral cívica, lo constituyeron las publicaciones educativas ilustradas, diseñadas para un público infantil y, en buena medida, para los padres de familia y los maestros, encargados de guiar a los infantes por los nuevos senderos cívicos que requería la nación.

Un ejemplo interesante, por lo que aporta desde el campo de la composición gráfica a la transmisión de ideas de una concepción cívica de la infancia, es el que se refiere a la revista neoyorkina *Normal Instructor*, difundida en México, Cuba y otros países de América Latina a fines del Porfiriato. Desde sus inicios, a fines de 1907 y principios de 1908, la revista se planteaba la necesidad de ilustrar el método cívico del profesor Wilson L. Gill, que consistía en enseñar a los escolares los principios básicos de la democracia a través de la dramatización, hecha por éstos, de diversas acciones y procedimientos cívicos.

La actividad fundamental consistía en la formación de órganos de "autogobierno", en los cuales los pequeños colegiales practicaban los más elementales

[42] En el caso de los católicos, éstos se adaptaron en términos generales al catecismo cívico aceptando a fines del siglo XIX la paternidad de Miguel Hidalgo, y si bien siguieron insistiendo en una visión conservadora de la historia, su oposición y resistencias más significativas se produjeron en el campo de la llamada "cuestión social". Influidos por la encíclica *Rerum Novarum*, en la década de los años noventa, los "católicos sociales" percibían al liberalismo individualista como la fuente de todos los males y perjuicios de la nación.

[43] J. Sierra, *Obras completas, op. cit.*, tomo V, p. 291.

[44] C. Pineda, *El niño ciudadano. Lecturas acerca de la instrucción cívica*, Herrero, México, 1906, p. 37.

derechos democráticos, que iban desde el nombramiento de sus representantes a través del voto directo y secreto en las urnas hasta la realización de discusiones y debates en torno de temas candentes entre los mismos adultos, como el caso de la validez y pertinencia del sufragio femenino:

> The School City, originated by Wilson L. Gill, is a method of student self-govern-ment under supervision, which has spread until there is today a school city in practi-caly every State [...] The School City method is applied by the establishing in schools of miniature democracies modeled as closely as is practicable upon our State and city governments. Its fundamental purpose is better to fit our prospective citi-zens for honest and efficient citizenship by acquainting them through actual practi-ce in their youngest and most impressionable years, with the legitimate workings of democratic government.[45]

El papel desempeñado por la imagen fotográfica resultó crucial en la difusión del mensaje democrático y en la propuesta de internalización de valores cívicos por los infantes. En el caso de la revista *Normal Instructor*, los pequeños posaban para el reportero, mostrando distintas facetas de su apropiación de la vida demo-crática. El resultado consistió en la adecuación simbólica de los cuerpos infantiles con los ritos de la democracia, cuyos principios se deseaba inculcar. Estos repor-tajes muestran la incorporación de la fotografía como herramienta pedagógica fundamental para la transmisión de los nuevos valores cívicos entre los infantes convertidos en pequeños ciudadanos. En una de las imágenes puede verse a uno de los pequeños escolares, recién elegido "Presidente" por sus colegas, arengando con su discurso a la pequeña muchedumbre de electores que lo ha elegido y lo vi-torea. Este tipo de fotografías no sólo ilustra o ejemplifica las ideas y los plantea-mientos del texto, sino que forma parte de un código visual en el que los infantes representan el juego político de la democracia. Se trata de niños que simulan ser adultos y se comportan como tales. La mirada del fotógrafo diseña toda la com-posición y no deja espacio alguno para la improvisación. (Imagen 49.)

En México, este tipo de publicaciones dirigidas a sectores urbanos de las cla-ses media y alta, y que utilizaron las imágenes fotográficas como el vehículo más

---

[45] *Normal Instructor*, 1908, p. 1. "La Ciudad Escuela, originada por Wilson L. Gill, es un mé-todo de autogobierno estudiantil bajo supervisión, que se ha difundido al grado de que hoy en día existe una Ciudad Escuela prácticamente en cada Estado [...] El método de la Ciudad Escuela es aplicado en las escuelas mediante el establecimiento de democracias miniatura modeladas con la mayor semejanza posible a nuestros gobiernos estatales y citadinos. Su propósito fundamental es adaptar a nuestros futuros ciudadanos a una ciudadanía honesta y eficiente enseñándoles a través de la práctica, el funcionamiento legítimo de un gobierno democrático durante sus años más jóve-nes e impresionables."

Imagen 49. Portada de revista ilustrada: "Niños escenificando un mitin político", *Normal Instructor*, Dansville, N. Y., febrero de 1908. (Colección particular.)

idóneo para la expresión de sus planteamientos, formaban parte de la política educativa del régimen:

> Para los liberales del Porfiriato y especialmente para los "científicos" la educación constituía la mejor manera de redimir al pueblo mexicano. A través de las letras, del alfabeto, se conquistarían mejores niveles de vida y el país llegaría a civilizarse [...] Los niños tuvieron a su alcance publicaciones diversas, las cuales llenaron las necesidades de educación extraescolar y también el entretenimiento de tipo cultural. La evolución de los pequeños genios, como Mozart, los cuentos infantiles, las canciones y los juegos, las rondas, los consejos, se vertían en páginas ornadas de grabados y dibujos. A buscar el interlocutor de edad temprana estuvieron dedicados cinco periódicos en la capital [...][46]

El rasgo institucional que vinculaba estas publicaciones con el aparato educativo del régimen estuvo presente en casi todas ellas. Por ejemplo, *La Educación Contemporánea* se asumía como "Órgano de la Sección de Instrucción y Benefi-

---

[46] F. Toussaint, *Escenario de la prensa...*, *op. cit.*, pp. 42-43.

Imagen 50. Portada de revista educativa: "Portada", *La Enseñanza Normal*, 22 de julio de 1907. (Biblioteca Miguel Lerdo de Tejada, SHCP.)

cencia Públicas" y su director era el profesor Miguel Díaz, presidente de una sociedad pedagógica integrada por maestros de las escuelas oficiales. En uno de sus primeros números, la revista planteaba claramente sus objetivos a los lectores:

> La educación moderna tiene por fin desarrollar de una manera gradual, progresiva y simultánea el ser físico, intelectual y moral del niño [...] El maestro, encargado de tan noble ministerio y que anhela la realización de ese ideal, debe poseer un ascendente sobre sus educandos, tanto moral como intelectual.[47]

La *Enseñanza Normal*, por su parte, estaba dirigida por el maestro Alberto Correa, y en su portada señalaba que su consejo de redacción estaba integrado por maestros de las escuelas normales de la ciudad de México. (Imagen 50.) El propio director explicaba en el primer número del periódico —publicado significativamente el 15 de septiembre de 1904— cuáles eran sus expectativas:

---

[47] *La Educación Contemporánea*, 1 de diciembre de 1904, p. 19.

La acción del profesorado de La Enseñanza Normal en la redacción de este periódi-co, que obedece a un plan meditado, fijo y uniforme, forzosamente va a determinar las relaciones estrechas entre todos y a despertar sentimientos de solidaridad […] La república necesita un ejército de maestros y no contamos sino con una centésima parte de ellos convenientemente preparados. Para reclutarlos, precisa hacer un lla-mamiento a todos los factores de la grandeza nacional. Precisa que alrededor de la bandera de la escuela se agrupen los que aman a la Patria, pues ya es perfectamente sabido que la educación está íntimamente ligada a su porvenir, que con ella se rela-cionan los problemas políticos, sociales y económicos, y que no pueden resolverlos satisfactoriamente los pueblos que han olvidado alistarse con las armas nuevas para entrar en la batalla de la ciencia y de progreso que agita a todas las naciones.[48]

Uno de los ejes didácticos más importantes de estas publicaciones consistió en la realización de concursos cívicos en los que se pedía la colaboración infantil mediante composiciones sobre temas de la historia patria. La portada del primer número de *El Niño Mexicano* resulta muy sugerente: se encuentra dividida en dos partes, la superior o cabezal y la inferior o cuerpo, cada una con imágenes significativas. La parte central de la sección inferior la ocupa un grabado que re-presenta al "Padre de la Patria", don Miguel Hidalgo, el cual luce ya como el an-ciano bondadoso reivindicado por Justo Sierra y porta un estandarte de la Virgen de Guadalupe. A su vez, el cabezal está dividido en dos partes. A la izquierda, el estereotipo de un niño estudioso, sentado en su pupitre en el salón de clase; a la derecha, unos niños juegan, tomados de las manos, tal vez durante el recreo uno de tantos juegos infantiles de la época. Al centro, un sol radiante ilumina una es-cuela, cuya arquitectura semeja la fachada del Castillo de Chapultepec y en cuyo jardín juegan los niños mencionados. Toda la ornamentación vegetal que llena el cuadro sugiere riqueza, abundancia, prosperidad y exuberancia. El centro del círcu-lo solar es ocupado por la estatua de Cuauhtémoc, el último tlatoani azteca, ves-tido cual emperador romano. Esta portada del primer número de la publicación marcará un punto de referencia cívico obligado para los ejemplares posteriores. Los grabados destacan algunos elementos relevantes, asociados con las nuevas ideas de progreso, como la gimnasia y el ferrocarril; asimismo, la presencia del maguey sugiere la identidad mexicana del proyecto educativo impulsado por la publicación. (Imagen 51.)

El Niño Mexicano organizó un concurso con el tema "La conquista", ofre-ciendo como primer premio un mapa geográfico de la invasión estadunidense de 1847, un álbum "histórico-geográfico" con un fotograbado del Castillo de Cha-pultepec y su "hermoso bosque secular, testigo de las grandes glorias y de las

[48] *La Enseñanza Normal*, 15 de septiembre de 1904, pp. 2-3.

Imagen 51. Portada de revista educativa: "Portada", *El Niño Mexicano*, 15 de septiembre de 1895. (Biblioteca Miguel Lerdo de Tejada, SHCP.)

grandes catástrofes del pueblo mexicano", así como la publicación de la fotografía y los datos biográficos de los niños ganadores.[49] La convocatoria para la publicación de las fotografías de los ganadores resaltaba el estímulo que significaba para los niños ver impresa su imagen en la revista:

Tenemos el deseo de publicar en este periódico los retratos de aquellos niños suscriptores que en los exámenes del presente año, ya se verifique en escuelas oficiales, ya en colegios particulares, obtengan los primeros premios [...]. El objeto que nos

[49] *El Niño Mexicano*, 3 de noviembre de 1895. La imagen del bosque "secular" de Chapultepec también está cargada de simbolismos: "Desde tiempos inmemoriales y en muchas civilizaciones, el bosque ha sido considerado como un lugar sagrado. El de Chapultepec así lo era y además se creía que era una de las entradas a la región de la vida eterna. Las leyendas sobre sucesos sobrenaturales ocurridos ahí sobreviven hasta nuestros días [...]. El bosque, por su misterio, por los espíritus que en él habitan, es el lugar idóneo para una conmemoración fúnebre como ésta. Pero también lo es para señalar un renacimiento, pues el bosque renace cada primavera, como cada 13 de septiembre renace el amor a la patria y la esperanza de vivir en un país más justo." E. Plascencia, "Conmemoración de la hazaña épica de los niños héroes: su origen, desarrollo y simbolismos", *Historia Mexicana*, El Colegio de México, México, octubre-diciembre, 1995, pp. 244-247.

proponemos con la publicación de esos retratos y datos biográficos es que sirva de aliciente a los más adelantados para que sigan dedicándose empeñosamente al estudio, y a los menos aprovechados, para que en lo sucesivo procuren sobresalir para su aplicación. Nuestro deseo es que los niños que no vean su retrato en *El Niño Mexicano* sí puedan encontrarlo más tarde en su periódico favorito.[50]

Julio Dávila y Micaela Amador obtuvieron el primer y segundo lugares, respectivamente. Sus composiciones se inscribían dentro del esquema historiográfico liberal oficialista dominante a fines del siglo antepasado, que recuperaba, siguiendo a Clavijero, al pasado prehispánico como el antecedente fundamental del Estado liberal y progresista imperante en México en las últimas décadas del siglo XIX. No resulta sorprendente el hecho de que ambos escolares destacaran los aspectos positivos de los líderes indígenas que lucharon contra el invasor español, como Xicoténcatl, que "no quiso servir al lado de los invasores de la patria", o Cuitláhuac, "héroe que amaba a su patria hasta el extremo".[51]

Las fotografías de cada uno fueron publicadas con sus pequeñas biografías, en las que se mencionaba su lugar de nacimiento, su escuela de procedencia y, por supuesto, el origen de su interés por la materia "historia patria". El resultado es muy sintomático, en la medida en que el sujeto biografiado apenas contaba con 10 años y su vida era narrada en función exclusiva de su paso por el aparato escolar como instancia socializadora:

> Julio Rafael Dávila nació en Puebla el 23 de enero de 1885, hijo de Daniel Dávila y Carmen Tagle de Dávila. A los cuatro años comenzó a conocer las letras por medio del sistema objetivo; desde entonces hasta la fecha ha cursado progresivamente las materias pertenecientes a la enseñanza preparatoria, manifestando una predilección muy marcada por las clases de historia patria y dibujo. Su enseñanza se ha llevado a efecto por medio de cátedras particulares.[52]

La fotografía del niño Julio Dávila, ganador del concurso, resulta un poco enigmática. Se trata de un retrato de estudio en el que el pequeño posa de frente y de pie junto a una columna. Luce serio y solemne con su traje, cargando una pequeña guitarra con su mano derecha y portando un brazalete en el brazo izquierdo. Una gran cruz se asoma del mismo lado, le proporciona una atmósfera teatral a todo el cuadro y nos da la clave para su interpretación: se trata de un retrato de primera comunión. (Imagen 52.)

---

50 *El Niño Mexicano*, 5 de enero de 1896, p. 1.
51 *Ibidem*, 19 de enero de 1896, p. 4.
52 *Ibidem*.

Imagen 52. Artículo de revista educativa: "Niño Julio R. Dávila", *El Niño Mexicano*, 19 de enero de 1896, p. 3. (Biblioteca Miguel Lerdo de Tejada, SHCP.)

Al igual que en las composiciones gráficas vinculadas con los reportajes policiacos, aquí el asunto presenta cierto grado de complejidad, en la medida en que tenemos una imagen que corresponde originalmente a un género específico y determinado, el cual posee su propio código de valores —como en el ya mencionado *tarjetas de visita*— inserto en un medio con cobertura mucho más amplia y que tiene fines muy distintos, como los casos de la prensa o de las publicaciones educativas. La frontera entre lo sagrado y lo cívico se diluye en este tipo de representaciones. Lo que en las tarjetas pertenecía exclusivamente al ámbito de lo privado o en todo caso se reducía a un uso familiar, en la revista pasa por una exposición de carácter público, en que dicho uso se supedita a la realización de un objetivo político mucho más amplio como la difusión simbólica de los valores patrios, la cual busca como destinatarios a una porción significativa de la población infantil:

No es el prurito de halagar la vanidad de los niños suscriptores, sino el vivo deseo de estimularlos al estudio y al trabajo, lo que nos mueve a publicar los retratos de aquellos de nuestros abonados que por algún motivo se hacen acreedores a esta distinción.[53]

Como en los concursos de belleza infantil organizados por las revistas ilustradas en la década de los años noventa, los concursos cívicos realzaban la participación de los niños en el nuevo imaginario colectivo. Lo que en aquellas actividades de las élites se perfilaba como la construcción de estereotipos y modelos de una infancia "inocente", pura y asexuada, en esta nueva etapa se transformaba en algo distinto, al vincular el mundo de los infantes con el aparato escolar y al privilegiar el mérito académico como una forma de distinción para los educandos. La fotografía desempeñó de nueva cuenta un papel fundamental como el vehículo más idóneo de esta pedagogía cívica, que se encargó de difundir un nuevo tipo de estereotipo infantil relacionado con el aparato escolar y con la tarea de inculcar una historia patria que legitimara el sistema político del presente. Al respecto, hay varios elementos importantes: en 1878 el reglamento para las escuelas primarias y secundarias de niñas evidenciaba la falta de preocupación del Estado relativa a la impartición de las materias de "Historia" e "Instrucción cívica" al sector femenil; sin embargo, en el lapso de dos décadas las cosas habían cambiado sustancialmente, como lo muestra la premiación de la pequeña Micaela.[54]

No deja de ser significativa la alusión al Castillo de Chapultepec y el mapa de la invasión estadunidense: reflejan la herida, todavía no cicatrizada, por los hechos ocurridos medio siglo atrás, lo mismo que la voluntad de reconstruirlos y reinterpretarlos como parte de una memoria cívica. No es casual que la figura mítica de los niños héroes se forjara en este periodo:

> Cabe subrayar [...] que el culto de los niños héroes se gestó sin lugar a dudas durante el Porfiriato [...] el recuerdo de los niños héroes fue lentamente trascendiendo del estrecho ámbito de la asociación —cuyo fin principal era demostrar que el Colegio Militar representaba lo mejor que tenía el país, y del cual éste debía enorgullecerse— al círculo más amplio de las autoridades educativas federales, que vieron en este culto un ejemplo paradigmático: la mejor introducción a la educación cívica de la niñez y de la juventud.[55]

La construcción del mito de los niños héroes refleja la voluntad cívica del régimen de Díaz de estimular los valores patrios en la niñez mexicana como parte del gradual aprendizaje de las nuevas reglas y lineamientos de los ciudadanos en

[53] *Ibidem.*
[54] M. Dublán y J. M. Lozano, *Legislación mexicana...*, *op. cit.*, vol. XIII, pp. 471-472.
[55] E. Plascencia, "Conmemoración de la hazaña...", *op. cit.*, pp. 255-256.

ciernes. En este marco, a principios del siglo XX, se difundió una literatura infantil de cuentos cívicos. En uno de los momentos más significativos de este proceso, en septiembre de 1910, *El Mundo Ilustrado* publicó el cuento "Un niño mártir", que narraba la historia trágica de José María, un indígena insurgente de 12 años, capturado y fusilado por los realistas. El relato iba acompañado de fotorreportajes tan significativos como el del solemne recibimiento del uniforme del generalísimo Morelos, que el gobierno español había decidido regresar a México en un gesto de amistad, y la ceremonia oficial de la colocación de los restos de los héroes patrios en la urna del Monumento a la Independencia.

Las reseñas y reportajes gráficos de visitas a los museos —en particular al Nacional— ocuparon un lugar importante dentro de los intereses y preocupaciones de las publicaciones educativas ilustradas, que mostraban así su voluntad de acercar a la población infantil a la difusión de los valores patrios. El vínculo es altamente significativo, en la medida en que dicho museo se convirtió en uno de los instrumentos predilectos del régimen en su labor forjadora de una conciencia histórica que legitimara el presente, transformando objetos antes considerados como "idolátricos" en símbolos de culto cívico, y exhibiéndolos junto a escenas, personajes y acontecimientos del siglo XIX que la memoria del poder porfiriano había ido seleccionando:

> Se puede afirmar que a fines del siglo XIX, el Museo Nacional era algo más concreto que un sueño patriótico. No era ya el depósito de mil pedazos reunidos sin coherencia. Había comenzado a desarrollar un modo de representación de "lo propio" y a convertirse en una institución académica de relevancia [...] El Museo Nacional contribuyó con eficacia a un doble proceso ideológico: al de la sacralización secular de la historia patria y, sobre todo, al de la refundación de la identidad nacional a partir de la recuperación del pasado prehispánico junto con la "guerra de independencia".[56]

En este tono concluía una de las visitas típicas de escolares al museo, realizada en los últimos años del Porfiriato:

> [...] con la revista de este salón terminamos nuestra interesante visita, que dejó en nuestros corazones, con caracteres indelebles, el recuerdo histórico de nuestros gloriosos antecesores y el orgullo de ser sucesores de aquellos nobles y valientes guerreros.[57]

Con todo, es interesante cómo la labor del museo trascendía el ámbito de lo patriótico y abarcaba una esfera didáctica moral mucho más amplia, legitimado-

---

[56] L. G. Morales, *Los orígenes de la museología mexicana*, UIA, México, 1993, pp. 39-41.
[57] *La Enseñanza Normal*, 22 de marzo de 1907, p. 42.

ra de las nuevas costumbres urbanas, lo que enriquece su estudio como instancia formadora de una nueva cultura por aquellos años.[58]

La Dirección de Enseñanza ordenó, a partir de 1904, que la víspera de cada fiesta cívica se organizaran actos escolares en los que se explicara a los niños los detalles y pormenores de los actos que se estaban celebrando. La nueva moral cívica debía ir más allá de la simple efeméride para estimular la solidaridad y la unión entre todos los niños del país. En el año de 1907, un fuerte terremoto en el sur del país brindó la ocasión propicia para probar estas ideas. Con motivo de la celebración de la victoria sobre el ejército francés ocurrida el 5 de mayo de 1862, y en el marco de una gran fiesta cívica realizada en una escuela práctica anexa a la Normal, el niño José Pichardo, de sexto año de primaria, pronunció el siguiente discurso:

> Siempre es hermoso y sublime el canto que en honor de la patria se desgrana de nuestras gargantas, pero hay algo de grandiosidad, mucho de poesía, cuando ese himno brota de las azules almas de los niños [...] Felices nosotros que podemos ayudar a nuestros compatriotas del sur, a aquellos hermanos, descendientes de una raza de héroes que lucharon por darnos libertad, a ellos debemos que hoy seamos libres y justo es que sintamos el infortunio de sus hijos.[59]

La Sociedad Infantil Científica y de Ahorros "Enrique C. Rébsamen" se dio a la tarea de recaudar 75 pesos y los entregó a los niños de Chilpancingo, víctimas de la reciente catástrofe. Durante la ceremonia, ritual cargado de símbolos, se apreciaba claramente el trasfondo religioso que subyacía detrás de los valores patrios exaltados por el nacionalismo porfiriano. Así, la caridad religiosa aparecía secularizada, los valores patrióticos representaban la nueva moral y la música sacra era sustituida por el himno nacional:

> La caridad de aquellos niños fue saludada con aplausos, mientras las notas del himno nacional semejaban la voz de la patria, que con acento delirante, arrebatador, leía esa página de nuestra historia que se llama cinco de Mayo.[60]

El solemne momento fue captado por la lente fotográfica. Los pequeños aparecen tranquilamente sentados, escuchando muy atentos el discurso cívico de

---

[58] "El museo quedaba convertido no sólo en un divulgador, sino también en un espacio que legitima una nueva ética de las costumbres urbanas: la circulación razonada, el silencio, la prohibición de escupir y fumar, la visita en familia y la instrucción de la conducta pública por encima de la privada. Los hábitos de urbanidad forman parte de las salas de exposición." L. G. Morales, *Los orígenes...*, *op. cit.*, p. 53.

[59] *La Enseñanza Normal*, 22 de marzo de 1907, p. 42.

[60] *Ibidem*, p. 43.

Imagen 53. Artículo de revista educativa: "Los socios de la Caja de Ahorros". *La Enseñanza Normal*, 22 de marzo de 1907, p. 4. (Biblioteca Miguel Lerdo de Tejada, SHCP.)

su compañero José Pichardo. Como en pocas imágenes, tenemos una recreación de la figura infantil asociada con los proyectos modernizadores del aparato educativo porfiriano. (Imagen 53.)

La apoteosis de las fiestas cívicas se presentó en septiembre de 1910, con la celebración del Centenario de la Independencia, sin duda la fecha y el momento más adecuados para evaluar el impacto de toda la simbología patria en el imaginario colectivo. La pretensión de las autoridades tenía una carga política evidente: se trataba de mostrar a los mexicanos, pero sobre todo a los extranjeros, el ingreso del país a la civilización y la modernidad, después de tres décadas de orden y progreso bajo la dirección del general Díaz; aunque para ello hubiese que "borrar" de la escena urbana a algunos "indeseables". Éste parecía ser el caso de los niños de la calle, esos "nómadas citadinos" de los que se hablaba en los reportajes de la época, que acostumbraban vagar sin rumbo por las calles de la capital:

[…] es indudable que en una ciudad en fiesta y pletórica de forasteros, entre los cuales habrá muchos extranjeros, la nota más triste que se pueda dar es la mendicidad y la vagancia. El señor Gobernador, teniendo en cuenta esta circunstancia, ha ordenado que se empiece a recoger a todos los mendigos, que serán alojados en los asilos, con el objeto de que para las grandes fiestas de septiembre no se les vea por las calles. Igual recomendación ha hecho para atrapar a los vagos, niños especialmente que no tienen hogar fijo, y circulan por las calles de la ciudad causando la conmiseración de los transeúntes.[61]

En estos festejos, la memoria histórica porfiriana seleccionaba recuerdos y acontecimientos del pasado, ligándolos con sus pretensiones de modernidad. En este contexto, el mensaje estaba claramente destinado a los futuros ciudadanos:

La evolución del festejo de los días 15 y 16 de septiembre reflejaba el mismo deseo de modernidad. Cada celebración anual era ocasión para introducir alguna novedad. La electricidad decuplicó las posibilidades de iluminación festiva sobre el Zócalo […] Lo que más se fomentó fue la participación de los alumnos de escuelas en la procesión cívica del desfile de la tarde del 15 de septiembre y los festejos particulares en su honor […] se trataba, en un mismo movimiento, de asociar a los futuros ciudadanos con un excepcional ejercicio de la memoria nacional, y de celebrar el recuerdo de la libertad conquistada y los esfuerzos del régimen por el progreso del saber y de la ciencia.[62]

Las diversas publicaciones educativas dieron cuenta de la intensa participación de los grupos de escolares en los principales festejos cívicos: la inauguración del Monumento a la Independencia, la entrega del uniforme de Morelos por el embajador de España, la llegada de la pila bautismal de Hidalgo, los desfiles militares, los festivales y las tablas gimnásticas. Cuando la fiesta terminó, el país comenzaba una nueva etapa política que iba a alterar radicalmente la vida de la nación en sus diferentes órdenes. Por lo que respecta a la lectura y los cuestionamientos sobre la niñez, éstos se incrementarían y diversificarían notablemente en las siguientes décadas. Una primera muestra de ello fue la celebración del Primer Congreso Nacional de la Infancia, que tuvo lugar en la ciudad de México del 17 al 25 de septiembre de 1920.

INFANCIA Y "DEGENERACIÓN"

A lo largo del último cuarto del siglo XIX se registró un incremento en los índices de criminalidad en la ciudad de México, lo que preocupó en forma significativa a

[61] *El Imparcial,* 6 de julio de 1910, p. 1.
[62] A. Lempérière, "Los dos centenarios…", *op. cit.,* pp. 329-330.

intelectuales, escritores y profesionistas vinculados con los grupos dirigentes, que produjeron literatura abundante en la que se ocuparon del asunto.[63]

No sólo los literatos afinaron sus plumas a fines del siglo pasado y renovaron su prosa en aras del análisis más profundo de las condiciones y los entornos que rodeaban a los individuos; también las ciencias sociales hicieron lo propio y pasaron de la reflexión liberal abstracta sobre la delincuencia al escudriñamiento positivista de carácter concreto, que intentaba rescatar y analizar aspectos ligados con la vida cotidiana y las vicisitudes biográficas de los criminales en turno. En lo que respecta a la sociología y la criminología, podemos observar cómo a lo largo de la segunda mitad del siglo XIX se desarrolló en México la transición de la escuela criminológica clásica a la positivista, que no excluía a la anterior, sino que más bien incorporaba algunos de sus planteamientos.[64]

La teoría criminalista clásica, representada por el italiano Beccaria, se basa en los aportes de pensadores ilustrados como Rousseau y Montesquieu y plantea que el hombre es un ser egoísta por naturaleza, que al utilizar el libre albedrío y la capacidad de elección puede cometer algún delito, contraviniendo el contrato social basado en consenso de respeto a la propiedad privada y el bienestar personal. Esta teoría expresa que la pena debería ser proporcional al tipo de delito cometido. En la lógica de este esquema, el juez sólo representa un instrumento de la ley que fija exactamente una pena para cada delito.[65] Esta escuela, de claros nexos con la teoría utilitarista, sustentó en gran medida la Constitución Liberal de 1857, e influyó en la mayoría de los editoriales y artículos políticos y sociales sobre la delincuencia, así como en los informes del Ministerio de Justicia de la época. En las últimas décadas del siglo XIX las cosas comenzaron a cambiar. En un artículo publicado en la *Revista de Legislación y Jurisprudencia*, el abogado Jesús Urueta criticaba severamente la legislación liberal con los siguientes argumentos:

> Para el legislador todos los hombres son iguales, naturalmente buenos y honrados. Si delinquen es por su culpa, pues tienen libertad para obrar bien o mal. Según nuestro código, sólo hay delitos, no delincuentes [...] Nuestro código considera al delito en abstracto: la criminología moderna lo considera en concreto, como un fenómeno natural, como un acto humano. Al estudio de la entidad jurídica debe sustituirse el estudio del delincuente.[66]

---

[63] P. Piccato, "La construcción de una perspectiva...", *op. cit.*, pp. 75-142.

[64] I. Taylor, *La nueva criminología*, Amorrortu, Buenos Aires, 1973, pp. 67-87; A. del Castillo, *Entre la moralización y el sensacionalismo. El surgimiento...*, *op. cit.*, pp. 67-104.

[65] C. Beccaria, *De los delitos y de las penas*, Bruguera, Barcelona, 1983.

[66] J. Urueta, "Delito y delincuentes", *Revista de Legislación y Jurisprudencia*, México, 1898, p. 45.

La práctica criminal, sin embargo, no dejaba de reflejar la desigualdad social. La mayoría de los delincuentes provenía de las clases bajas, y de esta manera, las teorías clásicas resultaban cada vez más inoperantes para resolver la contradicción que implicaba reivindicar la defensa de la igualdad y simultáneamente poner todo el énfasis en la propiedad. Las teorías positivistas entraron al relevo y, sin desechar los conceptos clásicos, incorporaron nuevos elementos que transformaron la concepción tradicional del delito, al proponer métodos para cuantificar y evaluar el comportamiento de los delincuentes y desarrollar las bases para una ciencia del delito, que rechazaba la noción del libre albedrío para sustituirla con la figura de un delincuente impulsivo que actuaba determinado por fuerzas desconocidas:

> Así, los positivistas consideraron que la legislación liberal no había respondido a la realidad mexicana […] En su opinión, partir del estudio de la realidad exigía enfocarse en el delincuente en lugar del delito, tal y como lo había hecho la escuela clásica, lo cual implicaba aceptar la premisa de que todos los hombres son iguales y que debido a ello lo importante es el producto de su desviación. Consideraban que este postulado no correspondía a los hechos y subrayaban la diversidad de personalidad de los criminales, porque el estudio de la entidad jurídica debía sustituirse por el estudio científico del delincuente. Así, los miembros de la escuela positivista postularon que el remedio a la delincuencia estaba en razón directa al conocimiento del delincuente, pues sólo así se podían establecer las causas que lo llevaban a delinquir.[67]

Como resultado de este proceso, se eliminó el supuesto tradicional que establecía un mismo modelo de evaluación para los sujetos comunes y corrientes y los infractores, y comenzaba a explicarse la conducta de estos últimos como parte de un comportamiento "desviado". Así se establecieron las bases para eliminar toda referencia a una participación activa de la sociedad en la formación de delincuentes y se negaba la tesis decimonónica que consideraba al delito producto de la sociedad. De todo lo anterior se desprendía la necesidad de construir una estrategia de control social diseñada especialmente para las clases bajas, reubicadas ahora como clases "peligrosas", pues resultaban ser las productoras básicas de todo tipo de individuos "viciosos" y carentes de moral.[68]

Algunos de los autores porfirianos focalizaron su análisis en la etapa de la infancia, por considerar que durante dicho periodo se manifestaban los primeros rasgos de la futura fisonomía criminal. Tal es el caso de Luis G. de la Sierra, quien sostenía que en algunos niños podían observarse "ciertas anomalías, ciertas

---

[67] E. Speckman, *Crimen y castigo…*, *op. cit.*, p. 65.

[68] M. Macedo, *La criminalidad en México: medios de combatirla*, Secretaría de Fomento, México, 1897, pp. 27-34 y J. Guerrero, *La génesis del crimen en México*, Viuda de Bouret, México, 1901, pp. 47-53.

malas conformaciones, ciertos desarrollos detenidos y degeneraciones que anunciaban la presencia del tipo criminal".[69]

Éste es el contexto en el que analizaré el papel que desempeñaron las representaciones de la prensa y las revistas de la época en torno de la figura del niño y su vinculación con el universo del crimen y la delincuencia. El objetivo es subrayar algunas de las características de una vertiente cultural que aportó elementos concretos para la reflexión política y cultural sobre la infancia. Por lo que respecta al espacio de la llamada "nota roja", la configuración de esta mirada urbana —en la que confluían los reportajes con la utilización de las imágenes—, fue descubriendo, explorando y recreando determinados aspectos relacionados con la vida cotidiana en la urbe capitalina. En particular, conviene detenerse en algunos de los primeros reportajes gráficos acerca de la niñez y su vinculación con la delincuencia y la marginalidad, fenómeno predominantemente urbano que alcanzaba ya cierta relevancia en la opinión pública para principios de siglo.[70]

Una de las características más notables de estos reportajes era su evidente preocupación por explorar los entornos cotidianos que rodeaban a los niños de los grupos populares, con el fin de llegar a la explicación de los factores que incidían en el incremento de las conductas delictivas. Dicha tarea estaba construida sobre los parámetros evolucionistas predominantes en aquella época, como puede verse en el siguiente ejemplo, que corresponde a la narración de un periodista que recibe a principios de siglo la encomienda profesional de visitar una colonia popular para registrar las condiciones de vida y las actitudes de sus habitantes. En algún momento de su recorrido se topa con un grupo de niños y describe a sus lectores la siguiente escena:

> Un grupo de chiquillos de color aceitunado chapoteaban el agua de los charcos, arrojando piedras para remover el fondo del pantano y saborear con delectación morbosa las miasmas cargados de microbios […] ¿Estaba pues, en pleno infierno? Mi guía me había llevado hasta una habitación miserable, donde hacinados había otras personas sórdidas que vorazmente tragaban un caldo rojizo. En aquella promiscuidad de hombres, mujeres y niños, vivían todos. Ellos, siempre ebrios; ellas, continuamente golpeadas, y los pobres niños, que ya no lo eran, perdiendo la moralidad y la inocencia, arrastrados por la inmoralidad y la perversidad de los padres.[71]

[69] L. G. de la Sierra, citado en E. Speckman, *Crimen y castigo…*, *op. cit.*, p. 116.

[70] Como señala Elena Azaola (*La institución correccional en México. Una mirada extraviada*, FCE, México, 1990, pp. 78-83), a fines del siglo XIX se desarrolló una mirada particular de la delincuencia infantil. Este proceso puede seguirse a través de la legislación de la época y la fundación de escuelas correccionales dependientes directamente de la Secretaría de Gobernación.

[71] *El Imparcial*, 22 de marzo de 1904, p. 8.

En los últimos años del Porfiriato se publicaron varios reportajes gráficos que exploraban los entornos cotidianos que rodeaban a los niños de la calle de algunos barrios populares de la ciudad de México y los seguían a través de su paso por mercados y pulquerías. Uno de los trabajos documentales más importantes de fines del siglo XIX fue el reportaje de Jacob Riis sobre las condiciones de vida de los inmigrantes en los barrios bajos de la ciudad de Nueva York, titulado significativamente: *How the Other Half Lives; Studies Among the Tenements of New York* publicado en 1890. Sin embargo, y a diferencia del punto de vista del fotógrafo danesestadunidense, en el caso mexicano la crítica social contenida en las imágenes se diluía en una atmósfera costumbrista. Este filtro se refleja también en las crónicas periodísticas de la época, que describían la vida cotidiana de los niños de la calle en los siguientes términos:

> Qué interesante vida, tan llena de episodios pintorescos, tan varia, tan anormal, la de esos chiquitines con que a diario tropezamos [...] quizá esos pequeños tienen hambre a veces; también sufren los rigores del castigo policiaco [...] indolente, enamorado de su vida errabunda, sin ligaduras ni trabas, el pilluelo sigue su camino por las calles mezclando el grito argentino de su voz que pregona diarios, revistas y billetes de lotería a los decires graves del transeúnte, en el regocijo de las mañanas de sol y de las noches claras.[72]

Otra característica de estos reportajes es su evidente preocupación por delimitar el periodo de la infancia como etapa vital en el desarrollo del ser humano, la cual era muy importante conocer y estudiar en la medida en que las "anormalidades" y las "desviaciones" de su desarrollo podían proporcionar explicaciones clave del comportamiento y las actitudes de los criminales adultos. Éste es el sentido del reportaje titulado: "La cirugía suprimiendo criminales", donde se exponía de qué manera la ciencia lombrosiana, de corte positivista, había llegado a establecer que ciertos impulsos infantiles criminales y sanguinarios podían determinar el destino del ser humano.[73] Uno de los casos más significativos se refería a un niño que a los ocho años de edad sufrió un accidente que le produjo una herida en la cabeza; posteriormente se convirtió en un ladrón, descubriéndose con el tiempo que "sus mórbidas inclinaciones provenían de ciertos desarreglos producidos en su cerebro por la herida".[74]

[72] "Los pilluelos", de Carlos González, en *El Mundo Ilustrado*, 17 de abril de 1910, p. 3.

[73] Cesare Lombroso fue el fundador de la corriente de la Antropología Criminal, la cual tuvo gran impacto en Europa e Hispanoamérica entre el último cuarto del siglo XIX y las primeras décadas del XX. La referencia fundamental a su trabajo está representada por el texto *El hombre delincuente*, publicado en el año de 1876.

[74] *El Imparcial*, 25 de octubre de 1908, p. 1.

Resulta interesante la referencia a las ideas de Lombroso a lo largo de todo el reportaje. Como es sabido, uno de los planteamientos centrales del célebre criminalista italiano se refiere a la teoría del "criminal nato", según la cual ciertos delincuentes eran equiparables a los hombres primitivos y, como ellos, tenían instintos sanguinarios, ausencia de escrúpulos y una absoluta carencia de conciencia moral. El perfil de este criminal pasaba por el siguiente inventario: orejas en asa, mandíbulas enormes, grandes arcos cigomáticos, frente huidiza, cabello espeso y rizado, precocidad sexual, insensibilidad al dolor, pereza y agudeza visual, y fue aplicado en los casos de los grandes bandidos y los criminales "célebres".[75]

La composición gráfica que rodea a este editorial nos muestra hasta qué punto la imagen está vinculada con un marco referencial explícito; aquí es el propio texto, y nos remite a otras ideas que circulaban en la época. En la parte central se observa el dibujo de una cabeza de gran tamaño, en cuyo ángulo superior aparecen las distintas circunvoluciones cerebrales; por su proporción, que duplica el tamaño de las demás viñetas, y por su colocación en el centro, dicha cabeza representa el elemento unificador de la composición. Justo a la mitad, a la altura de los ojos puede verse una mano que sostiene un cuchillo sangrante. El mensaje, de claras reminiscencias fisiognómicas y frenológicas, resulta casi transparente: los instintos e impulsos criminales salían del cerebro y podían, en un momento dado, desembocar en escenarios sangrientos. Trazando un medio círculo alrededor de la cabeza pueden verse cuatro viñetas con sus respectivos personajes, que aluden al mundo del crimen. En la parte superior destacan los grabados, en forma de círculo, del niño que sufrió el accidente, y de Robespierre, vestidos a la usanza de la época de la Revolución francesa; el primero con su coleta y el segundo con su peluca. Tienen la mirada fija, penetrante, y como están colocados de perfil, parece como si se estuvieran observando. Aquí encontramos el vínculo criminal entre la niñez y la etapa adulta, ya que cabe recordar que en el texto el pequeño es un ladrón, mientras que el político francés es descrito como un personaje acosado por ideas de grandeza y persecución.[76] En la parte inferior se aprecian otros dos grabados en forma de medallón, que nos muestran a un anciano epiléptico que mira fijamente al lector y, al lado, el retrato de un bandido

---

[75] Véase C. Lombroso, *L'uomo delinquente in rapporto all'antropologia alla giurisprudenza ed alle discipline carcerarie*, Fratelli bocca, Turín, 1896-1897.

[76] El historiador Michel Foucault (*Los anormales...*, *op. cit.*, p. 280), que ha estudiado el vínculo infancia-adultez relacionándolo con el avance de la psiquiatría en Europa a fines del siglo XIX, sugiere un punto de reflexión significativo, que puede resultar útil para la lectura de este tipo de imágenes: "En la medida misma en que un adulto se parezca a lo que era cuando era niño, en la medida en que se pueda establecer una continuidad infancia-adultez, es decir, que se pueda reencontrar en el acto de hoy la maldad de ayer, se podrá en consecuencia señalar efectivamente el estado, con sus estigmas, que es la condición de la psiquiatrización."

famoso. Aquí se destaca el vínculo entre cirugía y criminalidad, ya que en ambos personajes el saber científico habría encontrado una serie de anomalías en sus respectivos cerebros. El papel de la imagen es de gran importancia, pues consolida la visión mágica de una ciencia omnipotente capaz de transformar a un criminal en una persona supuestamente "normal" por medio de una intervención quirúrgica, reforzando con esto la idea aséptica de la normalidad como estado de pureza, completamente diferenciado de desviaciones "contaminantes" como la locura y la criminalidad.[77] (Imagen 54.)

Como sugiere Lambert,[78] podemos considerar a las imágenes como elementos equivalentes de los actos de lenguaje de la sociedad, que nos permiten acercarnos a los mitos y las creencias de una cultura y su manera de entender la realidad, pues ambos plasman de manera simbólica los acontecimientos. Tenemos aquí un tipo de representación que nos permite ir identificando al menos dos ideas centrales: la visión mágico-religiosa de una ciencia representante del progreso y el saber capaz de realizar curaciones milagrosas que trastocan lo más profundo de la naturaleza humana, y la visión de la niñez como etapa fundamental y estratégica del ser humano, que contiene en forma germinal el futuro desarrollo de la persona y sus características esenciales.

Es interesante cómo las ideas criminológicas positivistas de fines del siglo XIX se orientaron al estudio de la niñez y la postulaban como una de las etapas fundamentales del desarrollo del ser humano. Todo esto antes de que el psicoanálisis afinara sus categorías conceptuales, a principios del siglo XX, y desplegara atención especial a los problemas de la niñez, acuñando como tesis de investigación la célebre consigna de "infancia es destino". Estas ideas, con sus respectivas representaciones gráficas, ocupaban un lugar importante en la prensa porfiriana de principios del siglo XX. Otro caso con implicaciones similares es el que se refiere al reportaje "La cirugía ayuda a la educación: los niños malos pueden ser buenos", el cual mencionaba la existencia de un reformatorio en la ciudad de Filadelfia, en donde ingresaban niños que presentaban "mal comportamiento". Des-

---

[77] Un planteamiento muy similar puede encontrarse en una serie de reportajes publicados tanto en la prensa positivista como en la católica en torno del doctor Bernard Hollander, que se dedicaba a estudiar los casos de criminalidad, vinculándolos con las experiencias traumáticas infantiles: "Habiéndose encargado de la curación de un muchacho de 16 años, ladrón y embustero, ha logrado volver a un estado de completa moralidad después de quitarle un trocito del hueso del cráneo [...] Observando que todos los golpes recibidos en un punto determinado de la cabeza producen la misma anomalía mental, ha llegado a deducir que ciertas facultades se desarrollan de un modo extraordinario a causa de dichos golpes." *El País*, 3 de abril de 1910, p. 1. El mismo caso puede consultarse en *El Imparcial*, 28 de agosto de 1910, p. 1.

[78] F. Lambert, "L'histoire dans l'image", en *Image et Histoire*, Actes du Colloque Paris-Censier, Francia, 1987, pp. 308-314.

Imagen 54. Noticia de prensa:
"La cirugía suprimiendo criminales",
El Imparcial, 25 de octubre de 1908,
p. 8. (Biblioteca Miguel Lerdo
de Tejada, SHCP.)

pués de una revisión exhaustiva en la que se les aplicaba un cuestionario relativo a sus antecedentes familiares, capacidad de memoria y aspecto físico general, los niños eran intervenidos quirúrgicamente en las partes supuestamente defectuosas del cerebro para suprimir su conducta "anormal", conflictiva o potencialmente criminal.[79] El discurso de uno de los médicos del reformatorio no podía ser más elocuente:

> Podemos hacer hombres normales de futuros delincuentes, sólo con extirpar los adenoides, esas excrecencias peligrosas que se presentan en la boca o en los conductos nasales del niño. Los adenoides ejercen presión, hacen difícil el respirar, y, por consecuencia, se vicia la sangre, enfermando el cerebro. Entonces el pequeño enfermo degenera, se hace malo y puede llegar a la delincuencia. ¡Cuántos criminales se habrían salvado del presidio o del patíbulo si de pequeños se les hubiese operado![80]

La idea de una ciencia quirúrgica con poderes mágicos fue difundida por diversos medios, entre los que estaba la influyente *Gaceta de Policía*, que en el

[79] *El Imparcial*, 27 de octubre de 1906, p. 1.
[80] *Ibidem*.

año de 1906 dedicó varios artículos a los experimentos de un tal doctor John Kolmer, quien había propuesto en ese entonces una serie de intervenciones qui-rúrgicas en jóvenes delincuentes pertenecientes a diversas correccionales, tras en-contrar que 80% de ellos había sufrido accidentes durante su niñez.[81] La práctica de la hipnosis ocupaba también un espacio simbólico dentro de las fantasías de la época, como posibilidad de encauzar a las personas por la senda del bien y de apartarlas de cualquier vicio. En el caso de su aplicación a la niñez, esta labor hipnótica se manifestaba como excelente auxiliar de la instrucción escolar. Al menos en esos términos la prensa de principios de siglo describía la historia del doctor Juan Letsche, quien hipnotizaba a sus hijas con los fines antes menciona-dos: "Hay que fijarse en el alcance de esta enseñanza. Bajo una influencia seme-jante, todo niño con tendencias criminales podría ser inspirado por las buenas, y un tiempo llegaría en que todo crimen sería abolido."[82] El dibujo que acompaña la nota refuerza el mensaje: en el grabado observamos al citado doctor Letsche en el momento de hipnotizar a una de sus hijas; una niña de unos 10 años que per-manece sentada en una silla y lo mira atentamente, mientras el médico le mues-tra enérgicamente el índice de la mano derecha. En la parte inferior izquierda aparece un pentagrama musical que puede ser interpretado como parte de la aso-ciación expresada en el texto entre la práctica de la hipnosis y la labor pedagógica de la instrucción, o bien sugerir un elemento mágico como trasfondo de ambas actividades: el poder eficaz de encantamiento de la música como instrumento ci-vilizador del alma ingenua infantil. (Imagen 55.)

En algunas ocasiones, la misma imagen fotográfica suscita en el lector la po-sibilidad de una interpretación que no está presente en el texto. Éste es el punto que abordaremos en uno de los crímenes de nota roja más famosos del Porfiria-to. Se trata del asesinato de la niña-adolescente Carlota Mauri a manos de Arnul-fo Villegas.

En síntesis, el caso se ocupaba del suceso ocurrido el 23 de octubre de 1905, fecha en la que Villegas asesinó de dos balazos a su amante Carlota en la casa de la madre de ésta, una vivienda popular ubicada en la calle de la Amargura, en pleno centro de la ciudad de México.[83] A través de los reportajes se enfrentaron dos historias diferentes, la católica y la liberal-positivista, las cuales ponían los acentos negativos en uno u otro de los protagonistas. Prácticamente en lo único en que coincidían era en la descripción misma del homicidio, en la que Arnulfo

---

[81] *Gaceta de Policía*, 8 de abril de 1906, p. 4.

[82] *Ibidem*, 30 de septiembre de 1900, p. 3.

[83] La lista de los reportajes que se ocuparon del caso es la siguiente: *El País*: 25 al 31 de octu-bre, 3, 4, 5, y 25 de noviembre de 1905 y 10 de enero de 1906; *El Imparcial*: 25 al 31 de octubre, 3 al 6 y 25 de noviembre de 1905, 25 y 26 de junio, 18 y 30 de diciembre de 1907.

Imagen 55. Artículo de prensa:
"Empleo del hipnosismo (*sic*)
en la instrucción de los niños",
El Imparcial, 30 de septiembre
de 1900, p. 8. (Biblioteca Miguel
Lerdo de Tejada, SHCP.)

abrazaba paternalmente a la jovencita, la sentaba en sus rodillas y le disparaba dos tiros a quemarropa.[84]

El relato de los trágicos acontecimientos tenía tres protagonistas centrales: Arnulfo, Carlota y la madre de ésta. La participación de cada uno de ellos en el drama sugiere implicaciones ideológicas y morales muy distintas. En un momento dado —y esto es lo que resulta interesante destacar para esta investigación— la prensa católica presentó en su primera plana dos enormes fotografías de Mauri: "A la edad de 4 años" y "De 15 años, cuando fue asesinada".[85] En la primera imagen tenemos a la niña Carlota, en una típica representación de estudio asociada con la clase media, con la mano recargada sobre un libro que reposa sobre un elegante sillón, con lo que se quiere proyectar cierto grado de estatus socioeconómico y cultural. Resulta importante registrar de qué manera la prensa mo-

[84] Estas discrepancias responden a dos proyectos político-culturales en pugna. Tanto el grupo de los "católicos sociales" como el de los liberales-positivistas continuaron sus antiguas batallas en el campo moderno de la prensa. Ambos percibieron en el género del reportaje policiaco un espacio cultural idóneo para la difusión de sus ideas. Al respecto, véase A. del Castillo, *Entre la moralización y el sensacionalismo. El surgimiento…*, *op. cit.*, pp. 23-66.

[85] *El País*, 25 de junio de 1907, p. 3.

dificó y trastocó la representación de esta imagen al colocarla al lado de un texto donde se describía el crimen que se habría de cometer en el futuro contra la inocente niña; pero, sobre todo, al presentar una segunda fotografía de la adolescente Carlota, justo en la edad en la que fue asesinada, lo cual resaltaba su tragedia personal. (Imagen 56.)

Como en un juego de espejos, la prensa proponía al lector la interpretación de una imagen a partir de la otra, induciéndolo a buscar los rasgos de la tragedia en la imagen infantil de Carlota. Entre los diferentes elementos de las fotografías, destaca la mirada seria y un poco solemne de la muchacha en ambas edades; se trata de uno de los usos de la imagen de la niñez más sugerentes propuestos por la prensa de principios de siglo, que contribuye también a añadir una posibilidad más a las diversas lecturas e interpretaciones de esta etapa:

> La imagen es un conjunto de signos inestables, que no aparecen nunca aislados sino formando parte de un todo coherente y que necesita de la competencia activa del lector como de un contexto preciso para que su contenido se pueda estabilizar. Encontramos significados sólo a imágenes que ya conocemos, pero frente a escenas desconocidas la imagen no representa nada. Una imagen es sólo una imagen y se necesita de otra imagen o un texto escrito para comprender su sentido.[86]

La *tarjeta de visita* dispone de su propio código de representaciones, en el que la cortesía y la búsqueda de reconocimiento social y de prestigio forman parte de sus prioridades. No obstante, la lectura e interpretación por los lectores de periódicos supuso cambios importantes que trastocaron estos valores y le imprimieron diferente significado. A partir del momento en el que la imagen aparecía impresa en el contexto de un reportaje policiaco, quedaba convertida en pieza fundamental del rompecabezas noticioso, rodeado de una atmósfera mórbida y sensacionalista. El escenario de la lectura y recepción de la imagen se ha trasladado, en este caso, de un ámbito íntimo y familiar a otro de carácter público, donde el nuevo perfil de lectores se apropió de la fotografía a partir de intereses y preocupaciones diversas, todas condicionadas al mensaje amarillista de la publicación.

A las reflexiones anteriores habría que agregar el papel que desempeñaba la segunda imagen, que representaba a la Carlota adolescente como punto de referencia obligatorio del lector. El presente trágico de la víctima obligaba al lector a revisar el pasado infantil de una manera distinta y a tratar de reconocer en éste los signos e indicios del posterior infortunio. Todo ello inducido por el carácter

---

[86] L. Vilches, *Teoría de la imagen periodística*, Paidós Comunicación, Barcelona, 1993, p. 82.

CARLOTA MAURI, á la edad de 4 años,

CARLOTA MAURI, de 15 años, cuando fué asesinada

Imagen 56. Noticia de prensa: "Carlota Mauri", *El País*, 25 de junio de 1907, p. 4. (Biblioteca Miguel Lerdo de Tejada, SHCP.)

esencialmente narrativo de las imágenes fotográficas, cuya secuencia dista de ser neutral y responde a determinada visión del mundo.[87]

El conjunto más relevante de reportajes criminales gráficos sobre niños lo encontramos en la publicación *El Mundo Ilustrado* durante los meses de mayo y junio de 1908. Se trata de varias historias realizadas con un afán documental que intentaban acercar al lector de clase media al mundo de los barrios marginados, cantera de donde salía la mayoría de los niños criminales.[88]

Existía consenso en la prensa y las revistas porfirianas en vincular a la delincuencia infantil con el medio social, la herencia, la ignorancia y la inclinación al alcoholismo. Esta lente evolucionista orientó el punto de vista de escritores y literatos tan importantes como Ángel de Campo "Micrós" y Federico Gamboa, lo mismo que políticos y estudiosos del tema tan representativos como Miguel Macedo o Luis G. de la Sierra.[89]

---

[87] J. Berger y J. Mohr, *Otra manera de contar*, Ed. Mestizo, Murcia, 1997, pp. 85-100.

[88] *El Mundo Ilustrado*, 1 de mayo, 7, 14 y 21 de junio de 1908.

[89] F. Gamboa, *Novelas*, FCE, México, 1965; Á. de Campo, *Apuntes sobre Perico Vera y otros cartones de Azul*, SEP-Premià, La Matraca, segunda serie, núm. 15, México, 1984; M. Macedo, *La criminalidad en México: medios de combatirla*, Secretaría de Fomento, México, 1897; L. G. de la Sie-

Para principios del siglo XX el fenómeno noticioso de los niños de la calle había adquirido mucha presencia en la capital. En el reportaje, el periodista ubica desde el principio su lugar de procedencia: "Vienen de allá, de los cuchitriles, de las barrancas, de las buhoneras, donde florece la miseria y fermentan los vicios."[90] Estos niños eran percibidos como un grupo especial, con elementos de identidad propios y específicos, que los diferenciaban no solamente de los demás infantes, sino de cualquier otro grupo social:

> [...] de abajo, de muy abajo, de allá han salido esos rapaces que forman entre nosotros una clase especial, característica: una casta con sus vicios distintivos, con sus costumbres propias, con su lenguaje que sólo los suyos entienden. Es la "hampa", la "gleba" infantil que se nutre de mendrugos en el figón del Baratillo, son los nómadas citadinos, los que no caben en ninguna parte.[91]

Hay, a lo largo de estos reportajes, un hilo conductor: la mirada evolucionista del periodista que construye una atmósfera mórbida alrededor de estos niños, representados como seres primitivos e invisibles a pesar de su evidente presencia. Se trata entonces de ejercer una especie de *voyeurismo* sugerido por la propia imagen; toda vez que en este caso el análisis no se limita a las descripciones del periodista, sino que va acompañado de la lente fotográfica como "garantía" de objetividad:

> Yo los he visto jugar en los llanos de la Bolsa, a los dados, a las canicas y al volado, apostando las sucias monedas de cobre que guardan anudadas al pringoso pañuelo de colores [...] *he andado tras esos niños que todos ven, pero que nadie mira,* para espiar las dilataciones de sus pupilas, las crispaturas de sus manos, los gestos de su cara sucia y escuálida; para indagar qué olfatean, qué se dicen los unos a los otros, por qué forman una familia y se comprenden y se completan, cual individuos de una tribu que marcha a lo largo del desierto.[92]

El resultado es bastante sintomático, en la medida en que los protagonistas son verdaderos niños de la calle y los escenarios escogidos corresponden a sus vidas reales, pero sus actitudes y poses son las que va construyendo el fotógrafo de acuerdo con su visión estereotipada de los fenómenos sociales. Por todo ello, podemos considerar a este tipo de trabajos como "fotoensayos", en la medida en que existe equilibrio entre el texto y las imágenes, y también al tomar en cuenta

---

rra, "La delincuencia en la infancia", *El Foro*, vol. XLII, núm. 21-24, 31 de enero, 1, 2 y 7 de febrero, México, 1894.

[90] *El Mundo Ilustrado*, 1 de mayo de 1908, p. 8.

[91] *Ibidem.*

[92] *Ibidem.* El subrayado es mío.

que el concepto de noticia y de actualidad en general quedaba supeditado a la reflexión temática que proponían tanto el fotógrafo como el reportero. En palabras del investigador John Mraz:

> Distinguir entre un reportaje y un ensayo es fundamental para diferenciar al fotorreportero del fotoensayista [...] Así, en términos generales podríamos decir que un reportaje tiene su origen en el mundo, en la realidad. Un ensayo, al contrario, tiende a nacer en la mente del fotógrafo, quien intenta explicar alguna idea formulada previamente al acto fotográfico.[93]

La escena fabricada por el fotorreportero es muy significativa. Los cuatro muchachos posan cómodamente instalados en las tablas de madera de un mercado popular. Todos lucen descalzos, sucios y malvestidos, mientras comen y charlan animadamente llevándose la comida a la boca. Paradójicamente, aunque estos niños están concientes de la mirada del fotógrafo, la escena proyecta una gran naturalidad. La alegría y desparpajo que lucen los pequeños en estas imágenes contrasta notoriamente con el tono evolucionista y determinista del reportero, que insiste en recrear un marco negativo y pesimista en el que estos infantes estarían en la antesala del patíbulo debido a sus conductas y rasgos criminales.[94] (Imagen 57.)

El platillo principal de esta reflexión está representado por los reportajes titulados: "Los niños delincuentes" y "Los niños ebrios".[95]

El primero nos relata una historia por demás previsible: un grupo de niños de la calle asalta a un transeúnte, lo despoja de su reloj y de algunas monedas. Posteriormente tiene lugar una riña entre dos de ellos a la hora de repartirse el botín, con el resultado de que uno termina matando al otro a navajazos. Un policía detiene al homicida y lo lleva ante el comisario. Como colofón, unos gendarmes lo conducen a una escuela correccional.[96] El periodista se sitúa a sí mismo en el reportaje como testigo privilegiado de los hechos, por lo que estaría en condiciones de aportar a las autoridades "toda la verdad" de la historia.[97] Lo interesante del asunto reside en el

---

[93] J. Mraz, *Nacho López y el fotoperiodismo mexicano en los años cincuenta*, Conaculta-INAH-Océano, México, 1999, pp. 19-20.

[94] "La preocupación por el medio social prevalecía cuando se trataba de la delincuencia infantil, pues se llegó a la conclusión de que los niños delinquían por la influencia ejercida por un medio amoral; es decir, que no provenían de familias que se ajustaban al modelo considerado como deseable. Pero además, se sostenía que los infantes que habían heredado la tendencia a la transgresión la transmitirían cuando les llegara el turno de procrear." E. Speckman, *Crimen y castigo...*, *op. cit.*, pp. 166-167.

[95] *El Mundo Ilustrado*, 7 y 21 de junio de 1908.

[96] *Ibidem*, 7 de junio de 1908, p. 9.

[97] *Ibidem*.

Imagen 57. Artículo de revista ilustrada: "La comida en el baratillo", *El Mundo Ilustrado*, 7 de junio de 1908, p. 11. (Biblioteca Miguel Lerdo de Tejada, SHCP.)

hecho de que esa "verdad" se refería a cosas que no eran perceptibles a simple vista, y que en realidad formaban parte de una interpretación más amplia del fenómeno de la delincuencia infantil. En esta lógica, en algún momento de sus declaraciones ante el comisario, el periodista, convertido espontáneamente en testigo de los hechos ocurridos en su reportaje, interpelaba a la autoridad y señalaba lo siguiente:

> Ah, Sr. Comisario, lo que hay en el fondo de todo esto —y esto no puede usted consignarlo al Ministerio Público— es mucha miseria, mucho abandono, mucha impiedad. Estos niños, o han sido recogidos por la policía de enmedio de la calle, o han sido lanzados de sus casas, de sus "barracas" a correr la aventura, después de haber recibido en ellas la primera lección: el padre beodo, la madre casquivana [...] allí aprenden a injuriar, a blasfemar, a renegar hasta de la vida. Sus labios balbucean las primeras palabras, y ya la flor del mal asoma a ellos envenenando la misma atmósfera que respiran.[98]

El papel de la fotografía en el reportaje es bastante complejo. En términos generales pretende ilustrar la crónica del periodista, ejemplificando sus argumen-

---

[98] *Ibidem.*

tos al tiempo que le permite al lector asomarse a la realidad que rodea a estos niños y la forma en que éstos actúan. Lo verdaderamente significativo consiste en
que las imágenes no se limitan a este encuadre, sino que empiezan a ser utilizadas
desde una perspectiva mucho más amplia, que va más allá de la simple ilustración. Las fotografías forman parte de la ficción creada por el reportaje, en la medida en que los niños de la calle están en realidad actuando, representando el
papel que les asignó la crónica del reportero. Como ha mostrado Barthes: "Ob-
servado por el objetivo todo cambia: me constituyo en el acto de posar, me fabri-
co instantáneamente otro cuerpo, me transformo por adelantado en imagen."[99]

Mucho más cerca del cinematógrafo que de la versión documental, estas
fotografías parten de una ficción, que el periodista comparte con sus lectores.
Ambos saben que la historia no ocurrió nunca y que no se refería a un hecho
concreto o determinado, pero que su verdadera importancia residía en que podría
haber ocurrido, y que de hecho ocurría cotidianamente en ciertas calles de la ciudad de México.

La secuencia fotográfica nos muestra tres episodios de la pequeña historia
criminal. En el primero, titulado "La hazaña rateril", dos pequeños ladronzuelos
abordan a un adulto que viste impecablemente con sombrero y traje con chaleco
y corbata, y que está cotejando el número de su billete de lotería con la lista de
números premiados. Sin que éste se percate en lo más mínimo, le sustraen su reloj de bolsillo del chaleco. La escena es bastante inverosímil, pero tiene la virtud
de ejemplificar la visión de algunos sectores de clase media sobre la realidad cotidiana de los niños de la calle de las clases populares, quienes son percibidos como
potencialmente peligrosos y criminales.

Una segunda fotografía lleva el título de "Un buen golpe" y muestra una
supuesta riña entre dos miembros de la banda, que se lían a golpes mientras los
demás intentan separarlos. Finalmente, en una tercera y aleccionadora imagen,
un gendarme aparece corriendo detrás de uno de los pequeños delincuentes,
a punto de atraparlo, con lo cual se valida la intención del reportaje de justificar
la vigilancia policiaca, única garantía para sostener el orden ante los embates
de la criminalidad.

La fotografía ocupa en estos ejemplos un lugar muy destacado, que la diferencia del papel que representó en etapas anteriores. No pretende reflejar la realidad de
una manera exacta, sino proporcionar escenarios de representación, como ocurría
en los cortos cinematográficos de la época.

La conclusión del reportaje resultaba bastante clara y respondía al pensamiento positivista y su proyecto de control social, que en este caso se concretaba

[99] R. Barthes, *Lo obvio...*, *op. cit.*, pp. 40-41.

Imagen 58. Artículo de revista ilustrada: "Los niños delincuentes", *El Mundo Ilustrado*, 31 de mayo de 1908. (Biblioteca Miguel Lerdo de Tejada, SHCP.)

en la necesidad de crear un tribunal especial para menores infractores que tomara en cuenta las características particulares de los infantes: "pienso que tal vez sea preciso, absolutamente preciso, establecer tribunales donde se juzgue y se trate a los pequeños delincuentes, no como se juzga y trata a los hombres avezados al crimen".[100] La discusión sobre la pertinencia de un tribunal especial para menores infractores en la capital tuvo cabida en espacios públicos como la prensa desde fines del siglo XIX, pero no fue sino hasta fines de la década de los años veinte del siglo XX cuando cobró realidad concreta.

El segundo y último reportaje tocaba un punto central en la reflexión porfiriana respecto al crimen: el alcoholismo en las clases populares. En efecto, una amplia y diversa gama de importantes autores, que iban de Rafael de Zayas Enríquez a Carlos Díaz Infante, pasando por Andrés Díaz Millán, se encargaron de argumentar y acentuar el papel causal y determinante que desempeñaba el alcohol en el pensamiento criminalista de la época.[101]

[100] *El Mundo Ilustrado*, 7 de junio de 1908, p. 9.
[101] R. de Zayas, "El alcoholismo. Sus consecuencias. Disposiciones penales. Modos de comba-

Entre las distintas bebidas embriagantes, el pulque ocupaba el primer lugar en la preferencia de los grupos populares, lo que lo convirtió en objeto de estudio particularmente importante para algunos médicos y científicos porfirianos. Éste es el caso del ya mencionado doctor Macouzet, quien sostenía que esta bebida provocaba gran irritabilidad entre los consumidores y un efecto en el sistema cerebro-espinal distinto al de las demás bebidas alcohólicas.[102]

De acuerdo con los cánones evolucionistas, la embriaguez se transmitía de padres a hijos a través de la herencia, lo que convertía a los pequeños vástagos en seres viciosos y propensos al crimen desde sus primeros años. En este contexto se desarrolla otro reportaje, que contenía seis imágenes fotográficas que se encargaron de ilustrar y reforzar las ideas principales del texto, no sin cierta carga de ambigüedad, como podrá verse a continuación. El reportero dirige una hipotética carta al gobernador del Distrito en la que narra su incursión en una cantina de un barrio marginado de la capital, donde encuentra a una madre totalmente alcoholizada que daba de beber de su propia jarra de pulque a su pequeño de meses. Horrorizado ante tal escena, pregunta a la mujer (descrita en el texto como una "mujerzuela sucia [...] mala hembra [...] desarrapada [...] de pupilas vidriosas [...] con trenzas enmarañadas")[103] si el pequeño estaba acostumbrado a esta práctica, a lo que la madre le responde enérgica en forma afirmativa, ya que "para eso soy su madre: para que se imponga desde ahora a tomar lo que toman los hombres".[104]

El reportaje se centra en una reveladora reflexión sobre el pulque y sus efectos perjudiciales en la niñez, criticando la práctica de las mujeres de los grupos marginados de sustituir la leche materna por la popular bebida, señalando que dicha costumbre tendría graves repercusiones en la conducta del infante, convirtiéndolo, de hecho, en un futuro criminal:

¡Ah, el pulque! El pulque es para el niño algo que no debe faltarle, algo a lo cual debe acostumbrarse: es lo que sustituye la leche que humedeció, por vez primera, su boca; es el milagroso licor que preparará su estómago á las difíciles, lentas digestiones que exige la comida del "probe", es la médula, es el nervio, es la fuerza; es lo que, al cabo de diez ó de quince años, no importa de cuántos, hará que no se "deje" de

tirlo", *El Foro*, vol. XXIII, núm. 37-39, 27-29 de agosto de 1884; A. Díaz Millán, "La criminalidad y los medios de combatirla", *El Foro*, vol. XXI, núm. 78-80, 20, 23 y 24 de octubre de 1889, y C. Díaz Infante, "Embriaguez y responsabilidad", *Revista de Legislación y Jurisprudencia*, vol. XX, enero-junio, 1901, pp. 531-571. Al respecto, véase los trabajos de P. Piccato, *La creación de una perspectiva...*, op. cit., pp. 75-142, y E. Speckman, *Crimen y castigo...*, op. cit., pp. 78-143.

[102] R. Macouzet, "El pulque y la criminalidad", *La Ciencia Jurídica*, tomo V, 1901, p. 23.

[103] *El Mundo Ilustrado*, 21 de junio de 1908, p. 6.

[104] *Ibidem.*

nadie, que sepa corresponder a una indirecta con un insulto, y a un insulto con una puñalada.[105]

El texto del periodista concluye con la necesidad de erradicar o al menos disminuir este vicio entre la niñez mexicana, apelando a la piedad y la misericordia de las buenas conciencias porfirianas. Resulta muy significativo que en la búsqueda de estos loables propósitos asocie la necesidad de luchar por una "mejoría" de la raza con un futuro más benéfico para la nación. Todo esto muestra una profunda vinculación con los discursos de los médicos y pedagogos analizados en los capítulos anteriores. La cuestión racial formaba parte del horizonte político-cultural, en el que se dirimían tanto las discusiones académicas de los especialistas como los reportajes periodísticos de divulgación.[106]

Las seis fotografías desplegadas en el reportaje se encargaban de ilustrar las ideas desarrolladas en el texto; de nueva cuenta, su papel es ambiguo y contradictorio. El escenario escogido corresponde a una cantina popular, y los personajes de la historia, tanto la madre que cargaba a su pequeño en el rebozo, como los tres niños de la calle que aparecen junto a la barra del lugar, pertenecían a los grupos populares y marginados. Sin embargo, las poses y los gestos se correspondían con la visión evolucionista y determinista del reportero. A medio camino entre el documental y la obra de ficción, este tipo de reportajes representaban un momento de transición en la historia del fotoperiodismo, que hasta entonces se había limitado al uso tradicional de la imagen, según el cual ésta corroboraba de manera más fidedigna la realidad. (Imagen 59.)

Las fotografías de estudio, que se acercaron por primera vez a los grupos marginados con el género de los "tipos populares" en la década de los años setenta y ochenta del siglo XIX, habían sido desplazadas por los reportajes que buscaban localizar a estos personajes en las viviendas, cantinas y pulquerías de los barrios populares. Las innovaciones tecnológicas permitieron el salto; y las representaciones de estos grupos, incluidos los infantes, se diversificaron notablemente. Pese a todo, y como he señalado, no se trataba de reportajes de investigación tal y como

---

[105] *Ibidem.*

[106] Una muestra de este entrecruzamiento de miradas la encontramos en el caso de la inauguración del Manicomio General de la ciudad de México, cuyo proyecto de construcción presentado en el año de 1905 por el ingeniero Porfirio Díaz preveía una sección para niños "degenerados", procedentes en su mayoría de los barrios populares de la ciudad. Véase M. Mancilla, *La locura de la mujer...*, *op. cit.*, pp. 128-131. Dichos infantes pululaban por las calles, como resultado de las desfavorables condiciones económicas prevalecientes en la época: "En la última década del Porfiriato cerca de 300 000 personas de todas las edades y de ambos sexos conformaban una masa de desocupados [...] que vagaba por la ciudad y al llegar la noche dormía en mesones de mala muerte cuando podía pagarlo", *ibidem*, pp. 241-242.

Imagen 59. Artículo de revista ilustrada: "Los niños ebrios", *El Mundo Ilustrado*, 21 de junio de 1908, p. 8. (Biblioteca Miguel Lerdo de Tejada, SHCP.)

los conocemos hoy en día. La mirada del reportero preparaba convenientemente las poses, según el contenido de los textos.

El concepto de "degeneración", asimilado por las élites políticas y culturales mexicanas a mediados del siglo XIX, vía Buffon, Gobineau y Morel; replanteado y discutido en intensas polémicas y debates en los servicios higiénicos, las escuelas y los departamentos antropométricos, encontró en los reportajes gráficos de la prensa capitalina de principios del siglo XX el espacio idóneo de divulgación para convertirse en uno de los ejes de un nuevo imaginario visual, que en esta ocasión no solamente abarcaría a las élites, sino que sería compartido por otros sectores sociales más amplios.

LA "NOTA ROJA": EL NIÑO Y LA MORAL

La imagen infantil desempeñó otra función en los reportajes policiacos de la época. Se trata de un resorte clave dentro del esquema moral de la época, en el que la fotografía y el grabado construyeron su propio código que muchas veces rebasaba los contenidos de los planteamientos del texto. Uno de los temas más impor-

tantes con los que se vinculó y asoció la imagen infantil fue el del adulterio femenino. Algunos investigadores han estudiado esta temática en otras partes del
mundo. Tal es el caso de James Donovan[107] que ha analizado de qué manera los
jueces proyectaron cierta simpatía por los adúlteros en la Francia del siglo XIX,
expresada en la benignidad de las penas; o de Robert Ireland[108] quien estudió el
comportamiento de los magistrados en la Norteamérica de la misma época y
analizó la forma en que éstos justificaron, en buena parte de los casos, a los asesinos de mujeres cuando el móvil de la deshonra aparecía como telón de fondo.

En México, el Código Civil de 1884, que enmarcó los procesos jurídicos
durante todo el Porfiriato y los primeros años de la Revolución, definía el asunto
en términos bastante precisos, dándole un espacio fundamental a las prerrogativas y derechos masculinos. Así, según el texto, la esposa estaba obligada a

> obedecer a su marido así en lo doméstico como en la educación de los hijos y la ad-
> ministración de los bienes [...] Hay sin duda mayor inmoralidad en el adulterio de
> la mujer, mayor abuso de confianza, más notable escándalo y peores ejemplos para la
> familia, cuyo hogar queda para siempre deshonrado.[109]

Al respecto, resulta interesante la siguiente contradicción: por un lado, la incipiente estadística oficial de la época tendía a minimizar la importancia de este
tipo de hechos, debido a su escaso peso en las cifras globales de la delincuencia
capitalina, mientras que, por el otro, la prensa de la ciudad de México dedicaba
mucha atención a este tipo de temáticas en sus primeras planas, con gran despliegue reporteril y renovado lenguaje gráfico, lo cual propiciaba la reflexión —y la
mayor parte de las veces, la manipulación— de la opinión pública.[110]

El problema de fondo estriba en comprender de qué manera los medios impresos rescataron un tema cualitativamente importante y dotado de gran peso simbóli-

---

[107] J. M. Donovan, "Justice Unblid: the Juries and the Criminal Classes in France 1825-
1914", *Journal of Social History*, 1981.

[108] R. M. Ireland, "The Libertine Must Die: Sexual Dishonor and the Unwritten Law in the
Nineteenth-Centurty United States", *Journal of Social History*, 1989.

[109] *Código Civil*, 1884, p. 87-88. Esta particular visión de los géneros era compartida por diversos sectores sociales. Para muestra, véase la siguiente opinión, expresada en la *Gaceta de Policía*
(24 de diciembre de 1905, p. 11): "Si en el hombre es repugnante el hábito del robo, en la mujer resulta más reprochable aún. La mujer es la directora de la educación en el hogar y a nadie puede
ocultarse la influencia que deben ejercer en el medio moral de una familia las costumbres, vicios y
hábitos delictuosos de la madre, de la hermana mayor, de la mujer de la casa en general."

[110] El *Boletín Mensual de Estadística de la Policía de la Ciudad de México*, correspondiente a
enero de 1901, consignó sólo tres adulterios contra la respetable cifra de 217 robos y 13 homicidios,
mientras que la Cárcel General de la Ciudad de México registró en marzo del mismo año entre sus
causas de ingreso únicamente dos adulterios contra 316 robos y 28 homicidios.

co, a partir de una problemática aparentemente secundaria. Más allá de esta guerra de cifras, convendría ubicar este problema en una perspectiva más amplia y señalar que nos encontramos frente a una serie de actitudes y comportamientos que nos remiten al Antiguo Régimen y a su valoración del concepto del honor:

> El duelo no es el único caso en que la presencia del honor, al igual que en el derecho propio del Antiguo Régimen, modificaba la penalidad contemplada para los delitos contra las personas. Por ejemplo, en el caso de homicidio, la sanción se reducía a menos de la mitad si el marido asesinaba a la esposa y a su amante tras sorprenderlos en el momento de cometer adulterio [...] estas consideraciones nos remiten a la legislación de la época del absolutismo. El derecho tradicional eximía de culpa al asesino del amante de su mujer, hermana o hija. O bien, la mujer adúltera y su amante pasaban a poder del marido para que éste hiciera lo que deseara con ellos y sus bienes.[111]

A continuación presentamos tres reportajes policiacos publicados en el diario positivista *El Imparcial*, referentes a dramas conyugales con protagonistas adultos en los que, sin embargo, el uso de los personajes infantiles es relevante. Los retratos fotográficos, solos o acompañados de viñetas con dibujos y grabados también jugaron un papel fundamental en la estrategia de estas crónicas criminales.

El primer caso se refiere al escultor José Adriani, cuya esposa, Elena Neri sostenía relaciones amorosas con el señor Juan Solórzano. Una noche, Adriani los descubrió besándose en uno de los cuartos de su casa, por lo que golpeó a su esposa y acuchilló a su rival, atravesándole la yugular.[112] La composición fotográfica resulta bastante significativa; se trata de tres grupos de imágenes que retratan los lugares en que ocurrieron los hechos y a algunos de los protagonistas. Las fotografías fueron enmarcadas y recortadas por el editor, lo que las hace aparecer como cuatro viñetas de forma irregular. La retórica que ordena la secuencia narrativa de estas imágenes focaliza el centro de la atención en el rescate de la figura del marido homicida tras la operación de vincularlo con sus hijos.

La imagen central de la composición corresponde a Adriani que posa muy serio frente a la cámara en compañía de sus dos pequeños, portando un elegante saco con chaleco y corbata. El carácter de dignidad y respeto del escultor homicida es fortalecido a través de la presencia de los niños, que sugieren al lector la idea de un padre de familia cariñoso y responsable, lo que contrasta con la figura de la mujer adúltera, desvinculada de sus hijos y sin siquiera una referencia visual. En la parte superior derecha puede observarse una segunda imagen de me-

---

[111] E. Speckman, *Crimen y castigo...*, *op. cit.*, p. 59.
[112] *El Imparcial*, 26 de abril de 1913, p. 1.

nor tamaño, en forma de medallón, con el retrato del señor Juan Solórzano, con un aire también "respetable" de traje y lentes. En la parte inferior izquierda pueden verse dos pequeñas fotografías, que no obstante su tamaño poseen un valor simbólico fundamental, pues nos remiten a la función primordial de la fotografía en aquella época que consistía en certificar la veracidad de los acontecimientos y probar documentalmente que ocurrieron de cierta manera. Estas imágenes muestran al lector el lugar de los trágicos sucesos: la entrada a la vivienda de Adriani, una vecindad porfiriana de clase media y el sitio preciso en el que "cayó herido" Solórzano.[113] Destaca la ausencia de una imagen de la figura de la mujer adúltera, lo que contrasta con la atmósfera de respetabilidad construida alrededor del esposo convertido en un padre de familia "honorable". El título mismo del reportaje "La última 'obra' del escultor Adriani" alude en forma irónica a los trágicos hechos, suavizando la carga del homicidio. (Imagen 60.)

Los hilos de la argumentación de la historia, que vinculaban desde el primer momento la figura del esposo engañado con la del padre de familia responsable, quedaron sellados en una segunda crónica periodística, en la cual se describían los detalles de la sesión del jurado, que culminó con la declaración de inocencia del escultor. En este segundo reportaje, que llevaba el título "El Jurado absolvió ayer al Esc. Andriani" (*sic*) se terminaba de construir una imagen positiva del acusado:

> De mediana estatura, treinta y un años, cabello negro, bigote poblado y mentón recogido. Viste correctamente de negro y nada en su aspecto revela impulsivismo [...] no aparece abatido: solamente su sencillez algo melancólica parece mostrar el desagrado del hombre que estimando su honradez se ve envuelto en las torturantes páginas de un proceso.[114]

Tras esta descripción se narra a los lectores cómo el público fue tomando partido contra la adúltera y en favor del honor del hombre engañado. El reportaje terminaba con la descripción de la siguiente escena:

> Entre los abrazos y apretones y saludos al defensor y al absuelto, la voz nerviosa de éste, ebria de alegría, gritaba: "¡mis hijos!, ¡mis hijos!, ¡que me traigan a mis hijos!". Dos minutos después estrujaba al mayor entre sus brazos, besándolo vorazmente. ¡Oh!, ¡que escena más conmovedora se desarrolló entonces![115]

---

[113] Aquí la fotografía desempeña un papel fundamental: verificar que efectivamente las cosas ocurrieron de cierta manera. Se trata de una llamada de atención al lector para señalarle: "Así sucedieron los hechos". Al respecto, véase P. Dubois, *El acto fotográfico. De la representación a la recepción*, Paidós, Barcelona, 1986, pp. 57-60.

[114] *El Imparcial*, 26 de abril de 1913, p. 1.

[115] *Ibidem.*

Imagen 60. Noticia de prensa:
"La última 'obra' del escultor Adriani",
El Imparcial, 26 de abril de 1913.
(Biblioteca Miguel Lerdo de Tejada, SHCP.)

La segunda composición gráfica refuerza y complementa las ideas del texto. En particular, asocia el estereotipo de la inocencia infantil estudiado en apartados anteriores con la ausencia de culpabilidad del marido burlado. La secuencia narrativa constaba de dos fotografías vinculadas entre sí por medio de un diseño estilo art nouveau característico de la prensa del periodo. En la fotografía de la izquierda podía verse un retrato de los dos pequeños hijos de Adriani, sonrientes y elegantemente vestidos, portando graciosamente sus respectivos sombreros. El dibujo de un marco con adornos garigoleados reforzaba la imagen de inocencia de los dos infantes. A mano derecha se observaba una segunda fotografía, en la que aparecía Adriani de pie, tomándose ambas manos de frente, en actitud respetuosa de estar esperando la decisión final del jurado. El hecho mismo del homicidio quedaba desplazado a un segundo plano, mientras que el vínculo afectivo entre los dos pequeños vástagos y el padre ocupaba el escenario principal de la noticia. (Imagen 61.)

Un segundo caso que ilustra este tipo de manipulación de la imagen infantil, aunque con implicaciones un poco diferentes, es el correspondiente al llamado "Drama de Santa Clara", que narra la tragedia ocurrida en el mes de febrero de 1907 en una casa de huéspedes en la que el **marido**, un impresor "laborioso y honrado" ase-

Imagen 61. Noticia de prensa: "El jurado absolvió ayer al esc. Andriani" (*sic*), *El Imparcial*, 10 de septiembre de 1913. (Biblioteca Miguel Lerdo de Tejada, SHCP.)

sinó a tiros a su esposa y al amante de ésta, para después lanzarse al vacío desde un balcón. Como ya resulta arquetípico en estos casos, la imagen del homicida justiciero ameritó un tratamiento bastante benigno, que contrastaba con la descalificación de la esposa, sobre la que se descargaba toda la responsabilidad:

> Pocas personas habrá en México, sobre todo entre los comerciantes, que no hayan conocido al Sr. Don Miguel G. Ramírez, hábil grabador y fabricante de sellos, que tenía establecido su taller hace mucho tiempo en la calle de San José El Real No. 6. Laborioso y ordenado en sus costumbres, desde las 7 de la mañana se le podía ver manejando los buriles, sentado frente al aparador en el que exhibía algunas muestras de sus trabajos en acero y cobre. De edad como de 50 años, era padre de 4 niños: 2 varoncitos como de 12 y 14 años, y 2 niñas, de 6 y 8 […] Su esposa, de carácter bilioso e impulsivo, turbaba de tarde en tarde la paz conyugal.[116]

Las cosas transcurren según lo previsiblemente establecido en este tipo de situaciones: la relación matrimonial se va deteriorando, hasta que Ramírez se ente-

---

[116] *Ibidem*, 17 de febrero de 1907, p. 1.

Imagen 62. Noticia de prensa: "El drama de Santa Clara. Don Miguel G. Ramírez y su familia", *El Imparcial*, 17 de febrero de 1907, p. 4. (Biblioteca Miguel Lerdo de Tejada, SHCP.)

ra de la infidelidad de su mujer, la cual, sin embargo, lo niega todo. El marido burlado cita a la mujer y a su amante en un hotel y ahí los mata a ambos disparándoles varios tiros a quemarropa.

La composición fotográfica que acompaña el caso construye una historia paralela con base en imágenes. El cuadro más significativo para nuestro estudio se presenta al final del reportaje y muestra al matrimonio que posa cuidadosamente para el fotógrafo con sus tres pequeños vástagos. Todos visten elegantemente preparados para la ocasión. El padre posa una mano sobre el hombro de su esposa y la otra sobre el de uno de sus pequeños, que permanece graciosamente sentado sobre un triciclo. La mujer, que luce una falda larga, ocupa el centro de la imagen y aparece sentada con un bebé sobre las piernas. A su lado se encuentra un niño de unos cinco años que recarga, un tanto forzadamente, su brazo izquierdo en la cadera, mientras sostiene un pequeño rifle de juguete con la derecha. Se trata de un típico retrato de estudio, que construye una atmósfera de unión, concordia y respetabilidad de la familia nuclear y que incorpora una serie de objetos que aluden en forma específica a la clase social a la que pertenecen los niños de la fotografía, tales como una pelota, un triciclo y un rifle de bisutería. (Imagen 62.)

La prensa trastoca el sentido original de la fotografía y le imprime otra lectura, al difundir masivamente una imagen de uso familiar en el contexto noticioso de una tragedia conyugal. La recodificación de esta imagen se produjo de la siguiente manera: el contenido del reportaje, que proporciona al público los pormenores del asesinato y los conflictos y contradicciones internas de la pareja, brindaba al lector un ángulo distinto para leer e interpretar la fotografía. La armonía y la concordia construidas alrededor de estos retratos "inocentes" de las familias porfirianas de las clases media y alta eran expuestas aquí con otra lectura, en el contexto de una *nota roja* que legitimaba el orden familiar dominante, pero que al mismo tiempo proporcionaba otros elementos para el cuestionamiento y la crítica.

Un último episodio nos muestra los usos y representaciones de la imagen infantil en relación con los derechos de la maternidad. Se trata de la historia de la señora Alicia Sands, internada en el manicomio de "La Castañeda" y cuyas hijas fueron secuestradas por su propio esposo.[117]

La nota nos narra una historia que parecía, según el propio reportero, "un drama escrito con lágrimas de madre y lágrimas de niño".[118] La señora Alicia Sands de García, española que había emigrado a la ciudad de México con sus dos hijas pequeñas, vivía en la capital esperando noticias de su marido que supuestamente se encontraba en Europa, adonde había partido con la esperanza de trabajar y hacer dinero. Repentinamente, la infortunada mujer fue secuestrada por unos sujetos que con engaños la llevaron a "La Castañeda"; ahí los médicos la encerraron diagnosticándole demencia. En este lugar permaneció durante tres largos meses, pero al final logró convencer a los doctores de su salud mental y se dedicó a localizar desesperadamente a sus dos hijas.

La composición gráfica resulta muy significativa, al combinar grabados y fotografías que integran una misma secuencia narrativa. El mismo título del reportaje nos brinda el contexto en el que deben leerse las imágenes: "Alicia de Sands ha recorrido todo un doloroso calvario como esposa y como madre."[119] La imagen principal, un fotograbado recortado en forma de medallón, nos muestra la efigie de la señora Sands, que proyecta la figura de una mujer joven de rasgos finos y aristocráticos. En la parte inferior izquierda hay una viñeta que también desempeñaba una función importante en la narración gráfica propuesta. Se trata del dibujo de la propia Alicia, que aparece sentada en actitud pensativa con el codo recargado en una mesa y llevándose la mano derecha a la cabeza, mientras de sus pensamientos brotan, en una especie de nube, las sombras fantasmales de

[117] *El Imparcial,* 4, 5 y 6 de agosto de 1913.
[118] *Ibidem,* 4 de agosto de 1913, p. 1.
[119] *Ibidem.*

las figuras infantiles de sus dos pequeñas. Dichas figuras parecían salir de la cabeza de una infeliz mujer que había sido acusada de loca, quien, si nos atenemos a la narración y a la fotografía que certifica el contenido del reportaje, era en realidad una mujer cuerda y respetable.

La alusión a las niñas reforzaba la maternidad ofendida y vindicaba la existencia de una racionalidad legitimadora de su conducta. Las ideas científicas de carácter fisiognómico y frenológico relativas a la vinculación existente entre rasgos físicos y comportamientos morales desempeñaron un papel simbólico de primer orden en este tipo de composiciones. La lógica argumentativa de este caso es similar a la desarrollada en otros, correspondientes al archivo histórico de Díaz, que mostraban los intentos de algunos ciudadanos por documentar fotográficamente su inocencia frente a los cargos imputados. En este reportaje la composición gráfica está orientada a cuestionar el diagnóstico de locura, defender la inocencia legal y el derecho a la maternidad de la señora Sands. Todo ello retocando su imagen y representándola de acuerdo con los cánones de belleza predominantes en el periodo. (Imagen 63.)

La tragedia de Alicia captó la atención de la opinión pública durante varios días. Para un segundo reportaje el periodista realizó una activa investigación que lo llevó a encontrar a los diferentes protagonistas de la historia y desentrañar el sentido del drama. El reportero se encargó de localizar al chofer del taxi, quien había sido contratado por los secuestradores y relataba su versión de los hechos, describiendo la manera en que los dos sujetos lo engañaron y, haciéndose pasar por agentes de la policía, lo obligaron a llevar a la supuesta demente al manicomio. En esta misma lógica, el reportero intentó entrevistarse con algunos de los médicos del hospital y logró obtener información de uno de los empleados del lugar, que describía la conducta de Alicia como "honorable". Al final, localizó a una vecina que conocía a la señora Sands quien le indicó el lugar en el que estaban secuestradas las niñas.

En síntesis, el periódico construye toda una investigación, en la que el *reporter* va cotejando fuentes y testimonios para dar coherencia y razón de ser a una historia consagrada a denunciar la violación del derecho a la maternidad. La composición gráfica del reportaje reforzaba esta defensa de los derechos maternales. En el plano central aparece el dibujo de una mujer que representaba a "La Justicia", sosteniendo un pliego en su mano derecha en el que puede leerse la palabra "Ley". Con cierta actitud de indiferencia parece apartar a la propia Alicia, que intenta tocarla y que yace desesperada en el suelo. El personaje de "La Justicia" sostiene una balanza de la que penden en forma de círculos las fotografías de las hijas de Alicia, las niñas María del Pilar y María Cristina, que lucen muy pensativas, no muy alejadas del estereotipo de inocencia de la época. La fotografía posee un carácter realista que certifica la identidad de las dos pequeñas,

Imagen 63. Noticia de prensa: "Alicia de Sands ha recorrido un doloroso calvario como esposa y como madre", *El Imparcial*, 4 de agosto de 1913. (Biblioteca Miguel Lerdo de Tejada, SHCP.)

mientras que el grabado representa metafóricamente a la justicia y mantiene en la composición carácter simbólico. (Imagen 64.)

Estas imágenes complementaban y reforzaban las ideas centrales del relato periodístico, desempeñando el fundamental papel de la denuncia social, que contraponía un valor cultural moderno —como es el derecho a la maternidad— con una realidad jurídica percibida como fría y deshumanizada a fines del periodo porfiriano.

Para concluir, el periódico anunció haber recibido un gran número de cartas de lectores indicándole la dirección donde estaban secuestradas las niñas, lo que evidencia cierta complicidad del público con la víctima. Asimismo, informó de la existencia de un certificado médico que atestiguaba la salud mental de Alicia, así como de una disposición judicial que ordenaba la separación de las niñas para ponerlas bajo la patria potestad del padre. Toda la historia del reportaje había sido escrita para rechazar y contradecir el sentido de esta orden judicial y convencer a la opinión pública de la injusticia del caso. La composición gráfica utilizada se encargó de reforzar estas ideas y de construir un "imaginario" donde se legitimaba el derecho de una mujer a la crianza y educación de sus hijas como una de las prerrogativas "naturales" de la maternidad.

Imagen 64. Noticia de prensa:
"La Sra. de Sands
en su amargura se obstina una tierna
filosofía y amor maternal",
El Imparcial, 6 de agosto de 1913.
(Biblioteca Miguel Lerdo de Tejada, SHCP.)

Estos tres casos nos han mostrado el tipo de manipulación de la imagen infantil ejercido en los reportajes policiacos de la época, vinculada con la defensa de algunos valores morales relacionados con el estereotipo familiar dominante en el periodo porfiriano. El eje principal de esta manipulación estaba dirigido a exaltar los valores de la maternidad y a denostar las desviaciones de este modelo, como en el caso de las esposas adúlteras.

LA NEGACIÓN DE LA INOCENCIA

La denuncia social y la crítica de la marginación y la explotación infantil a través de la prensa y los reportajes fotográficos tuvo mucho peso en Europa y Norteamérica a principios del siglo XX. Las dos referencias más importantes de esta línea de trabajo están representadas por los casos de Jacob Riis y de Lewis Hine.

El primero fue un fotógrafo danés que trabajó como reportero en el periódico *New York Tribune* en el año de 1877. Riis estaba muy influido por los estereotipos visuales y literarios acerca de la pobreza, y su intención era la de fomentar la crítica y la denuncia social de la miseria y las condiciones de vida de los inmigrantes en Estados Unidos, particularmente de la comunidad italoamericana en la ciudad de Nueva York. En este ámbito, el reportero se dedicó a describir el marco de vida que según los médicos y los reformadores de fines del siglo XIX era el responsable de la pobreza y la "degeneración" física y mental de la comunidad de inmigrantes, con particular énfasis en la población infantil. El resultado visual de su trabajo es ambiguo y contradictorio, en la medida en que sus imágenes denuncian la miseria y las condiciones de vida paupérrimas de este sector de la población, pero refuerzan los valores y el código científico dominante que atribuye a los pobres signos físicos y morales de "degeneración". Estas influyentes fotografías fueron publicadas en su trabajo *"How The Other Half Lives"* ("Cómo vive la otra mitad") publicado en el *Scriber Magazine* en el año de 1889. En su obra, los niños aparecen sucios y desdichados, envueltos por una atmósfera mórbida y sensacionalista que intentaba revelar a los ojos de la clase media estadunidense cómo vivía la otra mitad de la población. Constituye una primera referencia significativa para la labor de los fotógrafos de las siguientes décadas, que trabajaron orientados por un marco literario y visual bastante similar.[120]

Por lo que respecta a Hine, se trata de un sociólogo egresado de la Universidad de Columbia, en Nueva York, y fotógrafo aficionado, contratado a principios del pasado siglo por la Comisión Nacional de la Mano de Obra Infantil de Estados Unidos, cuyas imágenes de niños trabajadores aparecidas en la prensa neoyorkina de la época contribuyeron a sensibilizar a la población y ejercercieron influencia en la opinión pública para legislar y restringir la mano de obra infantil:[121]

En las minas, las industrias textiles y las granjas, Hine tiene que recurrir con frecuencia a múltiples artimañas para medir la estatura de los niños e interrogarles. Incluye en los pies de sus fotografías el nombre, la edad y la situación profesional de sus modelos, pero estos datos se transparentan mejor en las mismas imágenes. Hine toma con frecuencia sus clichés de manera que la debilidad física de los niños aparezca en contraste con las filas interminables de canillas o de pilas de carbón. Sugiere así los estragos físicos y mentales causados por su condición.[122]

Entre otras imágenes captadas por la lente de Hine, vale la pena la fotografía titulada "Vance, obrero encargado de la maniobra de las puertas", que muestra

[120] El museo de la ciudad de Nueva York ha recuperado esta colección de fotografías que se publican junto a los textos periodísticos originales. Al respecto, véase J. A. Riis, *How the Other Half Lives*, Dover Publications, Nueva York, 1971.

[121] D. Kaplan, *Lewis Hine in Europe. The Lost Photographs*, Abbeville Press Publishers, Nueva York, 1995, pp. 72-77.

[122] A. McCauley, "Una imagen de la sociedad", en J. C . Lemagny y André Rouillé (coord.), *Historia de la fotografía, op. cit.*, p. 69.

a un pequeño sentado con la vista fija en la pared, mientras de frente se aprecia una serie de letreros y *graffitis* dibujados por algunos obreros, entre los que se lee: *Shut this door. That means you* ("Cierra esta puerta. Esto significa tú"). La escena transcurre en un lugar sucio y sin aire. Los letreros remiten al bajo nivel de escolarización de los trabajadores. El pequeño es captado de perfil y luce sentado sobre una banca de madera mirando mecánicamente hacia el frente, como robotizado, sin hacer gesto alguno, lo que acentúa la deshumanización de su trabajo. (Imagen 65.)

Por lo que toca al caso mexicano, ningún fotógrafo alcanzó la importancia de los reporteros estadunidenses mencionados ni tuvo repercusiones tan profundas en los sectores sociales; sin embargo, en la prensa capitalina de principios del siglo XX comenzaron a aparecer reportajes periodísticos acompañados de fotografías que incidieron en sectores sociales diversos, apoyados en los nuevos tirajes, más altos.

Uno de los fotograbados más interesantes y significativos de esta nueva línea de trabajo es el que se refiere al descubrimiento del cadáver de un niño ahogado en el colector del drenaje capitalino de la capital, a principios del siglo XX. Se trata de una de las imágenes más impactantes que pueden encontrarse en el periodo sobre la pobreza y su entorno de tragedia social.[123] El título del reportaje sirve para presentar al lector el grupo de imágenes que dan lugar a la composición gráfica "Peregrinación subterránea en busca de peones muertos en el colector". En la fotografía central y de mayor tamaño, la familia de la pequeña víctima posa frente a la cámara de una manera dramática: dos mujeres, un hombre y un niño miran consternados al fotógrafo, observados a su vez por dos gendarmes y un individuo vestido de traje y corbata, probablemente un burócrata que laboraba en el juzgado. El niño que aparece en la foto, de unos doce años de edad y probablemente hermano de la víctima, luce descalzo, con camisa y pantalón de manta blanca y un sombrero de palma en su mano derecha. Uno de los puntos centrales de la imagen lo constituye su mirada, cargada de tristeza. En unos recuadros que aparecen en la parte inferior puede verse el cuerpo de la pequeña víctima, con el vientre hinchado y el brazo izquierdo doblado inverosímilmente en forma de arco. En este último grupo de imágenes, las fotografías aparecen ampliamente retocadas. Su utilización marginal en relación con el protagonismo de la imagen central lleva la atención del lector al núcleo familiar de la víctima, que evidencia una gran pobreza. (Imagen 66.)

¿Cuál es la retórica de estas imágenes? Todo parece indicar que buscan conmover al lector potencial al contraponer la figura retocada del cadáver con la

---

[123] "Peregrinación subterránea en busca de los cuerpos de los peones muertos en el colector". *El Imparcial*, 10 de julio de 1908, p. 1.

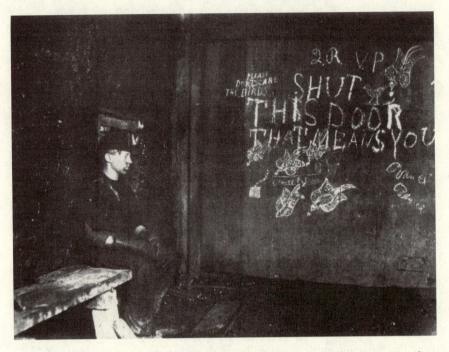

Imagen 65. Fotografía: "Vance, obrero encargado de la maniobra de las puertas", Lewis Hine (fotógrafo), 1908. (Colección particular.)

propia familia de la víctima. De esta manera, siguiendo los cánones de una lectura típicamente evolucionista —en el mejor estilo del célebre escritor francés Émile Zola, quien marcó el modelo de representación de la realidad para los periodistas capitalinos de la época— el reportaje trazaba la analogía entre el cuerpo de la ciudad y el del niño que trabajaba en el colector:

> Las ciudades, como los hombres, tienen todo un sistema y tienen nervios, venas, arterias y vientre, y el vientre de las ciudades tiene todo el tipo de lo horrible y toda la atracción del misterio. La cloaca es el vientre de ese mounstro que así abierto, panza al aire, nos enseña todas las horribles encrucijadas de su esqueleto, por donde se arrastra en marcha lenta todo lo podrido y todo lo inmundo.[124]

Lo más significativo de este tipo de reportajes es, como en este caso, que el protagonista del día no era el típico niño de clase alta que había ganado un con-

---

[124] *Ibidem.*

Imagen 66. Noticia de prensa: "Peregrinación subterránea en busca de peones muertos en el colector", *El Imparcial*, 10 de junio de 1908, p. 8. (Biblioteca Miguel Lerdo de Tejada, SHCP.)

curso o un premio; por el contrario, se trataba de un niño que provenía de la miseria, de la "cloaca social" y que había muerto literalmente ahogado en la mierda, en la cloaca del drenaje público:

> Uno de los cadáveres es un niño amoratado por la asfixia y destrozado por el rudo golpear contra las paredes del colector. Sus brazos roídos por los codos, destrozados por las muñecas y sus piernas con los huesos de las rodillas completamente pelados están en una semiflexión espantosa. Sus dedos contraídos, como si en los supremos momentos de su agonía hubieran buscado algo a que asirse, hacen el efecto de una garra informe y sangrienta. Están cerrados sus ojos, y de su cabellera abundante y negra corre el agua en largos hilos sucios.[125]

En este reportaje predomina la anécdota y no se plantea crítica social alguna; sin embargo, puede establecerse que la denuncia se encontraba implícita, argumen-

[125] *Ibidem.*

tada y estructurada bajo las pautas de una lectura evolucionista: las imágenes le imprimen mayor dramatismo. No deja de ser irónico que ésta sea una de las pocas ventanas por la que los niños de las clases bajas pudieron llegar a tener cierto protagonismo en las publicaciones gráficas del Porfiriato. El texto se regodeaba en los detalles grotescos; las imágenes, en cambio, representaban el testimonio doloroso de la injusticia social predominante en la capital a principios de siglo.

El contraste entre estas historias resulta muy significativo en la medida en que tenemos imágenes de niños trabajadores que evidencian el maltrato, los riesgos y hasta las tragedias sufridas por los infantes que laboraban en las urbes de Nueva York y México. Los resultados, sin embargo, son muy distintos. Mientras que en el caso de la sociedad neoyorkina existían las condiciones socioeconómicas, culturales y políticas para que la fotografía de prensa pudiera desempeñar un papel activo en las reformas sociales, en el caso de la capital mexicana tales condiciones no se habían producido, por lo que aun imágenes tan crudas como la que se refiere a la tragedia del colector, eran leídas desde una perspectiva anecdótica, que todavía no incidía en la opinión pública en términos de requerimiento de cambios sociales más profundos.

Debido a lo anterior, coincidimos con la escritora Susan Sontag cuando plantea la necesidad de subordinar el significado y las implicaciones de cualquier trabajo fotográfico al contexto social, económico y político que lo sustenta:

> Aunque un acontecimiento ha llegado a significar, precisamente, algo digno de fotografiarse, aún es la ideología (en el sentido más amplio) lo que determina qué constituye un acontecimiento. No puede haber evidencias, fotográficas o cualesquiera, de un acontecimiento hasta que el acontecimiento mismo reciba nombre y características. Y los acontecimientos jamás se estructuran —más propiamente, identifican— sobre la base de evidencias fotográficas: la contribución de la fotografía siempre es posterior al nombre del acontecimiento.[126]

La falta de opinión pública y de toda una infraestructura diseñada alrededor de los problemas infantiles en México durante el Porfiriato, propició que la lectura de imágenes tan impactantes como la del niño del colector carecieran de la recepción que rebasara el contexto sensacionalista, que podría traducirse en reflexión crítica sobre la explotación infantil.

Aunque este tipo de imágenes no abrió el espacio para la reflexión nacional sobre la explotación infantil, algunos profesionales de la cámara comenzaron a incorporar en la primera década del siglo XX fotografías de niños marginados que

---

[126] S. Sontag, *Sobre la fotografía, op. cit.*, pp. 27-28.

modificarían el imaginario visual tradicional de la época, limitado hasta ese momento a las representaciones de los niños de la élite y los ganadores de concursos cívicos y literarios. En este orden de ideas, vale la pena el sugerente caso de las polémicas imágenes captadas a principios de siglo por el fotógrafo estadunidense C. B. Waite, las cuales representaban a niños y niñas semidesnudos, pobres y sucios, procedentes de sectores marginados de la ciudad de México, que provocaron la censura de las autoridades porfirianas.[127]

La finalidad de este tipo de imágenes era por lo general la de ilustrar guías de viajeros y postales destinadas a la incipiente industria turística, estimulada por la construcción de vías férreas emprendida en el país a fines del siglo XIX. Esta labor era hecha generalmente por fotógrafos extranjeros con cierto enfoque que podemos calificar como híbrido, a medio camino entre la óptica científica y el comercio de "vistas"; en todo caso, imprimieron a su oficio un toque de exotismo, estimulados por el discurso antropológico de la segunda mitad del siglo XIX y su construcción del "otro", que en el caso mexicano pasaba por la representación visual de los indígenas y los mestizos.[128]

El 5 de junio de 1901 apareció en el diario *El Imparcial* un artículo titulado "Las hazañas de un fotógrafo. Circulación de retratos pornográficos", en el que se informaba acerca de un fotógrafo estadunidense encarcelado y multado por pretender mandar por correo un paquete con fotos de niños "sucios, corroídos por enfermedades y desnudos".[129] (Imagen 67.)

El diario en cuestión apoyaba el castigo impuesto por las autoridades y no dudaba en calificar las fotografías de "pornográficas"; al mismo tiempo censuraba el hecho de que un extranjero hubiese tenido el atrevimiento de retratar niños de barrios pobres y marginales "completamente desnudos, presentando sus deformados cuerpos sin velo alguno".[130] El *Mexican Herald*, diario estadunidense que circulaba en la ciudad de México a principios del siglo XX, se refería a los sucesos de la siguiente manera, en su edición del 5 de junio de 1901:

[127] C. B. Waite desarrolló un importante trabajo como fotógrafo en México a fines del siglo XIX y principios del XX. En ese corto lapso tomó varios miles de fotografías para diferentes empresas, la mayor parte de ellas estadunidenses. Una buena aproximación a su trabajo puede verse en F. Montellano, *C. B. Waite, fotógrafo...*, *op. cit.*

[128] G. Rodríguez, *Niños trabajadores mexicanos. 1865-1925*, INAH-UNICEF, México, 1996, pp. 9-20.

[129] Por esta acción Waite permaneció encarcelado durante tres días y tuvo que pagar una multa de 400 pesos. Al respecto, véase F. Montellano, *C. B. Waite, fotógrafo...*, *op. cit.*, pp. 76-78. El fotógrafo y las autoridades no precisan cuáles fotografías provocaron el conflicto. En realidad, existen varias imágenes del norteamericano que se acercan al perfil del episodio mencionado. En esta investigación se muestran dos de ellas.

[130] *El Imparcial*, 5 de junio de 1901, p. 1.

Imagen 67. Fotografía: sin título,
C. B. Waite (fotógrafo), 1901.
(Sinafo-FINAH.)

A well known photographer of this city has been and imprisioned for having in his possession for sale certain photographs, which were considered highly objectionable by the authorities. The Department of Justice moved in in the matter and as the "corpus delicti" was discovered.[131]

Resulta muy significativa la asociación que realizaban, tanto el diario como las autoridades, de los conceptos de "pobreza" y "pornografía", influidos sin duda por el discurso evolucionista predominante en el periodo. Cabe preguntarse hasta dónde la desnudez vista como pornografía por las autoridades fue leída y resignificada como elemento erótico y seductor por algunos de los lectores de las guías de viajeros y consumidores de tarjetas postales en el que aparecían este tipo de fotografías.[132] Por lo menos éste parece ser el caso de Frank Hamilton, ciuda-

[131] *Mexican Herald*, 5 de junio de 1901, p. 1. "Un fotógrafo de esta ciudad ha sido apresado por poner a la venta ciertas fotografías que se consideran altamente objetables por las autoridades. El Departamento de Justicia tomó cartas en el asunto cuando se descubrió el *corpus delicti*."

[132] "Waite y Scott se dieron especialmente a la búsqueda de niñas y de jóvenes y atractivas mujeres; en esta 'exploración de nuevas tierras' tuvieron singular éxito [...] Sus retratos y vistas fueron usados para ilustrar guías de viajeros y otras publicaciones [...] Estas imágenes fueron muy populares entre los viajeros, quienes con la ayuda de una amplia red de trenes, podían cruzar fácilmente

dano estadunidense que se tomó la molestia de escribirle una carta al presidente Díaz para manifestarle su deseo de localizar a una de las jóvenes retratadas por Waite, que aparecía en una de las guías para viajeros que circulaban en Estados Unidos en aquella época:

> Estimado Señor: Tengo una pregunta muy seria y un favor que pedirle. Me gustaría mucho saber de dónde es esta joven dama; si no es posible hallarla, buscar alguna parecida. Yo la amo encarecidamente y deseo comunicarme con ella; mi esperanza y deseo es que sea de familia pobre. Muchas gracias, mis mejores deseos y sincero agradecimiento.[133]

El caso de las fotografías de C. B. Waite y la enérgica reacción del régimen puede interpretarse como una respuesta parcial a la tesis formulada por Sontag, en la medida en que si bien la intención del fotógrafo norteamericano no era la de suscitar la crítica social en los posibles receptores, la respuesta negativa de las autoridades era muestra evidente de que en ciertos sectores ese tipo de lectura sí estaba presente. Los motivos supuestamente anecdóticos y folclóricos de trabajos fotográficos semejantes podían convertirse súbitamente en subversivos por una doble vía: al reflejar una realidad tan desigual y contrastante como la que predominaba en la capital mexicana de principios del siglo XX, y al cuestionar los modelos de sexualidad vigentes y proyectar imágenes infantiles con carga erótica evidente, tanto para la mirada de las autoridades como para la de los posibles lectores.

Para terminar, consideramos una imagen fotográfica más, producto de la lente del propio Waite, que corresponde al año de 1901; lleva por título "Una niñera mexicana" (imagen 68); comparémosla con aquella que produjera el fotógrafo francés Aubert en la década de los años sesenta del siglo XIX con el mismo tema. (Imagen 6.)

Entre las imágenes media una distancia de tres décadas; ambas corresponden a la capital; son producto de la mirada extranjera, y retratan infantes de grupos marginados que visten de manera miserable y cargan a sus respectivos hermanitos. La foto de Aubert fue realizada en el interior de un estudio, mientras que la del estadunidense está tomada en plena calle, por lo que la escenografía es mucho más realista e incluye algunas casuchas marginadas y varios paisanos que deambulan por la zona; uno de ellos muy atento a la cámara del fotógrafo.[134]

---

la frontera y abandonar sus gélidos climas (tanto en moralidad como en grados Fahrenheit) para disfrutar de la exuberancia de la naturaleza tropical, y quizá hasta enamorarse de alguna hermosa señorita." G. Rodríguez, *Niños trabajadores...*, *op. cit.*, p. 46.

[133] Carta dirigida al general Porfirio Díaz, citada en F. Montellano, *C. B. Waite, fotógrafo...*, *op. cit.*, p. 123.

[134] Entre otras diferencias técnicas, Aubert utilizó el procedimiento del colodión húmedo,

Imagen 68. Fotografía: "Una niñera mexicana",
C. B. Waite (fotógrafo), 1908. (Sinafo-FINAH.)

A pesar de que pertenecen a distintas etapas de la historia de la fotografía, con las implicaciones técnicas que esto conlleva, la diferencia más notable entre ambas imágenes no reside a mi juicio en las variantes tecnológicas, sino en la intención y propósito diferentes de cada uno de los fotógrafos, preocupados por distintas cosas y atravesados por intereses también diversos.

En el caso de Aubert, la imagen formaba parte de un proyecto político-militar de ocupación de un país extranjero; de lo que se trataba era de realizar el inventario de los habitantes del territorio ocupado, lo que le imprime cierta distancia y elimina cualquier sentimiento de empatía con los niños retratados, que son vistos con toda crudeza. Por lo que toca a Waite, sus imágenes —como hemos mencionado— se publicaban en agencias viajeras; muchas de ellas convertidas en tarjetas postales que invitaban al viajero a conocer nuevas tierras y personajes exóticos, pero amigables. Por ello, a pesar de la miseria evidente en esta segunda imagen, también puede captarse cierta empatía del fotógrafo con sus retratados, que maquilla e idealiza la pobreza y le imprime una atmósfera pintoresca.

La "demolición" del estereotipo de la inocencia infantil encontró un espacio significativo en las páginas de la nota roja del reportaje policiaco, y en otros lugares

_____

mientras que Waite usó la placa seca y se benefició de la difusión de la instantánea, lo que le brindó un margen de maniobra mucho más amplio para trabajar en exteriores.

aparentemente inofensivos, como las guías de viajeros y las tarjetas postales, los cuales —como hemos visto— podían pasar del terreno de lo exótico al universo de lo erótico con extrema facilidad, dependiendo de la mirada del fotógrafo, la orientación de la publicación y los múltiples intereses de los lectores.

LOS NIÑOS TRABAJADORES

En este apartado hablaremos de la incorporación visual de la figura infantil en los primeros años del siglo XX, como parte de los grupos de trabajadores que comenzaban a tener una presencia destacada en el efervescente contexto político de la época. Dicha presencia es particularmente importante, sobre todo si la contrastamos con las ausencias, los silencios y las omisiones que podían leerse "entre líneas" en la prensa capitalina y los medios impresos de las décadas anteriores.

En el México del Porfiriato no existió una legislación laboral que prohibiera el trabajo infantil. Las únicas referencias están representadas por *la Ley de Enseñanza Primaria en el Distrito y Territorios*, publicada en 1891, que estipulaba que los niños menores de 12 años de edad sólo podían trabajar con su certificado de primaria elemental, y un *Laudo*, expedido en enero de 1907 en el contexto de las huelgas de la industria de hilados y tejidos, que prohibía explícitamente el trabajo infantil a los menores de siete años, dejando abierto el espacio para los mayores de dicha edad con el consentimiento de los padres.[135] La presencia infantil registrada en las primeras fotografías incorporadas a la prensa y las revistas ilustradas estuvo asociada en términos generales al estatus representado por las élites; en este contexto, la visión idílica de la inocencia infantil predominó hasta los primeros años del siglo XX. Esta visión tenía extensión en los tradicionales festivales de caridad que organizaban el gobierno y algunas sociedades filantrópicas donde se presentaba la imagen de una pobreza agradecida y domesticada, en la que podía verse a los pequeños formando filas para recibir la dádiva correspondiente. Un reportaje sobre "La casa amiga de la obrera" ilustra convenientemente esta visión domesticada de la pobreza vinculada a valores sociales edificantes. La secuencia de seis imágenes muestra la casona de dos plantas y distintos momentos de la vida cotidiana de las niñas que tienen que ver con el aprendizaje escolar, la disciplina laboral y la devoción religiosa. Predomina la visión de conjunto que

[135] Las primeras disposiciones legales que se ocupan de este tema pertenecen a la *Ley constitucionalista del trabajo* de Manuel Aguirre Berlanga, que en su segundo artículo prohibía el trabajo a los menores de nueve años. Por su parte, el artículo 123 de la *Constitución Política* de 1917 define una jornada máxima de seis horas para los menores entre los 12 y los 16 años. Al respecto, véase el *Prontuario de Legislación sobre menores*, Secretaría de Gobernación, México, 1981, pp. 367-370.

realza los objetivos globales de la institución; en particular, las nociones de obediencia y disciplina, e impide la identificación del lector con alguno de los rostros infantiles.[136]

El género de la nota roja, vinculado con los problemas de la criminalidad, puede considerarse una excepción, en la medida en que permitió al lector asomarse a la otra cara del "orden" y el "progreso". Sin embargo, como se ha señalado, la mayor parte de las veces estas imágenes eran percibidas e interpretadas a través de la lente evolucionista predominante en la época. Lo más que puede decirse sobre ellas es que permitían la crítica social, implícita al retratar las atmósferas y los entornos de la miseria que agobiaba a buena parte de la población infantil de la época. Las tarjetas postales que alimentaban las guías de viajeros y las que se vendían en algunas tiendas comerciales capitalinas, que tenían al turista extranjero como destinatario principal, mostraban tangencialmente la pobreza y las condiciones de vida de los niños trabajadores. Introducen modificaciones importantes acerca de la candidez de los reportajes caritativos y la sordidez de los policiacos, en la medida en que muestran la presencia de los niños junto a sus utensilios de trabajo y los ubican en la calle y en los escenarios reales en que desempeñaban sus labores; sin embargo, la miseria es suavizada por una lente que busca construir un perfil de figuras simpáticas y atractivas para el consumidor. La pose sigue siendo el elemento fundamental a partir del cual el fotógrafo desarrolla su trabajo.

Al respecto, analicemos dos imágenes de la obra del ya mencionado Charles Waite. En la primera, puede apreciarse a un grupo de muchachos cargadores, que dirigen la mirada expectante a la cámara. Algunos de ellos sonríen y otros simplemente observan al fotógrafo con semblantes serios (imagen 69); en la segunda, se muestra a un pequeño y sonriente vendedor de pasto, que posa para el fotógrafo junto con su simpático burrito. Cualquier crítica social se diluye en la presentación folclórica del personaje. (Imagen 70.) En los últimos años del régimen porfiriano comenzaron a surgir de una manera cada vez más frecuente los conflictos sociales.

En el caso de las urbes, los protagonistas eran trabajadores de distintos gremios que comenzaban poco a poco a manifestarse de manera pública en las calles como forma de protesta para reivindicar sus derechos. La presencia infantil irrumpía en la vía pública, la mayor parte de las veces ligada al mundo de los adultos. El común denominador de esta nueva serie de imágenes fue la apropiación de la calle como el ámbito privilegiado de la protesta y la vinculación de la participación in-

---

[136] "La casa amiga de la obrera", *El Mundo Ilustrado*, 10 de noviembre de 1908, p. 16.

Imagen 69. Tarjeta postal: "Grupo de niños mexicanos cargadores esperando órdenes", C. B. Waite (fotógrafo), *ca.* 1908. (AGN.)

dividual con un colectivo que subsumía las características personales en una identidad gremial que le proporcionaba razón de ser y sentido político.

Los limpiabotas capitalinos protagonizaron en noviembre de 1906 un suceso inédito que mostraba hasta qué punto las cosas estaban cambiando en el universo porfiriano cerrado y excluyente: organizaron y efectuaron una asamblea en plena plaza de la Constitución. El contenido del artículo que presentó la noticia suavizaba el hecho y proporcionaba una moralizante lectura según la cual la reunión tenía por objeto solicitar al gobierno la reglamentación del oficio y la prohibición del ingreso de muchachos alcohólicos al mismo. Sobre este punto el diario terminaba con una descripción que muestra de manera bastante elocuente cómo eran percibidos estos pequeños desde la óptica de las élites:

El sudor de su rostro no lo produce la labor, sino el alcohol. La depresión y el cansancio vienen no por la fatiga: llegan por el envenenamiento de la sangre. El dinero que ganan durante el día no alivia miserias, ni calma hambres, ni cubre desnudeces, sólo fomenta vicios y origina maldades.[137]

[137] *El Imparcial,* 29 de noviembre de 1906, p. 1.

Imagen 70. Tarjeta postal: "Vendiendo pasto verde en las calles de México", C. B. Waite (fotógrafo), *ca.* 1908. (AGN.)

La imagen fotográfica que ilustra el texto proporciona elementos de reflexión distintos o por lo menos alternos a la visión oficialista del reportaje. Se trata de una de las primeras ocasiones en que la prensa capitalina ofrece a sus lectores, en primera plana, una imagen con fuerte carga contestataria; muestra a un grupo de niños marginados organizados de manera gremial y reconociéndose de manera colectiva, digna y decorosamente, alejado de las lecturas criminalistas predominantes en la época, que relacionaban sistemáticamente a este tipo de niños con el mundo de los vicios morales y las deficiencias orgánicas. (Imagen 71.)

Para fines del Porfiriato los grupos obreros tenían notable presencia en el imaginario visual de la prensa, debido a los cada vez más frecuentes reportajes fotográficos. Una parte de dicho imaginario correspondía a la niñez. La política laboral del Estado oscilaba entre la tolerancia hacia aquellas organizaciones gremiales potencialmente dóciles y controlables, y la represión de los grupos más radicales o independientes.

En este contexto, vale la pena detenerse en el reportaje titulado "La sociedad mutualista y moralizadora de obreros. Los valientes **gremios de trabajadores** tienden a agruparse para su engrandecimiento y poderío", que informaba de la fundación de una organización laboral patrocinada por el gobernador del Distrito, don Guillermo de Landa y Escandón. La composición gráfica del reportaje permite diversas

Imagen 71. Noticia de prensa:
"Mitin de los limpiabotas",
El Imparcial,
29 de noviembre de 1906.
(Biblioteca Miguel
Lerdo de Tejada, SHCP.)

lecturas e interpretaciones, y el contenido textual y su vinculación con la imagen implicaciones diferentes. El régimen difundía estas fotografías para verificar el control que ejercía sobre este tipo de grupos; sin embargo, su simple presencia en las páginas de la prensa era un aviso para las élites, acostumbradas a ignorarlos o a reducir su presencia a las páginas de la "nota roja" o a la nota escandalosa del día. Entre los avisos y omisiones sobresale la fuerte presencia de niños obreros en la imagen. El aspecto más relevante reside en el hecho de que el texto en cuestión omitía cualquier comentario sobre los infantes, centrándose en elogios al gobernador del Distrito Federal y al presidente de la República; sin embargo, la fotografía contradice todo ese discurso simplemente con ubicarlos en un lugar simbólico privilegiado, posando en las primeras filas de la reunión. (Imagen 72.)

A fines del siglo XIX la notoria presencia de grupos de niños vendedores de todo tipo de mercancías en la calle era objeto de alarma entre las élites, que en general reprobaban el fenómeno y lo ligaban a potenciales conductas y comportamientos delictivos:

> Por las calles de la capital, a todas horas del día y de la noche, el transeúnte se ve asaltado por una turba de billeteros, voceadores de periódicos y vendedores de cerillos y otros pequeños artículos [...] entre ellos se encuentra multitud de niños de corta edad, los

Imagen 72. Noticia de prensa: "La sociedad mutualista y moralizadora de obreros", *El Imparcial*, 17 de octubre de 1910. (Biblioteca Miguel Lerdo de Tejada, SHCP.)

cuales con la industria atienden a sus necesidades, que en razón de su corta edad son muy pequeñas, pero que más tarde y con el crecimiento natural no podrán llenarse con las pequeñas utilidades que obtienen. Esta precariedad los orilla muchas veces a delinquir, por lo que es necesario atender este problema.[138]

Los primeros años de la Revolución transformaron notablemente el contenido de la prensa y las imágenes de los trabajadores movilizados para la protesta ocuparon un lugar cada vez más importante; la presencia de los niños y niñas ligados con el mundo de los conflictos sociales adquirió entonces mayor preponderancia. Tales son los casos de la huelga de costureras y la de panaderos ocurridas en la ciudad de México en los últimos meses de 1912.

En el primer caso puede observarse a las niñas junto a las mujeres caminando por las calles para exigir sus derechos o bloqueándolas para evitar que se rompiera la huelga. Se trata de protagonistas activos, que desafían abiertamente el orden establecido, algo que sólo podía verse en la prensa maderista; prensa que tuvo mucho más

[138] *El Pabellón Español*, 3 de abril de 1887, p. 3.

libertad para expresarse en aquel efímero régimen que en los que le sucedieron. Como no existe un texto que acompañe a las imágenes, el pie de nota del reportaje gráfico constituye el único indicador para contextualizar las fotografías y reconocer el punto de vista de la publicación. Dicho pie refiere que las mujeres trabajaban cosiendo prendas para el ejército y decidieron irse a huelga para protestar por la rebaja de sus jornales "ya de suyo harto exiguos".[139] La composición consta de una serie de fotografías, en las que se da cuenta de la huelga. Las dos imágenes superiores y las otras dos inferiores documentan el hecho noticioso, mostrando a las protagonistas apropiándose de la calle, justo afuera de su centro de trabajo. La fotografía central es la de mayor tamaño y la que desempeña un papel simbólico más importante dentro de esta peculiar narración visual. En ella, un grupo de unas 50 mujeres posa de frente y de cuerpo entero para el fotógrafo. A diferencia de otros reportajes, como el del reparto de ropa en la colonia Santa María, estas mujeres sí miran de frente a la cámara, dueñas de la situación, con semblantes tranquilos en los que se esboza más de una sonrisa, lo que recalca su identidad personal y su singularidad. Las niñas ocupan los primeros planos y tienen un papel activo en la imagen. Participan, al lado de sus hermanas mayores y sus madres, en un universo dominado por mujeres que se expresa con una carga simbólica poderosa en el inicio de la Revolución, muy alejadas de las referencias negativas de la nota roja y de los estereotipos idealizados de las élites porfirianas. (Imagen 73.)

El otro caso se refiere a la huelga de los panaderos, que también sacudió a los capitalinos en el mes de octubre de 1912. De nueva cuenta no existe reportaje periodístico que exponga el hecho como tal, así que la gráfica misma se convierte en noticia. En la foto puede apreciarse al grupo de trabajadores, tanto niños como adultos, avanzando por la calle exhibiendo dos símbolos importantes: una gran canasta panadera vacía que simboliza la huelga y la bandera mexicana, emblema que demuestra su patriotismo y busca legitimar su movimiento ante la opinión pública. Los niños panaderos, convertidos en sujetos por la mirada fotográfica, recorren las calles de la capital enarbolando orgullosamente el símbolo nacional por excelencia junto a sus instrumentos de trabajo. La protesta por las precarias condiciones de vida cotidiana y laboral constituye la premisa para leer estas imágenes. El pie de la foto, que señala la ausencia de violencia de la protesta, subraya la civilidad del acto. (Imagen 74.)

Cabe considerar el enorme peso del contexto político en la lectura e interpretación de estas imágenes. En los últimos dos casos relativos a las costureras y los panaderos la distancia de la prensa respecto del régimen maderista ha sido fundamental para reconsiderar el papel activo de los trabajadores y evaluar su

---

[139] *La Semana Ilustrada*, 26 de octubre de 1912, p. 16.

Imagen 73. Artículo de revista ilustrada: "Huelga de costureras", *La Semana Ilustrada*, 26 de octubre de 1912, p. 8. (Biblioteca Miguel Lerdo de Tejada, SHCP.)

presencia en términos muy distintos al estigma y el prejuicio descalificador del gobierno porfiriano.

De los casos de niños trabajadores sobresale el de los llamados papeleros o voceadores, por su enorme presencia en el imaginario visual representado por constantes reportajes fotográficos publicados tanto por la prensa porfiriana como por la revolucionaria, y por la consolidación de su identidad gremial y profesional, iniciada desde varias décadas antes del estallido revolucionario. Un primer reportaje titulado: "La escuela de papeleros" relataba los esfuerzos higienistas del profesor José Guadalupe Troncoso, quien organizó en los últimos años del régimen porfiriano una escuela nocturna para este grupo, donde se enseñaban los contenidos elementales de la educación primaria, al tiempo que se daban lecciones prácticas de higiene.[140] (Imagen 75.)

Las imágenes muestran al profesor Troncoso frente a una hilera de pequeños que posan frente a la cámara durante su aseo personal en una hilera de lavabos. Esta imagen puede leerse en el contexto de los proyectos higienistas moderniza-

[140] *El Imparcial*, 7 de enero de 1907, p. 6.

Imagen 74. Artículo de revista ilustrada:
"Los panaderos huelguistas recorriendo
pacíficamente las calles de la capital",
La Semana Ilustrada,
26 de octubre de 1912, p. 8.
(Biblioteca Miguel Lerdo de Tejada, SHCP.)

dores surgidos en el último cuarto del siglo XIX. A diferencia de las fotografías ya analizadas del doctor González, que retomaban imágenes de estudio resignificándolas en lugares de exploración clínica, en el caso de Troncoso la mirada periodística intenta documentar de la manera más realista posible las ideas y los argumentos vertidos en el reportaje, exaltando los elementos disciplinarios y los instrumentos materiales relacionados con el proyecto higiénico. La importancia estratégica del gremio de los voceadores se desprende de su vinculación directa con la prensa, el medio de comunicación de más peso de la época. Este vínculo exponía constantemente al gremio a los entretelones de los intereses coyunturales de la política.

La prensa oficialista reconocía las implicaciones políticas subyacentes en la labor de los voceadores con un reportaje fotográfico que se titulaba "La prensa sin papeleros es como un ejecutivo sin soldados". Para completar la metáfora, en la imagen superior en forma de medallón, el propio ejecutivo de la nación, el presidente De la Barra, posaba paternalmente con un voceador, observando atentamente el trabajo desempeñado por el pequeño en un taller de carpintería. En la fotografía inferior aparecía De la Barra presidiendo una fiesta para el gre-

Imagen 75. Artículo
de prensa: "La escuela
de papeleros", *El Imparcial*, 7
de enero de 1907, p. 6.
(Biblioteca Miguel Lerdo de
Tejada, SHCP.)

mio, junto con un grupo de damas y caballeros bien vestidos, pertenecientes a las asociaciones filantrópicas que organizaban este tipo de festejos. En la parte inferior izquierda de la composición, un pequeño grabado con la figura emblemática del papelero voceando el periódico se integraba a la fotografía y participa en ese espacio de manera muy natural. (Imagen 76.)

Las dóciles relaciones entre los voceadores y el gobierno porfiriano entraron en una fase turbulenta durante el breve episodio maderista, caracterizado por la inestabilidad y la confusión, paradójicamente acompañadas de mayor libertad de expresión. Éste es el contexto en el que puede leerse el siguiente par de reportajes gráficos. En el primero, titulado "Una petición de los papeleros al Sr. Gobernador del Distrito", puede verse a unos veinte activos muchachos, sonrientes y descalzos, que exhiben y anuncian de manera festiva su producto. Se trata de periódicos, cuyos titulares han sido retocados con el nombre del diario *El País*. La fotografía constituye en sí misma un anuncio publicitario del propio periódico; sin embargo, el contenido de la nota proporciona otro ángulo de interpretación. El diario informa que los papeleros acudieron a las oficinas de la redacción

Imagen 76. Artículo de prensa,
"La prensa sin papeleros
es como un ejecutivo sin soldados",
El Imparcial, 12 de octubre
de 1911. (Biblioteca Miguel Lerdo
de Tejada, SHCP.)

en busca de apoyo para oponerse al nuevo reglamento del gobierno maderista, que pretendía restringir las actividades de este grupo en la vía pública. Como parte de su propio enfrentamiento contra el gobierno maderista, el periódico católico recogió al vuelo esta oportunidad y utilizó a los voceadores, al tiempo que se hacía a sí mismo propaganda. El resultado en términos de imagen es la publicación de la fotografía de marras nada menos que en la primera plana, la cual exhibe con cierta simpatía y sin la estigmatización de antaño a un grupo de niños marginados. Todos posan para el fotógrafo con singular alegría y desparpajo. La novedad consiste en que, en vez del reportaje satanizador de conductas y comportamientos, lo que tenemos es el título de la nota más importante del día, lo que realza la imagen y expresa la relevancia que le asignaba el periódico al conflicto en cuestión. (Imagen 77.)

El segundo reportaje fotográfico, "La suspensión de *El Heraldo Mexicano*", muestra un conjunto de imágenes que ilustran diferentes aspectos del crudo conflicto que tenía lugar entre los voceadores y la policía del gobierno de la ciudad de México en el periodo maderista. Peones en lucha de desgaste entre el Estado maderista y los ataques de diversos grupos políticos que encontraban expresión en la prensa; los voceadores sufrieron la represión policiaca, convertidos de inme-

Imagen 77. Noticia de Prensa: "Una petición de los papeleros al Sr. Gobernador del Distrito", *El País*, 21 de febrero de 1912. (Biblioteca Miguel Lerdo de Tejada, SHCP.)

diato en chivos expiatorios de la disputa, con la correspondiente exaltación gráfica; de esta manera debe apreciarse la persecución de los policías, que corren detrás de los pequeños en plena vía pública. A diferencia de los reportajes de las revistas porfirianas sobre los niños delincuentes, en los que se justificaba la represión y la vigilancia policiaca sobre los pequeños infractores, en esta nueva coyuntura se cuestiona la intervención de los agentes del orden público y las imágenes exaltan la presencia y los valores de las víctimas.[141]

Protagonista de primera fila en las conflictivas relaciones entre grupos de poder, la prensa y el Estado, la figura del pequeño voceador fue utilizada y manipulada por las distintas instancias. Más allá de las coyunturas y los intereses políticos presentes en cada episodio, destaca el hecho de que desde las páginas de la prensa se fue construyendo la figura del papelero o voceador como un personaje

---

[141] "La suspensión de 'El Heraldo Mexicano'", *La Semana Ilustrada*, 6 de octubre de 1982, p. 12.

público, con identidad gremial muy definida, representante urbano por excelencia de una infancia marginada en lo económico y manipulable en lo político.

Como muestra de la gran importancia que adquirió el gremio en el imaginario de los medios impresos durante los primeros años de la Revolución, obsérvese el siguiente par de reportajes fotográficos, técnicamente notables por la combinación de planos, muy superior a trabajos anteriores. El primero, "El aguinaldo de los papeleros", es una interesante composición de tres imágenes que aluden a una fiesta para los voceadores organizadas por el periódico *El Imparcial* en conjunto con la Inspección General de la Policía. En el centro del cuadro aparece el montaje de un muchacho llevándose a la boca una torta de gran tamaño. La ampliación de la imagen permite detenerse en los rasgos particulares del pequeño voceador, detalle que ayuda a identificarlo como individuo, que lo reafirma como persona; en las otras dos imágenes, por el contrario, los pequeños aparecen de espaldas o en serie, haciendo una larga cola para recibir regalos. Si bien el reportaje intenta centrarse en las bondades de la caridad de los organizadores, no puede evitar evidenciar la enorme pobreza de estos muchachos que lucen descalzos y envueltos en ropas gastadas, roídas y descosidas.

El lenguaje narrativo visual había dado un salto cualitativo en relación con las etapas anteriores, representadas por la combinación armónica entre dibujos, grabados y fotografías. En esta ocasión la construcción del fotomontaje se ha encargado de desarrollar una composición general cuya secuencia narrativa descansa en forma exclusiva en la utilización de fotografías, prescindiendo de cualquier otro elemento decorativo. Por un lado la atmósfera festiva construida alrededor de estos hechos no podía ocultar la miserable vestimenta de los pequeños trabajadores; por el otro, el control político de estas organizaciones también resultaba bastante visible. Las imágenes rebasaban el encuadre ideológico de los textos mostrando realidades incómodas que formaban parte de la realidad política y social capitalina de principios del siglo XX. (Imagen 78.)

La misma revista publicó unos meses después uno de los reportajes fotográficos más logrados del periodo, "El Gran Festival de *La Actualidad* en honor de los papeleros"; impresionante composición de once imágenes fotográficas, con diversas actividades de la fiesta, que iban de una corrida de toros a la disposición de las mesas de los papeleros durante la celebración del banquete. (Imagen 79.)

Este fotorreportaje en secuencia narrativa se encarga de desglosar el acontecimiento convertido en noticia, proyectándole una mirada global y destacando momentos singulares que enriquecían la historia, a la vez que favorecían el vínculo afectivo y la empatía del posible lector con ciertas situaciones, fomentando entre el público un aprendizaje visual atento, en forma simultánea, al entorno general y a los pequeños detalles. El ágil encuadre muestra secuencias de la fiesta de toros y del

Imagen 78. Artículo de revista ilustrada: "El aguinaldo de los papeleros", *La Semana Ilustrada*, 6 de octubre de 1911, p. 6. (Biblioteca Miguel Lerdo de Tejada, SHCP.)

banquete general, a la vez que pone la lupa en los rostros de los pequeños que denotan la intensidad con la que vivieron la fiesta. La composición entrega, en un mismo cuadro, los signos personales del asombro individual junto a la épica masiva del conjunto.

Esta serie de reportajes gráficos dan cuenta de la manera en que la imagen fotográfica contribuyó, como ninguna otra expresión plástica o visual, a la difusión de la figura del voceador como personaje cercano y entrañable para la urbe; toda vez que en ningún otro caso de infantes ligados al mundo del trabajo, la prensa había hecho despliegue de imágenes parecido.[142]

[142] Al respecto de esta empatía del personaje del voceador con la ciudad de México de aquellos años, vale la pena citar la siguiente anécdota relatada en el periódico *Excelsior* el 22 de abril de 1981 (p. 1), en la cual se nos narra los inicios de la carrera artística de Esperanza Iris: "Por los años 1908-1910 [...] cuando al desaparecido Teatro Principal se le llama la Catedral de la Tanda, comenzó a trabajar en una zarzuela titulada 'Cuarta Plana', la inolvidable reina de la opereta Esperanza Iris. Y precisamente el éxito de su actuación era el interpretar el papel de voceador, o mejor dicho, del papelerito de entonces, vistiendo con la humildad que caracterizaba a éste: calzón de manta, arremangado en una pierna, guaraches y cubriéndose con un raído sombrero de petate y lanzando chiflidos de los de 'arriero' pregonaba a voz en cuello: *¡Imparcial!, ¡El País! ¡El Tiempecito!*"

Imagen 79. Artículo de revista ilustrada: "La fiesta de los papeleros", *La Semana Ilustrada*, 7 de julio de 1912, p. 4. (Biblioteca Miguel Lerdo de Tejada, SHCP.)

El papel estratégico desempeñado por estos pequeños como instrumento de difusión de los diarios, y su cercanía con el mundo de la política, explican en buena parte este tipo de coberturas. No es casual que en años posteriores los fotógrafos Casasola reconstruyeran el estereotipo de los niños voceadores vinculado con la fotografía como documento social, con una fuerza notablemente superior a la de cualquier otro personaje infantil ligado al mundo del trabajo. La diversificación de imágenes y representaciones de los niños trabajadores adquirió gran relevancia durante los últimos años del régimen porfiriano y continuó en los primeros años de la Revolución. La presencia pública de limpiabotas, costureras y voceadores en las primeras planas de la prensa capitalina los hizo visibles frente a sectores cada vez más amplios de la opinión pública. Ante el maniqueismo imperante en el universo gráfico del Porfiriato, que clasificaba la presencia infantil en el campo de la inocencia y de las "buenas conciencias" o en el submundo de la criminalidad de los grupos populares, tenemos aquí una línea distinta de representaciones, ligada con el mundo del trabajo y la marginación.

Esta diversificación abrió paso a un proceso complejo y contradictorio, en el que lo mismo se intensificó la manipulación política de los infantes, que se construyó un espacio simbólico de mucha importancia que consolidó su presencia en un ámbito público, acercando a gran cantidad de lectores a las precarias condiciones de vida de estos pequeños convertidos en actores sociales.

EL NIÑO Y LA REVOLUCIÓN

Infancia y militarización

Esta línea de representación se inserta dentro de un proceso social más amplio: el de la progresiva militarización de la sociedad capitalina de principios del siglo XX. En este rubro, las imágenes van a mostrarnos la penetración de la ideología bélica en instancias civiles como las escuelas, los *kindergarten*, los hospitales, las correccionales para menores y los hospicios. A propósito, el coronel Domingo Sapiain Rodríguez, nacido en 1893, nos brinda un valioso testimonio de vida cotidiana al narrar, en una entrevista celebrada en marzo de 1951, el origen infantil de su vocación militar:

> [...] ya de chiquito, desde un principio, desde que tuve uso de razón, era muy afecto a ser soldado; desde chiquillo me daba por ser soldado; porque los días de San Juan nos compraban nuestros chacos y nuestras pecheras de cartón, nuestros sables de tejemanil y nuestros gorros de esos de bomberos y de lo que había, y éramos como seis o siete los que formábamos parte de una, se podría nombrar, compañía para combatir en el mismo pueblo de San Nicolás.[143]

Pueden encontrarse elementos de la conformación de este proceso a lo largo de todo el siglo XIX, comenzando por la propia gesta de independencia, que produjo héroes infantiles que alcanzarían gran trascendencia en la historiografía liberal del siglo pasado, desde el famoso "Niño artillero" del ejército insurgente de Morelos, hasta los célebres "Niños héroes" defensores del Castillo de Chapultepec frente al invasor estadunidense. Sin embargo, el proceso adquirió un ritmo cualitativamente distinto en los primeros años del siglo XX y llegó a su clímax durante los años revolucionarios. La militarización de los cuerpos civiles adquirió presencia visible durante el régimen maderista; en este sentido, la Secretaría de Instrucción Pública y Bellas Artes expresaba en junio de 1912 al rector de la Universidad la necesidad de impartir cursos especiales de ejercicios militares en las distintas instancias educativas:

---

[143] Entrevista con Jaime Alexis Arroyo. Instituto de Investigaciones doctor José María Luis Mora, Archivo de la palabra, PHO/1/107, p. 6.

Discutir, resolver, qué conviene más: que los ejercicios militares, conforme al programa detallado de tres años, comiencen a ser obligatorios desde el último año de Primaria inferior a fin de que disfruten de ese beneficio todos los alumnos de Educación Primaria Superior, o que comience a ser obligatorio el curso de Ejercicios Militares desde el primer año de Preparatoria.[144]

A pesar de que el proyecto no se aplicó durante el régimen maderista, marcó precedente, que fue retomado durante la dictadura huertista. Una muestra de esta atmósfera belicista la representa la serie de fotografías donde aparecen estudiantes y empleados bancarios y comerciales formando "un cuerpo de voluntarios para la defensa social, en caso de grave peligro contra la propiedad en México".[145] Entre los manifestantes destacaban dos niños, uno de ellos iba tocando marcialmente un tambor, mientras el otro marchaba y empuñaba una corneta militar. La composición gráfica en cuestión incluye algunos elementos retóricos de manipulación de las imágenes que resultan significativos. En términos generales, los adultos "voluntarios" son registrados en serie, sin identidad particular, totalmente integrados a las maniobras y al adiestramiento militar que da origen al título de la publicación; los dos niños que aparecen en la composición, por el contario, resaltan al ser presentados de manera individual y resultan fácilmente reconocibles respecto del conjunto. Su identidad se las proporciona el instrumento musical con el que acompañan las maniobras militares: una corneta y un tambor. Se trata de una puesta en escena, con determinada lectura política de la niñez, la cual se iba militarizando a ojos de la opinión pública. Conviene fijarse en que, aunque todavía no se exhibían cuerpos de voluntarios infantiles como sucedió en el régimen de Huerta, con Madero los niños ya formaban parte de la escenografía bélica del momento y acompañaban a los adultos en la realización de los ejercicios y las maniobras militares. (Imagen 80.)

Las imágenes bélicas de la infancia comenzaron a aparecer durante el periodo maderista; posteriormente, durante la dictadura huertista, la tendencia llegó a su apogeo y se divulgaron gran cantidad de fotografías y grabados que promovían el espíritu marcial según el cual la soberanía nacional estaba en grave peligro. El propio Huerta aludía orgulloso a este proceso en sus memorias:

No creo que nadie haya establecido un gobierno militar como el mío. Todos los mexicanos fueron militares. Los maestros de escuelas, los empleados, los barrenderos,

---

[144] "Documentos universitarios". Archivo Histórico Ezequiel A. Chávez, UNAM, sección Universidad Nacional de México; caja IV, leg. núm. 3.

[145] *El Imparcial*, 18 de marzo de 1912.

Imagen 80. Noticia de prensa: "Los voluntarios hacen ejercicios", *El Imparcial*, 18 de marzo de 1912, p. 4. (Biblioteca Miguel Lerdo de Tejada, SHCP.)

los ministros, los niños, los gobernadores, los secretarios particulares, los diputados, los empleados de todos los ramos, todos fueron militares.[146]

La cita dista enormemente de reflejar la realidad; sin embargo, resulta útil en la medida en que descubre las intenciones totalitarias y el proyecto militarista de la dictadura en el poder que se impuso en México entre febrero de 1913 y junio de 1915.

El proyecto militarista de Huerta abarcó, en primer lugar, a distintos sectores de empleados federales, particularmente dóciles por su dependencia económica del régimen; pero también logró extenderse a otros sectores laborales como el de los obreros, e incluso a algunas instituciones educativas, como la Escuela Nacional Preparatoria, en la que se llegó a aplicar un reglamento de carácter militar.[147]

Huerta convocó durante el mes de julio de 1913 a miembros de distintas organizaciones, como la Sociedad Mutualista de Empleados Libres, el Centro Cos-

[146] V. Huerta, *Memorias*, Ed. Vértice, México, 1957, p. 72
[147] Al respecto, véase A. Langle, *El militarismo de Victoriano Huerta*, UNAM, México, 1976, pp. 87-136.

mopolita de Dependientes, el Partido Popular Obrero, La Gran Liga Obrera de
la República Mexicana y la Sociedad de Zapateros a recibir instrucción militar
un día a la semana. El título del reportaje rezaba: "¡Ahora hay que dedicar dos
horas a la patria, señores dependientes!", y la composición gráfica, construida desde la retórica nacionalista persuasiva, aportaba elementos importantes: entre dos
fotografías de los voluntarios con sus bicicletas y la figura del dictador posando
con miembros de su gabinete, se incrustaba, en forma de círculo, el dibujo de un
obrero en overol, sentado y cargando cariñosamente a su bebé, al que le acaricia-
ba tiernamente la cabeza.[148] (Imagen 81.)

¿Cómo interpretar esta curiosa combinación de grabado y fotografías? Se
trataba de proyectar la imagen de un padre responsable, que así como vela por la
seguridad de su pequeño, también se reporta listo para responder al patriótico
llamado del primer mandatario para defender a la patria. La asociación bebé-fa-
milia-nación quedaba así estructurada en el plano iconográfico.

Al mes siguiente, un reportaje informaba que la instrucción militar de los trabajadores había comenzado en los llanos de San Antonio Abad. Las fotografías nos
muestran a un grupo de adultos marchando y a otro de niños alineados, recibiendo
órdenes de un oficial del ejército. A un lado, el dibujo de un niño enarbolando gallar-
damente la bandera nacional le imprime sello patriótico a toda la composición.[149]

El salto en la preparación y sensibilización de la opinión pública hacia la instrucción militar infantil se había consumado y los pequeños ya no sólo acompañaban a los adultos con instrumentos musicales durante las maniobras militares,
como a fines del Porfiriato o en el maderismo, sino que ahora integraban sus
propios batallones. A lo largo del cruento año de 1913, puede revisarse este proceso de militarización infantil en las diferentes instancias educativas y de beneficencia a través de las imágenes de la prensa. Apenas en marzo, recién implantada
la dictadura huertista, tuvo lugar una ceremonia de premiación de alumnos distinguidos en la Escuela Industrial de Huérfanos.[150]

En el reportaje correspondiente se informaba que a partir de ese momento la
Escuela sería militarizada, con lo que la institución habría entrado en una nueva etapa de "progreso". La fotografía, con el pie "Grupo de cabos y sargentos de
la Escuela Industrial de Huérfanos", muestra una hilera de muchachos de unos
12 a 14 años haciendo el saludo militar con sus uniformes y gorras militares. Se
trata de una peculiar imagen de la niñez en la que la acción del Estado se vincu-

[148] *El Imparcial,* 21 de julio de 1913, p. 1.
[149] *Ibidem,* 27 de agosto de 1913, p. 1
[150] *Ibidem,* 7 de marzo de 1913, p. 1.

Imagen 81. Noticia de prensa: "¡Ahora hay que dedicar dos horas a la patria, señores dependientes!", *El Imparcial*, 21 de julio de 1913. (Biblioteca Miguel Lerdo de Tejada, SHCP.)

laba a la caridad cristiana, la instrucción cívica y la beneficencia pública con la militarización como modo de vida que orientaba a los distintos sectores.

Con un tono muy parecido, tocó el turno en el mes de abril al Hospicio de Pobres. En una ceremonia presidida por el licenciado Francisco Celso García, director de la Beneficencia Pública, se impusieron grados militares entre los alumnos más destacados de la clase de ejercicios castrenses.[151] Podría pensarse que un festival patriótico, por su misma naturaleza, recrea y construye necesariamente una atmósfera bélica que nada tiene que ver con el proceso de militarización de la vida cotidiana; sin embargo, tal proceso tenía lugar todas las semanas en distintas instituciones.

En un reportaje del 1 de septiembre realizado por *El Imparcial*, se narraba en primera plana la marcha marcial en la calle, frente a las oficinas del periódico, de unos niños del Hospicio de Pobres. La imagen muestra una hilera de pequeños de unos 10 años con sus respectivos uniformes, sus gorras y tambores militares.[152]

[151] *Ibidem*, 7 de abril de 1913, p. 1.
[152] *Ibidem*, 1 de septiembre de 1913, p. 1.

Otro ejemplo representativo ocurre durante el mes de octubre. Un grupo de niños de la escuela "Ponciano Arriaga" recibe adiestramiento militar para los concursos de cultura física que tendrían lugar durante la realización de unos juegos olímpicos escolares en los que participarían varias escuelas y colegios de la capital. La composición gráfica se hizo con un par de fotografías en las que pueden verse, en la parte superior, dos hileras de niños apuntando a sus objetivos con sus rifles; esperando recibir la orden de fuego. En la parte inferior, en una segunda imagen, otro grupo apoya toda la maniobra con tambores y cornetas. (Imagen 82.)

La dictadura huertista llevó la implantación de este sistema militarizado en la Escuela Industrial de Huérfanos a niveles extremos, que tocaron los límites del absurdo. Tal fue la disposición gubernamental de militarizar a todos los empleados de la institución, desde el director, que ostentaba el grado de capitán, hasta los prefectos, que obtuvieron el grado de soldados. Lo que no se previó en las esferas de poder fue el conflicto que este tipo de cambios iba a generar en el seno de la vida cotidiana de la institución, pues algunos de los estudiantes podrían tener mayor jerarquía militar que varias de las autoridades, con lo que la finalidad de generar una disciplina férrea estaba en serio peligro. Por todo ello, el director de la Escuela escribió una desesperada misiva al director de la Beneficencia Pública pidiéndole la suspensión de la medida, pues con el nuevo orden de cosas huertista llegaría a haber alumnos sargentos que no tendrían que obedecer a prefectos convertidos por decreto en soldados rasos:

> Suplico a usted atenta y respetuosamente se sirva consultar con quien corresponda sobre el particular o resolver de plano que la organización de los alumnos no puede modificarse, porque suprimir la jerarquía de los grados militares instituidos sería sufrir un serio trastorno en el orden y crear un obstáculo para seguir sosteniendo la disciplina que es tan necesaria en el plantel [...] organización podemos implantar en el establecimiento para poder conservar el principio de autoridad.[153]

El nuevo orden constitucionalista continuaría con el proceso de militarización, ya sin los excesos huertistas. Las composiciones fotográficas publicadas en los primeros años de la Revolución desarrollaron una retórica de la imagen que justificó la presencia infantil en el adiestramiento militar que impartía el Estado. En este sentido, la fotografía cumplió con el papel estratégico de intentar persuadir y convencer a la opinión pública acerca de la necesidad de aceptar y apoyar este tipo de procesos.

La vinculación de los infantes a la simbología de la guerra no se limitó a las

---

[153] "Carta del Sr. Alfaro al Director de la Beneficencia Pública", 27 de mayo de 1914, en Archivo de Salud, fondo Beneficencia Pública; legajo núm. 25; expediente 11.

Imagen 82. Noticia de prensa: "Ejercicios militares para los juegos olímpicos". *El Imparcial,* 5 de octubre de 1913. (Biblioteca Miguel Lerdo de Tejada, SHCP.)

acciones emprendidas por la dictadura de Huerta. Como veremos a continuación, el proceso comprendió a las distintas facciones revolucionarias en lucha y recibió un tratamiento muy peculiar de la prensa capitalina.

Las representaciones de niños

En los últimos años del periodo estudiado (1910-1914) se produjo una ruptura política con el régimen porfiriano que sacudió profundamente a los diversos grupos sociales, movilizando sectores que hasta entonces no habían tenido una presencia tan clara en el imaginario social de la época y que ante la nueva situación emergieron con gran fuerza. La guerrilla zapatista y la rebelión orozquista durante el régimen de Madero y la explosión revolucionaria durante la dictadura de Huerta, proporcionan un marco político y cultural diferente, en el que la fotografía de prensa intensificó sus características documentales y adquirió mayor profesionalización mediante corresponsales de guerra, algunos de los cuales utilizaron grabados y fotografías para complementar sus informaciones dirigidas a un público ávido de noticias.

La fotografía de prensa se adecuó a la nueva situación, y sin dejar sus móviles tradicionales de los últimos diez años, incorporó la riqueza y la complejidad que le brindaba el nuevo contexto, contribuyendo al mismo tiempo a enriquecerlo y a modificarlo. Un buen punto de partida para el análisis de estas imágenes lo constituyen los planteamientos de la historiadora de la imagen Anne McCaulley, quien señala:

> Como todas las tecnologías, la fotografía fue conformada en respuesta a específicos programas sociales y políticos. En este sentido, no fue políticamente neutra, sino que formó parte de una ideología, de un sistema de ideas destinado a hacer propaganda de un determinado orden social.[154]

Sobre esta base podemos diferenciar tres grandes áreas o campos de acción en los que fueron utilizadas las imágenes fotográficas con protagonistas infantiles durante la primera etapa del conflicto revolucionario.

1. La "defensa" de la civilización. Esta área responde a la necesidad del régimen en el poder de legitimar la violencia en contra de los grupos rebeldes, lo cual se realiza a través de la valorización familiar de los propios oficiales, militares de alto rango y jefes de campaña, presentándolos a la opinión pública como padres de familia honestos y responsables, o bien a través de la satanización y estigmatización de los adversarios y enemigos, mostrándolos como hordas salvajes y primitivas, enemigas del orden, la civilización y el progreso.

Una de los personajes más promovidos por el entorno fotográfico de la prensa durante el régimen de Madero fue Victoriano Huerta. Las intervenciones del general como jefe militar durante la campaña contra los rebeldes en Torreón y Chihuahua en los meses de mayo a octubre de 1912 fueron captadas en numerosas ocasiones por la prensa gráfica. Al respecto, sobresalen dos imágenes donde Huerta aparece como un padre de familia cariñoso y responsable, acompañado

---

[154] A. McCaulley, "Una imagen de la sociedad", *op. cit.*, p. 54.

de su familia hasta en los momentos más peligrosos y difíciles. En la primera, el título del fotograbado es el siguiente: "La familia del general Huerta saliendo de Torreón", y nos muestra a la esposa del militar asomándose con sus tres hijas por una de las ventanas del vagón del ferrocarril del ejército. (Imagen 83.)

La segunda, que acompaña a la noticia que informa del regreso de Huerta de la ciudad de Chihuahua a la capital de la República, subraya de una manera positiva el carácter paternal del militar, quien luce tomado de la mano de una de sus hijas, en un intento evidente por humanizar al personaje; si bien sus lentes negros no ayudaban demasiado a consolidar una imagen atractiva ante la opinión pública. El reportaje nos informa que la fotografía fue tomada en la estación Colonia de la ciudad de México poco antes de las dos de la tarde. Huerta iba acompañado de otros comandantes militares que participaron en la campaña contra Orozco. Los niños captados por la lente de Agustín Víctor Casasola son los hijos del general y los sobrinos de Joaquín Maass, comandante del batallón de ferrocarrileros. En la fotografía original de Casasola, que puede consultarse en la Fototeca Nacional, prevalece una visión de conjunto, donde la esposa de Huerta y los demás oficiales alternan con algunos civiles y curiosos. La rueda de un cañón en el margen inferior derecho de la imagen sirve al fotógrafo para contextualizar el hecho y afirmar la personalidad de los personajes. Por el contrario, la diagramación editorial del periódico recorta la imagen y acentúa la figura del padre de familia Huerta tomando de la mano a su pequeña hija, que se lleva el dedo a la boca y mira distraídamente hacia un lado, indiferente al ojo de la cámara (Imagen 84).

Este tipo de acercamientos y construcciones de la imagen pública de Huerta se intensificaron después del golpe de Estado contra Madero. Resulta sintomática la recurrencia de la figura del dictador en las primeras planas de la prensa, asistiendo a las actividades y reuniones más nimias como kermeses e inauguraciones de cursos escolares mientras el país se debatía en una crisis profunda y una guerra civil atroz. Éste fue el caso de la kermés organizada el 4 de julio en el Tívoli del Eliseo de la capital por la colonia estadunidense para festejar la independencia de Estados Unidos. Resulta sorprendente ver a Huerta y a buena parte de su gabinete departir alegremente en una fiesta infantil en plena víspera de la toma de Ciudad Juárez por las tropas de Pascual Orozco, uno de los episodios más importantes de la Revolución. Unas cuantas semanas después del famoso "Pacto de la Embajada", en el que se organizó el cruento golpe de Estado contra el presidente Madero, puede verse a Huerta conviviendo con el cónsul estadunidense Arnold Shanklin, y con un pequeñín de aquel país que posa con su infaltable bate de beisbol. Se trata de una de las primeras fotografías de prensa en la que se manipula políticamente con la infancia para mostrar el lado amable del dictador.

Imagen 83. Noticia de prensa: "La familia del general Huerta", *El Imparcial*, 27 de septiembre de 1912. (Biblioteca Miguel Lerdo de Tejada, SHCP.)

Otro caso ilustrativo al respecto es el de la "lucida" fiesta de cumpleaños celebrada en casa del hijo del general Huerta, a la que asistió buena parte del gabinete y que ameritó grandes espacios en los titulares de la prensa.[155] Entre otras imágenes dedicadas al festejo, destaca una fotografía que nos muestra al general rodeado de niños y niñas: una de las pequeñas —probablemente su nieta— lo toma cariñosamente del brazo, mientras los demás posan muy serios ante la cámara. El pie de foto es muy significativo, se titula "Interesante grupo", con la intención de utilizar la imagen inocente de la infancia para suavizar y humanizar la figura del dictador y proponerlo a la nación como un abuelo bondadoso que se daba tiempo para acariciar a sus nietos y jugar con los niños. En contraste, el resto de la plana estaba completamente dedicado a reseñar e informar a la opinión pública de los diferentes combates que se desarrollaban a lo largo y ancho de la República, desde la rebelión de los zapatistas en Huitzilac hasta los avances de las tropas carrancistas en Durango y Monterrey. Estas "crónicas de guerra" propor-

Imagen 84. Noticia de prensa: "El Sr. Gral. Huerta llegó ayer a la capital en busca de salud", *El Imparcial*, 11 de octubre de 1912. (Biblioteca Miguel Lerdo de Tejada, SHCP.)

cionaban al lector el contexto real de angustia e inseguridad en el que se debatía la población mayoritaria del país, en contraste con las alegres fiestas de cumpleaños en que se ocupaba el mandatario.

A diferencia del caso de las campañas militares contra los zapatistas en el sur, donde la voluntad de descalificación y estigmatización del adversario se manifestaba de manera constante, en el caso de los rebeldes orozquistas del norte el tratamiento de la imagen era mucho más benigno e incluso encontramos algunos casos que intentaban rescatar el lado humano de los "alzados" y llegaban a valorar de manera positiva sus atributos familiares, cuando se referían a jefes de alto rango o jerar-

[155] *El Imparcial*, 7 de diciembre de 1913, p. 1.

quía, como era a todas luces el caso del propio general Orozco. Tal es el contexto de una imagen fotográfica aparecida el 29 de mayo de 1912 en la primera plana de *El Imparcial*, que en plena campaña contra los rebeldes muestra a la esposa del líder insurrecto sentada sobre una silla de madera y acompañada de su hija, una pequeña de unos ocho años. Se trata de una fotografía que se asemeja a los retratos de estudio; la dama porta un elegante sombrero y un hermoso vestido, mientras que la niña luce con el cabello perfectamente arreglado. La imagen contribuye aquí a proyectar un ángulo socialmente aceptable del líder revolucionario, presentándolo como jefe de una familia con buena posición económica. (Imagen 85.)

Los intereses políticos y financieros de los grupos dirigentes no parecían estar en contradicción con Pascual Orozco y las fuerzas que representaba. Así las cosas, esta fotografía posee un valor simbólico muy importante, al contribuir a diseñar la imagen del jefe rebelde acompañado de una familia "modelo" no muy alejada de los valores a los que aspiraba la ideología de sus adversarios.

En esta atmósfera caracterizada por el control de la información periodística sobre la guerra civil que aquejaba a la nación, se produjo uno de los episodios más importantes en lo que respecta a la manipulación de la imagen infantil, el cual nos muestra hasta dónde el manejo de la figura de la niñez se había convertido en instrumento vital de la propaganda gubernamental. En vísperas de la Primera Guerra Mundial, en enero de 1914, se verificó cierto acercamiento entre el gobierno de Japón y el de México, reflejado en la llegada al país de una comitiva oficial de la marina japonesa, con la presencia del ministro Adatci y el comandante Moriyama. La cobertura periodística del acontecimiento abarcó ceremonias patrióticas, como la visita a la tumba de Benito Juárez del comandante Moriyama, así como diferentes cenas y bailes en honor de la marina nipona.[156]

Un editorial publicado en la prensa positivista a principios de 1905 titulado "El amor a los niños y la grandeza de los pueblos" constituye un buen termómetro para acercarse a la percepción oficial de ciertos aspectos de la educación infantil japonesa. La tesis principal radicaba en la necesidad de reorientar en el país la concepción de la niñez de acuerdo con las enseñanzas de los países del norte; entre ellos, Japón y Estados Unidos, los cuales habrían tenido un gran éxito en la educación cívica de su población infantil, a diferencia de otros países, como México, sumidos en el atraso por su tradición hispana.[157]

En esta coyuntura, la prensa capitalina publicó una carta de un niño japonés dirigida a sus compañeros mexicanos con la siguiente presentación: "Niños de México, deteneos y escuchad un melodioso acento infantil que se ha levantado

---

[156] *El País* y *El Imparcial*, 25 al 31 de enero de 1914.
[157] *El Imparcial*, 12 de febrero de 1905, p. 1.

Imagen 85. Noticia de prensa: "P. Orozco tuvo en Chihuahua una conferencia con sus oficiales", *El Imparcial*, 29 de mayo de 1912. (Biblioteca Miguel Lerdo de Tejada, SHCP.)

allende el Gran Océano, en aquel pueblo cuyo enorme corazón palpita con nuestras dichas y amarguras."[158]

A mis amigos, los niños de las Escuelas Primarias de la gran república de México: muy ardientemente deseo la prosperidad de vuestro país en el porvenir. Simpatizo profundamente con las difíciles circunstancias por las que atraviesa vuestra querida patria, pero podéis estar seguros de que El Cielo siempre ayuda a la causa justa. Anhelo con toda sinceridad que os esforcéis por el bien de vuestro noble país. Deseando a todos salud, quedo de vosotros como el más sincero amigo. Taro Yamada, niño de las Escuelas Primarias del Imperio de Japón.[159]

[158] *Ibidem*, 25 de enero de 1914, p. 1.
[159] *Ibidem*.

En el mismo tono, el diario se dirigía a los infantes mexicanos y les preguntaba "¿Es verdad que os ha llegado al fondo del alma la buena y santa invocación del japonecito Yamada, niño como vosotros, y como vosotros, noble?", y terminaba la nota recordándoles que "El Cielo" siempre ayudaba a la "causa justa" y recomendándoles "inclinar sus hermosas cabecitas" hacia Oriente, donde encontrarían ejemplos de nobleza y heroísmo.[160] Una fotografía del propio ministro japonés, M. Adatci, elegantemente vestido con su traje y su sombrero de copa posando junto a la ampliación en cartel del contenido de la carta, reforzaba el reportaje. Los bellos signos de la escritura japonesa y los paisajes orientales que adornan la escena le proporcionaban a la composición gráfica una atmósfera de tarjeta postal que acentuaba el sentido de la propaganda. Como resulta previsible, la "respuesta" de los niños mexicanos no se hizo esperar. Así lo celebraba el comentarista del diario positivista "Ved cómo los niños de una y otra nación salvan las pomposas ritualidades cancellirescas y se entienden a maravilla en su lenguaje común, el de la inocencia".[161] Sólo unos cuantos días bastaron para que los infantes G. de Rueda, Guillermo, Luis y Eduardo Lamonte y Carlos M. del Río respondieran a su nuevo amiguito en los siguientes términos:

> Noble y querido niño: Tus palabras de simpatía en nuestras tristes circunstancias nos han conmovido y consolado, y creemos como tú que El Cielo nos ayudará y nos dará la paz que tanto necesitamos. Haremos esfuerzos por el bien de nuestra querida patria, como tú dices, imitando a ustedes, que son tan grandes patriotas. Quisiéramos todos tener tu retrato como recuerdo y simpatía de tu hermosa acción para con nosotros.[162]

En la fotografía que acompaña el texto puede verse a tres niños de unos 10 años de edad, vestidos de marineros, en forma muy apropiada para la ocasión. Parecen muy serios, como respondiendo a la solemnidad del episodio, mirando muy atentamente a la cámara. La imagen se imprimió sobre la carta, que conserva la caligrafía original y las firmas de los pequeños, lo que pretende darle mayor veracidad al hecho y le confiere una carga testimonial muy importante, en cierto modo similar a la de los primeros anuncios de la publicidad médica analizados en capítulos anteriores.

Como en muy pocas imágenes, esta fotografía nos remite al aprendizaje visual y a la educación de la mirada, implícita en la composición gráfica. Fotografías y rúbricas infantiles se entrelazan para darle al conjunto el aspecto de documento que

---

[160] *Ibidem.*
[161] *Ibidem*, 29 de enero de 1914, p. 1.
[162] *Ibidem.*

Imagen 86. Noticia de prensa:
"Un melodioso clamor infantil
nos llega del Japón", *El Imparcial*,
25 de enero de 1914. (Biblioteca Miguel
Lerdo de Tejada, SHCP.)

aporta sentido propagandístico al texto, al tiempo que reiteran la importancia simbólica de los apellidos provenientes de las élites porfirianas. (Imágenes 86 y 87.)

Las campañas militares contra los rebeldes desarrollaron una estrategia gráfica que comparte algunos elementos con los casos anteriores. El principio del modelo radicaba en transmitir al lector la idea del poderío de los ejércitos federales, proporcionando información sobre el número de soldados y el apoyo material y bélico con que contaban las unidades; al tiempo, se acentuaban rasgos humanitarios de los jefes y dirigentes a través de imágenes concretas, para reforzar la idea de que el gobierno era portador no sólo de una superioridad bélica evidente, sino, sobre todo, ética y moral.

Por lo que toca a la campaña contra el zapatismo, un ejemplo muy significativo lo encontramos en el reportaje publicado el 6 de junio de 1913, que informaba acerca de la llegada a Cuernavaca del general Rasgado con una "poderosa columna que batirá a los rebeldes surianos".[163]

---

[163] *Ibidem*, 6 de junio de 1913, p. 1.

La composición gráfica consta de tres fotograbados; dos muestran al lector el poderío de las columnas federales y su correspondiente armamento, mientras que en el tercero aparece el general Rasgado cargando cariñosamente a su hijo y dándole un tierno beso en la mejilla; rasgo que lo muestra ante los lectores como un padre de familia afable y bondadoso, obligado a desprenderse de su familia para defender a la República y sus instituciones contra lo que en el texto se denomina las "hordas zapatistas", comandadas por su jefe, el "Atila" del sur. En otro caso típico del manejo de este tipo de imágenes, correspondiente a la campaña militar contra los rebeldes orozquistas en el otro extremo del país, una nota informa que había salido para el norte un poderoso ejército al mando del general Rubio Navarrete, el cual llevaba cinco millones de cartuchos y 30 000 granadas.[164] La composición gráfica con varios fotograbados ilustra al lector acerca de la fortaleza bélica de las columnas militares, mientras una de los fotos destaca la imagen del general Rubio Navarrete cargando a su pequeña hija. El pie de la imagen refuerza la idea del padre responsable: "Una despedida cariñosa". (Imagen 88.)

2. *La estimagtización del adversario.* Uno de los espacios más adecuados para analizar esta estrategia oficial de es-

Imagen 87. Noticia de prensa: "Ha producido un eco simpático el cariñoso acento del niño Yamada", *El Imparcial*, 29 de enero de 1914. (Biblioteca Miguel Lerdo de Tejada, SHCP.)

[164] *Ibidem*, 17 de junio de 1913, p. 1.

Imagen 88. Noticia de prensa:
"Una despedida cariñosa",
El Imparcial, 17 de junio de 1913.
(Biblioteca Miguel Lerdo
de Tejada, SHCP.)

tigmatización de los adversarios políticos llevada a cabo por la prensa positivista es el que se refiere a la campaña militar contra los zapatistas.

Una primera etapa, ejecutada todavía bajo la administración maderista en los primeros meses de 1912, se esforzaba por mostrar imágenes de pueblos del estado de Morelos, "concentrados" por las autoridades en determinados lugares controlados por el ejército, las cuales mostraban a comunidades enteras de la zona que vivían en el área de influencia de la guerrilla y que estaban ahora bajo control de las autoridades federales. Sobresalen algunas imágenes de pueblos desplazados de su lugar de origen, ubicados en el epicentro de la rebelión zapatista y concentrados en pequeñas ciudades como Jojutla y Cuernavaca. Como una situación excepcional, contamos con el testimonio del propio reportero, que explica a los lectores la finalidad de la publicación de estas imágenes:

> Como complemento de mis informaciones telegráficas, envío unas fotografías que representan escenas de la campaña. En ellas se ve a los habitantes del pueblo de Santa Catarina que se han concentrado en Cuernavaca por orden de la Superioridad y los vecinos de Tepoztlán, a los que se ordenó lo mismo.[165]

[165] *Ibidem*, 12 de marzo de 1912, p. 1.

Las fotografías captadas como "complemento" por el periodista constituyen documentos de gran relevancia; en general, muestran a mujeres campesinas de rasgos indígenas acompañadas de niños de todas las edades. Se trata de una serie de imágenes que retrataban en realidad a la pobreza, y que permitían al lector urbano descubrir por primera vez a los grupos campesinos que servían de apoyo a las guerrillas sureñas. Estas imágenes mostraban en todo momento la presencia de oficiales controlando la situación. El resultado final era ambiguo y desconcertante, en la medida en que se permitía cotejar de esta manera a un público acostumbrado a la crónica criminal "lombrosiana" que hablaba de los zapatistas en términos de una serie de "huestes depravadas" con personajes reales de carne y hueso, que evidenciaban y difundían la conocida cara de la miseria y sus dramas cotidianos, representados por estas mujeres de rasgos tristes y dolientes y sus hijos desnutridos.[166]

Las tensiones y ambigüedades entre texto e imagen se establecen de manera más clara en los reportajes gráficos que se refieren directamente a los rebeldes zapatistas. Éste es el caso de los siguientes trabajos periodísticos, en los que se describe la labor de espionaje del grupo guerrillero en la ciudad de México. La primera nota informa de los ataques de los zapatistas a una guarnición federal en el Ajusco, a mediados de septiembre de 1912, y la forma en que las tropas leales al gobierno, comandadas por el mayor Acosta, dispersaron a los guerrilleros, tildados de "salvajes", "ignorantes" y "bárbaros", siguiendo la lógica y la terminología prevaleciente para estos casos.[167] La imagen fotográfica que ilustra la nota se titula "Un prisionero zapatista", donde un muchacho de unos doce años mira un poco asustado a la cámara. Va vestido de pantalón y camisa de manta y se acomoda su sombrero de palma con la mano izquierda. Detrás de él aparece un soldado de mirada adusta, cargando su fusil y con el pecho atravesado por sus cananas, con municiones listas para usarse. Ambos observan detenidamente al ojo de la cámara. De nueva cuenta, la fotografía original atribuida a Casasola aporta una visión de conjunto debidamente contextualizada, en la que cuatro civiles flanquean al niño y al soldado, lo que dota a la composición de un sentido distinto al del periódico. Las vías del tren que cruzan en diagonal la fotografía impregnan la imagen de movimiento, al tiempo que ubican el acontecimiento en una estación de ferrocarril. Todo esto está ausente en el fotograbado de *El Imparcial,* que ha recortado la figuras del soldado y el niño para representar la historia de una supuesta captura, apoyada por la información que se vierte en el reportaje. (Imágenes 89 y 90.)

---

[166] *Ibidem,* 21 de febrero, p. 1, y 12 de marzo de 1912, p. 1.
[167] *Ibidem,* 18 de septiembre de 1912, p. 1.

Imagen 89. Noticia de prensa: "La guarnición de Ajusco atacada por los zapatistas", *El Imparcial,* 18 de septiembre de 1912. (Biblioteca Miguel Lerdo de Tejada, SHCP.)

La segunda nota se refiere a la captura de unas "espías" zapatistas en el estado de Morelos, entre las que figuraba nada menos que la suegra de Emiliano Zapata.[168] La fotografía que da sentido al reportaje se titula "La familia de Zapata", y muestra a dos mujeres campesinas de rasgos indígenas con su rebozo, una de las cuales carga un bebé de meses que se lleva el dedo a la boca. A un lado aparece un acercamiento al rostro de una tercera mujer, probablemente la suegra en cuestión, que también porta el típico rebozo y mira fijamente a la cámara.

La carga ideológica de estas dos imágenes se orientaba a reforzar los prejuicios evolucionistas de la época, que asociaban a los grupos indígenas con un peso negativo, potencialmente subversivo o peligroso. La manipulación es particularmente evidente en la segunda imagen, con el acercamiento al rostro de la suegra del líder guerrillero, mecanismo que incrementaba notablemente la dureza de sus facciones. La imagen del pequeño aparece totalmente ligada a este mundo femenino, formando una sola figura con su madre, que lo arropa en su rebozo. (Imagen 91.)

[168] *Ibidem,* 14 de julio de 1913, p. 1.

Imagen 90. Fotografía: "Revolucionarios en estación de tren", Agustín Víctor Casasola (fotógrafo), 1912. (Sinafo-FINAH.)

Como todo código culturalmente construido, estas imágenes sugieren varias interpretaciones. En este caso hemos privilegiado la lectura que toma en cuenta la orientación ideológica del medio de comunicación en el que aparecen las fotografías, dirigidas a lectores urbanos permeados por la carga evolucionista ya mencionada; sin embargo, cabe aquí también la posibilidad de una interpretación distinta, en la que interviene otro tipo de condiciones de recepción de la imagen, como podría ser el caso de otra clase de lectores, con mayor distancia del régimen, que hubieran podido ver en estos rostros de mujeres la conocida cara de la miseria, sin ninguna marca estigmatizante:

> El contenido de una foto de prensa no es nunca explícito sino latente, no es tampoco visual ni evidente, sino conceptual y problemático. El contenido de una foto de prensa tampoco es obvio sino que se interpreta a través de unidades culturales que están fuera de la imagen e incluso del periódico y que pertenecen al contexto o visión del mundo.[169]

---

[169] L. Vilches, *Teoría de la imagen...*, *op. cit.*, p. 84.

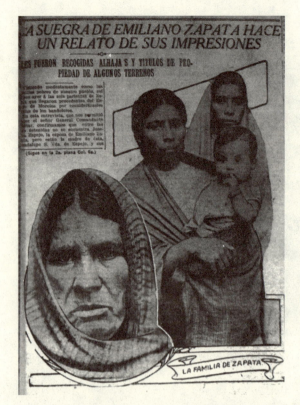

Imagen 91. Noticia de prensa:
"La suegra de Emiliano Zapata
hace un relato
de sus impresiones",
El Imparcial, 14 se julio de
1913. (Biblioteca Miguel Lerdo
de Tejada, SHCP.)

A manera de complemento de este caso, cabe referirse a una de las revistas ilustradas más destacadas de principios de siglo, *La Semana Ilustrada*, que publicó una sugerente fotografía de todo el grupo de mujeres bajo el título, muy significativo, de "Por la supresión del zapatismo".[170]

La imagen capta de frente a todo el grupo de mujeres zapatistas rodeadas por algunos soldados y oficiales y por un funcionario con traje de levita y sombrero. En general ellas lucen acongojadas, recelosas y desconfiadas, mirando de reojo a los militares, que se limitan a posar muy serios frente a la cámara. Destaca al centro la figura sencilla de una anciana, probablemente la suegra de Zapata, que mira de frente al fotógrafo, desafiante y sin temor alguno. Los dos pequeños que aparecen en la fotografía junto a sus respectivas madres sólo adquieren sentido gravitando en la órbita de este poderoso universo femenino. El cuadro remite al lector al triunfo de las fuerzas del orden y a la exaltación del proyecto civilizatorio del régimen como única vía legítima frente a sus adversarios, cuya supresión se exige en el títu-

---

[170] *La Semana Ilustrada*, 15 de julio de 1913, p. 9.

POR LA SUPRESION DEL ZAPATISMO

Grupo de mujeres zapatistas aprehendidas en Morelos, que se hallan ahora en el cuartel de San Ildefonso; entre ellas está la suegra y parte de la familia de Emiliano Zapata.

Imagen 92. Artículo de revista ilustrada: "Por la supresión del zapatismo", *La Semana Ilustrada*, 15 de julio de 1913, p. 8. (Biblioteca Miguel Lerdo de Tejada, SHCP.)

lo. La imagen reafirma la postura y el mensaje ideológico del propio gobierno respecto de su odiado y peligroso enemigo, representado por estas mujeres, exhibidas como piezas de un trofeo de cacería mayor. (Imagen 92.)

No sólo a través de la fotografía se desarrolló esta estrategia que buscaba la estigmatización del adversario, también se extendió con el uso de otras imágenes, como los dibujos de las historietas de los llamados "cómic", incorporados a los suplementos de la prensa gráfica desde principios del siglo XX. Una popular serie de la época, "Las aventuras de Canijo y de Melindres", narraba a los lectores las travesuras y las anécdotas de dos niños vestidos pulcramente con sus trajecitos y sus gorras a la moda. Casualmente, durante el mes de octubre de 1913, cuando la campaña gubernamental antiguerrillera adquiría mayor intensidad en el sur de la república, Canijo y su compañero Melindres vivieron toda una aventura al toparse con una columna de zapatistas en el sur de la capital.[171] Los dos niños caminaban distraídamente por el rumbo de Tlalpan, cuando se encontraron súbitamente con dos "servidores de Atila", con caras "feroces", grandes sombreros y portando sus cananas. Los zapatistas presentaban la típica fisonomía lombro-

[171] *El Imparcial*, 24 al 30 de octubre de 1913.

siana: "hombres de cara patibularia con grandes cicatrices en la frente". De inmediato, los guerrilleros los atan y los montan sobre un caballo para llevarlos nada menos que al cuartel general del caudillo del sur: "En el interior estaba Zapata con sus enormes bigotes, su espada y sus pistolas. Por todas partes, bombas de dinamita, barriles con otros explosivos, machetes, carabinas, etc."[172]

La escenografía del lugar inspiraba temor en los lectores potenciales del cartón, fueran niños o adultos. Se mostraban cráneos humanos cortados a la mitad y regados por todas partes, los cuales eran utilizados por el propio general y sus soldados como vasijas para beber. Los pequeños presencian la manera en la que Zapata ordena a sus soldados que ejecuten una serie de crueles castigos sobre los prisioneros de guerra que mantiene bajo su poder: que los quemen vivos, que les corten la lengua, que les saquen los ojos o que los decapiten. Finalmente, y como resulta previsible, los dos pequeñuelos son rescatados por las tropas federales que persiguen a los zapatistas y regresan a los niños sanos y salvos a su hogar.

La historia de todo el episodio resulta muy aleccionadora, en la medida en que nos muestra la percepción de los sectores urbanos medio y alto en torno de la guerrilla zapatista, tomando como punto de referencia narrativo la mirada infantil de dos niños pertenecientes a la clase media. A lo largo de toda la aventura, cuya públicación diaria se extendió durante una semana, los dibujos resultaban muy elocuentes y participaban explícitamente de este proceso de descalificación desarrollado de manera transparente en los textos y los diálogos de los personajes. El cuadro más significativo es el que representa al propio Zapata como líder campesino sentado sobre una especie de trono, construido en plena sierra. Curiosamente, presenta unos larguísimos bigotes estilo tártaro que le imprimen carácter oriental, alejado del modelo civilizatorio occidental y rodeado de todo un universo de muerte y destrucción representado por bombas, cráneos humanos y cajas de dinamita, con lo cual se proyecta un estereotipo más cercano a la figura de los anarquistas urbanos difundidos por la prensa capitalina de fines del siglo XIX, que a la de una guerrilla rural campesina del mismo periodo.[173]

3. Héroes y traidores. La participación de los niños en la Revolución mexicana comenzó a ser analizada desde una perspectiva histórica en años recientes. En particular, se ha puesto el acento en la incorporación de los niños en el ejército villista, destacando el enorme porcentaje de menores que participaron en distintas labores

---

[172] *Ibidem,* 25 de octubre de 1913, p. 4.

[173] Al respecto, véase un análisis gráfico de los reportajes capitalinos correspondientes a la ola de atentados anarquistas en Europa publicados en el periódico *El Universal,* mayo a julio de 1992, en A. del Castillo, "El surgimiento del reportaje policiaco en México. Los inicios de un nuevo lenguaje gráfico. 1888-1910", *Cuicuilco,* ENAH, núm. 13, México, mayo-agosto, 1998, pp. 165-169.

en la famosa División del Norte y su desempeño como adultos en los campos de batalla. Esta percepción distante de lo infantil era compartida por sus enemigos y adversarios, quienes aplicaron a los niños las mismas medidas y castigos —incluida la pena de muerte— que les hubieran correspondido si hubiesen sido mayores de edad:

> Por lo general, aquellos "muchachitos", con edades de entre siete y doce años, ya podían participar en la actividad bélica, aunque no necesariamente en el combate. Eran ellos, por ejemplo, quienes se encargaban de ejecutar la diana militar y el redoble de tambores. También auxiliaban regularmente como aguadores, caballerangos, mensajeros y centinelas, llegando incluso a cumplir labores de espionaje. A partir de los doce años, un niño dejaba de ser considerado como tal: asumía grados militares, combatía hombro con hombro con los adultos y podía ser fusilado si caía en manos enemigas: oficios de la guerra.[174]

Por lo que toca a su representación a través de la fotografía, cabe detenerse en un tipo de imagen muy importante, que representa al niño como protagonista de la Revolución. Ya no se trata del ritual cívico y patriótico tantas veces repetido en las escuelas, ni de las típicas representaciones teatrales de niños artilleros realizando maniobras militares; por el contrario, la realidad misma se había impuesto y los lectores podían observar la participación directa de los niños en la guerra civil, tanto del lado de los ejércitos federales como de las tropas insurrectas. Sin editoriales que reflexionaran o polemizaran al respecto, la labor de estas imágenes se inclinaba por lo general a reforzar con tono apologético la participación de estos infantes en las acciones bélicas.

En algunas ocasiones, los pequeños participan como una especie de extensión de los adultos. Así sucede en un reportaje publicado en julio de 1912 que narra los graves enfrentamientos entre federales y revolucionarios en el pueblo de Ixtepeji, Oaxaca, donde resultó muerto el jefe de la tropa gubernamental, el teniente coronel Parres.[175] El pie de foto define la lectura de la imagen: "Tte. Cor. E. Parres, llevando en ancas a 'el Guachi', hijo del batallón". La fotografía, tomada de lado, nos muestra a un pequeño de unos 10 años, armado con cananas que le cruzan el pecho, montado en las ancas de un caballo, justo detrás de su padre, volteando a ver la cámara, mientras algunos soldados observan la escena en la parte posterior. A un lado aparece el dibujo de un niño campesino con huaraches y sombrero, cargando orgullosamente su rifle, lo cual refuerza el protagonismo del infante. Sin ningún

[174] B. Alcubierre y T. Carreño, *Los niños villistas. Una mirada a la historia de la infancia en México. 1900-1914*, INEHRM, México, 1996, p. 209.
[175] *El Imparcial*, 16 de julio de 1912, p. 1.

Imagen 93. Noticia de prensa: "Cómo fue el ataque de los serranos", *El Imparcial*, 16 de julio de 1912. (Biblioteca Miguel Lerdo de Tejada, SHCP.)

comentario en el texto que pudiera esclarecer el sentido de esta imagen, podemos señalar que la fotografía adquiere aquí el significado de un homenaje al comandante muerto en la trinchera y a su sentido de responsabilidad cívica, que lo llevó a incorporar a la lucha nada menos que a su propio hijo, un menor de edad. Tanto el pie de foto como el dibujo que lo acompaña remarcan la presencia del pequeño, cuya figura es presentada en términos muy positivos. Este planteamiento constituye la clave para aproximarse a la lectura de la imagen. El dibujo del pequeño representa en este sentido el *punctum* que guía la mirada del posible lector. (Imagen 93.)

Muy distinto es el caso del reportaje titulado "Un niño que sabe combatir como veterano", en el que la apología comenzaba en el propio texto, que exaltaba la valentía y el patriotismo de Andrés López, un niño juchiteco de 12 años de edad, que se había incorporado a un cuerpo de voluntarios de la comarca oaxaqueña para pelear contra los bandoleros "alzados" y apoyar a la tropa federal. El "niño guerrero" era presentado por la prensa como un "símbolo", ya que había probado que su sangre era de "héroes" y que su corazón infantil "no conocía el miedo".[176] En plan testimonial, el muchacho confesaba que ya había matado a un hombre, pero que "nunca había sentido miedo, sino cólera, y siempre había procurado disparar su carabina donde hacía blanco".[177] Lo que en en el contexto de la paz porfiriana hubiese sido ácremente criticado por contravenir el modelo inocente de niñez construido por la prensa y las revistas ilustradas, en el nuevo contexto bélico podía ser aceptado y hasta reivindicado.[178]

La fotografía reproduce la imagen de un niño con rasgos indígenas, vestido elegantemente con traje, chaleco y corbata; a un lado aparece dibujado un rifle, una gorra y dos balas. En el texto se habla de las hazañas militares, pero la imagen subraya su condición de civil. Con su traje se asemejaba más a un niño a punto de recibir una condecoración académica; la cuestión militar sólo es mencionada en el pie de foto: "Andrés López. El niño guerrero."[179]

Uno de los casos más significativos es narrado por la fotografía titulada "Niño revolucionario de 8 años de edad". El contexto lo proporciona una entrevista del corresponsal de guerra José Soriano con el rebelde revolucionario Pascual Orozco a bordo de un vagón militar, cerca de la ciudad de Chihuahua. La composición fotográfica está integrada por varias imágenes de las tropas orozquistas. Entre todas, destaca la del niño de ocho años, con su rifle y su canana de municiones cruzándole el pecho; con su sombrero y cierta expresión marcial de orgullo. A un lado, el dibujo del mismo niño portando su rifle en actitud de gran fiereza complementaba el mensaje. El grabado y la fotografía conforman una unidad visual con coherencia y armonía; lejos de plantear la crítica al uso de niños por el ejército rebelde, de lo que se trataba aquí era de difundir el arquetipo del niño "revolucionario" que arriesgaba la vida y peleaba con la misma valentía que los adultos. (Imagen 94.)

Es la imagen de un infante que pertenecía a las tropas rebeldes que combatían en esos momentos al gobierno. Al igual que en el caso de la fotografía de la esposa de Orozco analizada anteriormente, nos encontramos ante un ejemplo que evidencia el trato suave que ameritó la rebelión orozquista de la prensa y su lenguaje gráfico, a diferencia de otros alzamientos brutalmente estigmatizados, como el ya mencionado de los zapatistas. Todo ello proporciona el encuadre político desde el que deben interpretarse estas imágenes.

[176] *Ibidem*, 5 de diciembre de 1913, p. 1.
[177] *Ibidem*.
[178] *Ibidem*.
[179] *Ibidem*.

Imagen 94. Noticia de prensa: "P. Orozco, el eterno silencioso, habló al fin", *El Imparcial*, 17 de mayo de 1912. (Biblioteca Miguel Lerdo de Tejada, SHCP.)

Conviene hablar de otro tipo de representaciones que durante la gesta revolucionaria tuvieron notable éxito comercial, tanto en México como en Estados Unidos; se trata de la tarjeta postal con motivos y escenas de la Revolución mexicana. A través de ellas, podemos asomarnos al mundo de las actitudes y los comportamientos de los usuarios de estas imágenes, así como al tipo de representación de lo mexicano que se quería proyectar en Estados Unidos.[180]

Las tarjetas refuerzan la tesis de que los infantes eran vistos en el campo de batalla como adultos, compartiendo con ellos responsabilidades y riesgos. Este mensaje puede leerse en la siguiente postal, cuyo título señala: "Macedonio Manzano, de 15 años de edad, combatió con los defensores de Matamoros con-

[180] P. Vanderwood y F. Samponaro, *Los rostros de la batalla. Furia en la frontera México-Estados Unidos. 1910-1917*, Grijalbo-Camera Lucida-Conaculta, México, 1993.

Imagen 95. Tarjeta postal:
"Macedonio Manzano", 1913.
(Colección particular.)

tra los constitucionalistas en 1913. Perdió su bando, por lo que Manzano fue ejecutado junto con otros prisioneros."[181] (Imagen 95.)

La vida cotidiana infantil centro de los campamentos de guerra de los distintos ejércitos revolucionarios es tema que ha comenzado a ser investigado.[182] En su momento, la paradójioca coexistencia de la violencia bélica con la frescura y el desparpajo característicos de los infantes llamó la atención de periodistas como John Reed, quien describió con afán testimonial la siguiente escena:

[…] había niños que no llegaban a los catorce años, según mi cálculo […] jugueteaban como niños, colándose en los tranvías, amagando jugar futbol, o yendo de un lado a

[181] *Ibidem*, p. 172.
[182] B. Alcubierre y T. Carreño, *Los niños villistas…*, *op. cit.*

otro en grupos de veinte a cincuenta, cantando y gritando y comiendo cacahuates. Nunca ví una multitud tan alegre.[183]

Algunos investigadores han señalado que probablemente una de las grandes diferencias de las características de la vida infantil en los campamentos revolucionarios respecto de otros ámbitos y sectores radica en la existencia de una ambigua frontera entre la imaginación infantil y la realidad misma, cuyos límites se disipaban constantemente ante el impacto y la crudeza de la violencia revolucionaria en las vivencias infantiles.[184]

En términos generales, la reflexión sobre las condiciones de vida infantil y las implicaciones morales y éticas de la participación de los pequeños en un conflicto de naturaleza bélica se omitió en la gran mayoría de los reportajes del periodo. Las narraciones se subordinaron a una lógica de carácter político. Lo más relevante consistía en subrayar la adscripción del pequeño al ejército gobiernista o en su caso a las distintas fuerzas rebeldes. No obstante, el episodio revolucionario tuvo grandes repercusiones en las políticas institucionales que habrían de transformar las condiciones de vida cotidiana de la población infantil en el país, ya que, como ha señalado la historiadora Asunción Lavrín: "la pérdida de vidas durante la Revolución, contribuyó a crear aprehensiones acerca del futuro de la población, las cuales posiblemente fueron un factor psicológico en la definición de políticas para la niñez una vez que se alcanzó la estabilidad interna".[185]

---

[183] J. Reed, *Villa y la revolución mexicana*, Nueva Imagen, México, 1985, p. 115.

[184] B. Alcubierre y T. Carreño, *Los niños villistas...*, *op. cit.*, p. 148.

[185] A. Lavrín, "La niñez en México e Hispanoamérica: rutas de exploración", en P. Gonzalbo y C. Rabell (comp.), *La familia en el mundo iberoamericano*, UNAM, Instituto de Investigaciones Sociales, México, 1997, p. 50.

CONCLUSIONES

El debate y la polémica entre los historiadores que han estudiado el surgimiento de una visión moderna de la niñez se han ampliado notablemente desde las contribuciones pioneras de Philippe Ariès en la década de los años sesenta del siglo pasado. Para algunos autores, el concepto moderno de niñez tuvo su auge y clímax en Occidente entre los años 1850 y 1950, y en la segunda mitad del siglo XX comenzó a declinar, llegando incluso casi a desaparecer. Los planes legislativos de algunos países occidentales para ampliar los rangos de edad para responsabilidades penales e incluir la figura del homicida infantil formarían parte de este significativo proceso. A fines del siglo XIX la discusión se orientaba a la creación de tribunales y correccionales especiales para los menores de edad; sin embargo, un siglo después, el proceso parece estar invirtiéndose.[1]

La fotografía tambien está ligada a un contexto histórico. El ciclo histórico de la foto se inicio con su dependencia de la pintura y actualmente parece estar llegando a su fin con la foto digital. Algunos autores hablan de una era posfotográfica. En el caso de México la referencia más importante está representada por el fotógrafo Pedro Meyer, uno de los fundadores del "nuevo" fotoperiodismo mexicano en la década de los años setenta, quien con el nuevo siglo cambió de trinchera y en plena congruencia con su búsqueda creativa se ha convertido en uno de los defensores más entusiastas de la fotografía digital.[2]

La lectura de las imágenes y representaciones de la niñez a partir de la mirada especializada y la divulgadora se encuentra atravesada por una serie de rupturas y continuidades en las que vale la pena detenerse. La dirección y el tránsito de estas lecturas pasó, en términos generales, de la homogeneidad a la heterogeneidad, en la medida en que los implícitos culturales y académicos que subyacían en la mirada clínica, compartidos en mayor o menor grado por los médicos y sus lectores, se fueron diluyendo y fragmentando en la mirada periodística, donde el

[1] P. S. Fass y M. A. Mason (ed.), *Childhood in America*, New York University Press, Nueva York-Londres, 2000, pp. 117-124.

[2] B. Ruiz "Pedro Meyer, mosaico de imágenes", *Cuartoscuro*, núm. 55, julio-agosto, 2002, pp. 7-36.

enfoque comercial y noticioso se impuso y la cantidad y calidad de lectores se diversificó, con lo que crecieron las interpretaciones de las fotografías en forma sustancial.

La mirada médica hizo visibles, a través de los métodos de la exploración clínica, diversos síntomas del cuerpo infantil susceptibles de ser reconocidos como elementos exclusivos de la etapa de la infancia a partir de esta construcción conceptual. El uso más importante que le dieron los médicos de este periodo a la fotografía fue hacer visible la enfermedad y probar de manera documental los diagnósticos clínicos. Al respecto, analicemos la siguiente cita de la historiadora de la medicina Louise Todd Ambler:

> In the nineteenth century, visual inspection by the patologist's naked eye of the organs of the dead inner body and microscopic scrutiny of those tissues showed objective signs of disease. Subsequently, the doctor's physical examination of the living outer body by looking (inspection), listening (auscultation), and touching (palpation) revealed objective physical signs, such as, pallor, heart murmurs, and organ enlargement, that correlated with pathologic signs.[3]

En todos los procesos destacados por Ambler, el "acto de ver" sustentaba la construcción de este saber médico. Sus pilares epistemológicos eran las premisas positivistas y evolucionistas mensurables, supuestamente objetivas y pretendidamente exactas.

Los médicos reconstruyeron y recodificaron los cuerpos infantiles, dotándolos de nuevos contenidos y significados; en cambio, la mirada de los pedagogos se encargó de configurarles una psique diseñada de acuerdo con los parámetros fisiológicos y evolucionistas predominantes en la segunda mitad del siglo XIX. Estos saberes y técnicas científicas, con sus dos vertientes —la médica y la pedagógica— formaban parte de la sistematización del conocimiento ya mencionada, que observamos organizada alrededor de la necesidad de mirar "hacia adentro" y de hacer "visible lo invisible". Por todo ello, el acto de ver estaba implícito en toda esta construcción epistemológica.

La estrategia médico-pedagógica de fin de siglo incorporó el género de los retratos de estudio, lo mismo que la fotografía de cárceles y gabinetes antropo-

---

[3] Véase L. Ambler y M. Banta (ed.), *The Invention of Photography and it's Impact on Learning*, Harvard University Library, Cambridge, Massachusetts, 1989, pp. 72-73. "En el siglo XIX, la inspección del patólogo a simple vista de los órganos del cadáver y el escrutinio microscópico de los tejidos mostraban signos objetivos de enfermedad. Más adelante, el exámen físico del médico del cuerpo viviente por medio de la vista (inspección visual), el oído (auscultación) y el tacto (palpación) revelaba signos físicos tales como la palidez, soplos cardíacos y agrandamiento de órganos que se correlacionaban con los signos patológicos."

métricos. El uso por los especialistas de este tipo de fotografías estaba dirigido a la comunidad de lectores antes mencionada. Este contexto institucional ha sido estudiado por el historiador John Tagg, quien plantea la relación de las imágenes con los escenarios y relaciones de poder en los siguientes términos:

> A vast and repetitive archive of images is accumulated in which the smallest deviations may be noted, classified and filed. The format varies hardly at all. There are bodies and spaces. The bodies —workers, vagrants, criminals, patients, the insane, the poor, the colonised races— are taken one by one: isolated into an unretournable gaze; iluminated, focused, measured, numbered and named; forced to yield to the minutest scrunity of gestures and features. Each device is the trace of a worldless power, replicated in countless images, whenever the photographer prepares an exposure, in police, cell, prision, mission house, hospital, ayslum or school.[4]

Este "archivo" de imágenes descrito por el autor corresponde a la serie de fotografías desplegada por esta mirada médica en el Porfiriato. La meta principal del nuevo discurso gráfico —en el que convivieron en una primera etapa grabados y fotografías— fue la de ilustrar y ejemplificar algunas de las nuevas ideas científicas acerca de la niñez, así como de dotar, al sector de especialistas, de legitimidad en su lucha contra otros sectores y grupos por el control de la salud y la educación de los infantes.

La fotografía respondió a estos objetivos y cumplió cabalmente con las expectativas depositadas en su uso. Lo anterior no significa que no existieran resistencias al cambio; las hubo en importantes sectores y grupos sociales, como en el caso de los padres de familia que se oponían a la inspección médica en las escuelas y la intromisión del fotógrafo en las mismas. Sin embargo, el proyecto médico terminó imponiéndose y las inspecciones aumentaron gradualmente en las postrimerías del Porfiriato, contando para ello con las imágenes fotográficas como constancia documental de la modernidad del régimen.

En las últimas décadas del siglo XIX y a principios del XX tuvo lugar un proceso tecnológico fundamental que enriqueció y diversificó las nuevas posturas y reflexiones sobre la infancia: la evolución de la fotografía, que con todo su presti-

---

[4] "Se acumula un archivo vasto y repetitivo de imágenes en el que las más pequeñas diferencias se pueden anotar, clasificar y archivar. El formato casi no varía. Hay cuerpos y espacios. Los cuerpos —de trabajadores, vagos, criminales, pacientes, locos, pobres, razas colonizadas— se toman uno por uno: están aislados en una mirada sin correspondencia, iluminados, enfocados, medidos, numerados y nombrados, y forzados a ceder ante el escrutinio más minucioso de gestos y facciones. Cada dispositivo es el indicio de un mundo carente de poder, replicado en incontables imágenes cada vez que el fotógrafo prepara una exposición, en la policía, la celda, la prisión, la misión, el hospital, el asilo o la escuela." J. Tagg, *The Burden of Representation...*, *op. cit.*, p. 64.

gio comenzó a ocupar un espacio cada vez más importante en las páginas de la prensa, a la par que renovó drásticamente sus formatos y contenidos, y alcanzó a un público mucho más amplio y heterogéneo con los nuevos tirajes de varias decenas de miles de ejemplares.

Esta mirada compartió las preocupaciones de las élites de profesionistas en torno de la infancia, pero estuvo supeditada a una lógica mercantil y noticiosa muy diferente, lo mismo que a una serie de intereses políticos que resultaron de gran importancia, tanto para la difusión de una serie de imágenes y representaciones de los infantes, como para la lectura de ambas por el público destinatario.

La fotografía ligada a la prensa difundió una enorme diversidad de representaciones de la infancia. La lectura e interpretación de estas imágenes es muy compleja, en la medida en que una y otra son atravesadas por intereses múltiples, que van desde las filiaciones comerciales e ideológicas de los diarios hasta las diversas posibilidades de recepción y circulación entre los usuarios y lectores.

En el caso de los médicos y pedagogos predominó la existencia de un código más o menos homogéneo de interpretación, construido sobre los argumentos conceptuales de la propia comunidad científica. Por el contrario, en el caso de la prensa este vínculo se fragmentó para dar lugar a diversas posibilidades que competían tanto a los grupos de poder que estaban detrás de la producción de la noticia como a los grupos de receptores que la leían según distintas preocupaciones y fines.[5]

La investigación que acabamos de recorrer ha tenido como uno de sus hilos conductores la reflexión relativa a los usos de la imagen que cambian y reciclan los significados de ésta al proporcionar contextos diversos de lectura. De esta manera, he dado distintos ejemplos de estas singulares transformaciones y nos

---

[5] Un caso muy ilustrativo de estas tensiones y ambigüedades en la recepción de las imágenes fotográficas ha sido relatado por el investigador Phillip Prodger en un artículo reciente. Se trata de la fotografía del "niño llorando", que el célebre científico Charles Darwin utilizó para ilustrar uno de sus textos más importantes: *La expresión de las emociones en el hombre y los animales*, en 1872. (Imagen 29.) La fotografía en cuestión fue utilizada poco tiempo más tarde por el escritor E. Jenkins para ilustrar una novela de carácter puritano que narraba la vida de un niño de una familia pobre de Londres, quien después de ser abandonado por su padre en una institución de beneficencia, se convirtió en un ladrón y terminó trágicamente sus días arrojándose de un puente y ahogándose. Esta novela fue muy popular en el Londres de la década de los años setenta del siglo XIX y la fotografía del famoso niño despertó gran demanda comercial, al grado de que en esos años se vendieron cerca de 250 000 *tarjetas de visita* con su imagen en Inglaterra. La paradoja reside en lo siguiente: en tanto Darwin imaginó que la publicación de la fotografía del pequeño en su texto favorecería entre sus lectores la recepción de sus ideas sobre la correspondencia de los rasgos infantiles y el surgimiento de los instintos, la mayoría de los lectores de la imagen en cuestión, al recibirla en otro contexto, y pertenecer a un universo religioso y no especializado, creyeron encontrar en los rasgos del niño llorando una prueba de la existencia del demonio, algo totalmente distinto a los planes originales del famoso naturalista.

hemos acercado al universo de las *tarjetas de visita*, pasando por un mirador muy singular representado por el género de la *nota roja* y los reportajes policiacos; hemos revisitado los retratos de estudio a través de la mirada anatomo-clínica de médicos y pedagogos; hemos sido testigos de la transformación de las ortorradiografías de los especialistas en noticias de interes general para sectores más amplios y descubierto la convergencia de la mirada cívica y religiosa a través de una fotografía de primera comunión expuesta como prueba documental de amor a la patria, entre otros casos singulares, que no constituyen excepciones; por el contrario, ilustran una tendencia reiterativa, digna de tomarse en cuenta a la hora de leer e interpretar este tipo de representaciones.

En este sentido, aquí se da cuerpo a algunas de las intuiciones y planteamientos esbozados por Susan Sontag hace un par de décadas:

> Como cada fotografía es apenas un fragmento, su peso moral y emocional depende de dónde esté insertada. Una fotografía cambia de acuerdo con el contexto donde se la ve [...] Con cada fotografía ocurre lo que Wittgenstein declaraba de las palabras: el significado es el uso. Y por eso mismo la presencia y proliferación de todas las fotografías contribuye a la erosión de la misma noción de significado, a ese parcelamiento de la verdad en verdades relativas aceptado sin reservas por la conciencia liberal moderna.[6]

El discurso gráfico que acompañó a la nota policiaca hacia principios del siglo XX formó parte del surgimiento de una nueva percepción de la realidad, la cual se trazó desde las páginas del naturalismo literario y los reportajes sociales, y continuó con los grabados y las fotografías hasta desembocar en los inicios del cinematógrafo.

Dicha percepción formaba parte de la ideología magnificadora del concepto de "progreso" que permeó en forma particularmente importante a la sociedad occidental durante la segunda mitad del siglo XIX; al mismo tiempo puso las bases para su cuestionamiento y eventual superación, al evidenciarse poco a poco que la pretensión de verosimilitud no constituía la esencia ni la finalidad misma de la imagen. Esto último quedó de manifiesto en algunos de los reportajes fotográficos analizados en esta investigación, como el correspondiente a los "niños delincuentes" donde las imágenes fueron utilizadas no solamente como soportes de objetividad, sino como elementos de representación.

Coincido con Brian Turner cuando señala que los cambios impuestos por la modernización durante el siglo XIX no se realizaron de manera lineal, sino en for-

---

[6] S. Sontag, *Sobre la fotografía, op. cit.*, p. 34.

ma parcial y discontinua, ya que no se trató de la simple desaparición de referencias religiosas y su sustitución por un código científico, sino de un proceso mucho más complejo en el que las antiguas convicciones religiosas fueron reinsertadas y adaptadas a la lógica de la ciencia y la tecnología modernas.[7]

Para concluir consideremos que una sociedad alcanza la modernidad en el momento en que una de sus principales actividades es la de producir y consumir imágenes:

> Cuando las imágenes que poseen una fuerza extraordinaria para determinar nuestras demandas a la realidad, son a la vez sustitutas de la experiencia personal, se vuelven indispensables para la economía, para la estabilidad política y para la consecución de la felicidad privada.[8]

Las fotografías de pequeños pacientes y escolares convertidos en objetos de estudio que ilustran el mundo de la medicina y la pedagogía, así como las de los niños "inocentes" de las élites porfirianas, los pequeños delincuentes, los "ciudadanos en ciernes" y los niños trabajadores de la más diversa índole, responden, con distintos matices, al reforzamiento de la noción de individuo y a la construcción de un imaginario colectivo donde nuevos personajes, como el médico escolar y el reportero gráfico, contribuyeron a la creación de un inventario de la niñez moderna.

Este inventario de la infancia en México implicó la elaboración de una larga lista de propiedades y características de dicha etapa que consolidó y apuntaló su importancia estratégica cuando el gobierno porfiriano, para principios del siglo XX, empezó a considerar los problemas de la niñez como un asunto de Estado.

Las imágenes y representaciones infantiles que se han analizado en esta investigación fueron revelando diversos aspectos de esta etapa de una manera pública, por medio de libros de texto científicos ilustrados, o de medios de divulgación mucho más eficaces como las revistas y la prensa industrial y noticiosa, difundiendo algunas cuestiones relevantes, entre las que se encuentran las siguientes: la necesidad de una pedagogía cívica para los "pequeños" ciudadanos; la novedad de un cuerpo infantil, sujeto a múltiples padecimientos y enfermedades y susceptible de una serie de reconocimientos fisiológicos y mediciones antropométricas, y el reconocimiento de la niñez como etapa clave en el desarrollo del ser humano, capaz de fijar y condensar traumas psicológicos y anormalidades genéticas. Todas ellas representan aspectos fundamentales relacionados con este

---

[7] B. Turner, *El cuerpo y la sociedad. Exploraciones en teoría social*, FCE, México, 1989.
[8] S. Sontag, *Sobre la fotografía, op. cit.*, p. 156.

periodo de la vida de los seres humanos, y forman parte del perfil que François Furet ha trazado para la sociedad moderna, basada en la riqueza y en el concepto del futuro, sin determinaciones fijas ni contornos estables.[9]

En el año de 1920 se celebró en la ciudad de México el Primer Congreso Nacional del Niño. Dicho encuentro comprendió cinco grandes secciones temáticas: Eugenesia, Pediatría, Higiene, Enseñanza y Legislación Infantil, que sintetizan de manera convincente la consolidación de la existencia de una mirada en torno de los problemas infantiles, donde la niñez es percibida públicamente como uno de los derechos fundamentales del ser humano. En dicha reunión, organizada por el diario *El Universal,* se produjo un primer encuentro entre médicos, pedagogos y juristas, quienes reflexionaron sobre los problemas infantiles. A lo largo del congreso se presentaron tres ponencias relacionadas con la eugenesia; 17 vinculadas a la pediatría médica y quirúrgica; 24 inscritas en la temática de la higiene infantil; 31 asociadas a distintos temas relativos a la enseñanza, y 11 respecto de la incipiente legislación infantil.[10]

Algunos distinguidos protagonistas del congreso ilustraron con su sola presencia los nexos culturales y la continuidad científica existente entre Porfiriato y Revolución mexicana respecto al tema infancia. Tal es el caso del doctor Joaquín Cosío, presidente de la mesa de Pediatría Médica, quien presentó una comunicación sobre el tema de la dentición infantil entre los seis meses y los dos años y medio; también destacó la presencia del doctor Roque Macouzet, presidente de la mesa de Pediatría Quirúrgica, y del doctor Rafael Carrillo, presidiendo la mesa de Higiene.[11] En términos generales, buena parte de las ponencias recogieron, ampliaron y profundizaron varias de las temáticas e inquietudes esbozadas y desarrolladas por distintos especialistas durante las décadas inmediatas. Lejos de representar un logro exclusivo u original de la Revolución mexicana, dicha síntesis —o al menos una parte significativa de ésta— sólo puede entenderse a partir de la revisión, la lectura y la interpretación de la intensa y compleja actividad desplegada por los médicos, pedagogos, escritores, periodistas, reporteros y fotógrafos del México porfiriano y su construcción de un concepto moderno de la niñez.

[9] F. Furet, "La pasión revolucionaria", *La Jornada Semanal,* nueva época, núm. 30, México, 1 de octubre de 1995, pp. 4-6.

[10] *Memoria del Primer Congreso Mexicano del Niño,* imprenta de "El Universal", México, 1921.

[11] Entre otros destacados trabajos que ilustran esta continuidad cabe mencionar el del doctor José Izquierdo, que utilizó la incipiente estadística de la Escuela Nacional de Ciegos para documentar su estudio sobre oftalmología purulenta; el doctor Luis Cabrera, quien analizó una serie de medidas antropométricas en la población infantil de Cuajimalpa y el propio doctor Cosío, quien insistió en que la mirada clínica permitía establecer diferencias clave entre la etapa de la niñez y la madurez, y para ello citaba los casos de tifoidea infantil.

BIBLIOGRAFÍA

Aceves, Gutierre, "Imágenes de la inocencia eterna", *Artes de México. El arte ritual de la muerte niña*, núm. 15, Conaculta, México, primavera de 1992.

Agostoni, Claudia, "El arte de curar: deberes y prácticas médicas porfirianas", en Claudia Agostoni y Elisa Speckman (ed.), *Modernidad, tradición y alteridad. La ciudad de México en el cambio de siglo (xix-xx)*, UNAM, México, 2001.

——, "Médicos científicos y médicos ilícitos en la ciudad de México durante el Porfiriato", *Estudios de Historia Moderna y Contemporánea de México*, vol. XIX, UNAM, México, 1999, pp. 13-31.

——, "'Que no traigan al médico'. Los profesionales de la salud entre la crítica y la sátira (ciudad de México, siglos XIX-XX)", ponencia presentada en el Seminario sobre Historia y Salud, Instituto de Investigaciones Históricas, UNAM, noviembre, 2002.

Aguilar, Arturo, *La fotografía durante el Segundo Imperio. 1864-1867*, UNAM, México, 1996.

——, "Fotorreporteros viajeros en México", *Alquimia*, núm. 5, México, enero-abril, 1999, pp. 17-25.

Alcántara, Pedro de, *Teoría y práctica de la educación y la enseñanza. Curso completo y enciclopédico de pedagogía*, tomo IV, Gras y Cía. Editores, Madrid, 1881.

Alcubierre, Beatriz, *Representaciones y prácticas de la lectura: una historia del libro infantil en México (1840-1915)*, Primer Seminario del Centro de Estudios Históricos, El Colegio de México, México, octubre, 2000.

—— y Tania Carreño, *Los niños villistas. Una mirada a la historia de la infancia en México. 1900-1914*, INEHRM, México, 1996.

Almanaque Bouret, Instituto Mora (ed. facsimilar), México, 1897.

Ambler, Louise y Melissa Banta (ed.), *The Invention of Photography and it's Impact on Learning*, Harvard University Library, Cambridge, Massachusetts, 1989.

Amezcua, Carlos, *Breves estudios sobre la circuncisión en los recién nacidos como medio profiláctico*, Tesis, ENM, México, 1882.

Anderson, Michael, *Aproximaciones a la historia de la familia occidental (1500-1914)*, Siglo XXI, México, 1991.

Andreella, Fabrizio, "Corrientes y tendencias. Genealogía del ojo moderno", *La Jornada Semanal*, 26 de septiembre de 1999.

Apert, E., *Manual de enfermedades de los niños*, Salvat, Barcelona, 1914.

Archard, David, *Children, Rights and Childhood*, Routledge, Londres-Nueva York, 1993.

Aréchiga, Hugo y Juan Somolinos (comp.), *Contribuciones mexicanas al conocimiento médico*, FCE, México, 1993.

Ariès, Philippe, *El niño y la vida familiar en el Antiguo Régimen*, Taurus, Madrid, 1987.

Arnaut, Alberto, *Historia de una profesión, Los maestros de educación primaria en México. 1887-1994*, SEP, Biblioteca del Normalista, México, 1996.

Ausset, E., *Leçons cliniques sur des maladies des enfants*, A. Maloine, libraire-éditeur, París, 1898.

Ávila, Raúl y Julio Frenk, *Historia de la pediatría en México*, FCE, México, 1997.

Azaola, Elena, *La institución correccional en México. Una mirada extraviada*, FCE, México, 1990.

Badinter, Elizabeth, *¿Existe el amor maternal? Historia del amor maternal, siglos xvii al xx*, Paidós, Barcelona, 1991.

Ballester, Rosa, "Factores biológicos y actitudes vigentes frente a la infancia en la sociedad española del Antiguo Régimen", *Revista Asclepio*, Archivo Iberoamericano de Historia de la Medicina y Antropología Médica, vol. XXXV, 1983, pp. 343-357.

Banta, Melissa y Curtis Hinsley, *From Site to Sight. Anthropology, Photography, and the Power of Imagery*, Peabody Museum Press, Cambridge, Massachusetts, 1986.

Barceló, Raquel, *Cultura y vida cotidiana de las familias prominentes porfirianas de la ciudad de México y Yucatán*, Tesis de Doctorado del Centro de Estudios Históricos de El Colegio de México, México, 1999.

Bardet, Jean-Pierre, *Storia dell'infanzia*, Editori Laterza, Turín, 1996.

Barran, José Pedro, *Medicina y sociedad en el Uruguay del novecientos*, Ediciones de la Banda Oriental, Montevideo, 1998.

Barrera, Cruz, *Examen clínico de los niños*, Tesis, ENM, México, 1894.

Barthes, Roland, *Lo obvio y lo obtuso. Imágenes, gestos, voces*, Ed. Paidós, Argentina, 1986.

——, *La cámara lúcida. Nota sobre la fotografía*, Ed. Paidós, Argentina, 1994.

Bazant, Mílada, *Historia de la educación durante el Porfiriato*, El Colegio de México, México, 1993.

Beccaria, César, *De los delitos y de las penas*, Bruguera, Barcelona, 1983.

Becchi, Egle y Dominique Julia, *Histoire de l'enfance en Occident, du XVIIIe siècle a nos jours*, Éditions du Seuil, París, 1998.

Benjamín, Walter, *Discursos interrumpidos*, Taurus, Madrid, 1973.

Berger, John, *Modos de ver*, Gustavo Gilly, Barcelona, 1975.

—— y Jean Mohr, *Otra manera de contar*, Ed. Mestizo, Murcia, 1997.

Berman, Marshall, *Todo lo sólido se desvanece en el aire. La experiencia de la modernidad*, Siglo XXI, México, 1988.

Bertillón, Alphonse, *La photographie judiciaire*, Gauthier-Villiars, París, 1890.

Blanco, R. *Tratado elemental de pedagogía*, Lib. Gabriel López, Madrid, 1904.

Blum, Ann S., *Family Limits: Fostering, Labor and Public Welfare, Mexico City, 1866-1910*, Latin American Studies Association, XXII International Congress, Miami, U.S.A., marzo de 2000.

Boltansky, Luc, "La rétorica de la figura", en Pierre Bourdieu (comp.), *La fotografía. Un arte intermedio*, Nueva Imagen, México, 1989.

Borges, Dain, "Puffy, Ugly, Slothful and Inert: Degeneration in Brazilian Social Thought, 1880-1940", *Journal of Latinamerican Studies*, vol. 25, Cambridge University Press, 1993, pp. 235-256.

Borrás, José María (ed.), *Historia de la infancia en la España contemporánea 1834-1936*, Ministerio de Trabajo y Asuntos Sociales-Fundación Germán Sánchez, Madrid, 1996.

Bouchot, E., *Manuel pratique des maladies des nouveaux-nés et des enfants a la mamelle*, Lib. de l'Académie Royal de Médecine, París, 1845.

——, *Hygiène de la première enfance*, Lib. J. B. Bailllére et Fils, París, 1874.

——, *Manual práctico de enfermedades de los recién nacidos y los lactantes*, Saturnino Calleja, Madrid, 1889.

Bourdieu, Pierre (comp.), *La Fotografía. Un arte intermedio*, Nueva Imagen, México, 1989.

Bowler, Peter, *Evolution. The History of an Idea*, University of California Press, Los Ángeles, 1984.

Braun, Marta y Elizabeth Whitcombe, "Marey, Muybridge, and Londe. The Photography of Pathological Locomotion", en Mike Weaver y Anne Hammond (ed.), *History of Photography*, vol. 23, núm. 3, Oxford, otoño de 1999.

Broca, A. y Paul Le Gendre, *Traité de thérapeutique infantile médical chirurgicale*, G. Steinheil éditeur, París, 1894.

Brotá, Miguel, *Últimos avances de la ciencia en el mundo*, Imprenta Aguilar, Madrid, 1896.

Bryson, Norman, *Vision and Painting: The Logic of the Gaze*, New Haven, Yale University Press, 1983.

Buffington, Robert, *Criminal and Citizen in Modern Mexico*, University of Nebraska Press, Lincoln-Londres, 2000.

Buford, Nichols, Angel Ballabriga y Norman Kretcheser (ed.), *History of Pediatrics, 1850-1950*, Raven Press, Nueva York, 1991.

Buisson, R. (dir.), *Nouveau Dictionnaire de Pédagogie et Instruction Primaire*, Lib. Hachette et Cie., París, 1911.

Bury, John, *La idea de progreso*, Alianza Editorial, Madrid, 1971.

Buss, Allan, "Galton and the Birth of Differential Psychology and Eugenics: Social, Political and Economic Forces", *Journal of the History of the Behavioral Sciences*, núm. 12, 1976.

Cadena, Longinos, *Teoría y práctica de la educación y la enseñanza*, Talleres de la Lib. Religiosa, México, 1897.

Calnek, Edward, Woodrow Borah *et al.*, *Estudios sobre el desarrollo urbano de México*, Secretaría de Educación Pública (SEP-Setentas núm. 143), México, 1973.

Calvert, Karin, *Children in the House, The Material Culture of Early Childhood, 1600-1900*, University of Chicago, Chicago, 1992.

Calvo, Thomas, "Calor de hogar: los ranchos del siglo XVII en Guadalajara", en Asunción Lavrín (coord.) *Sexualidad y matrimonio en la América hispánica, siglos xvi-xviii*, Grijalbo-Conaculta, México, 1991.

——, "El exvoto: antecedentes y permanencias", en Elin Luque y Michele Beltrán (cur.), *Dones y promesas: 500 años de arte ofrenda (exvotos mexicanos)*, Fundación Cultural Televisa-Centro Cultural Arte Contemporáneo, México, 1996.

Canguilhem, Georges, *Lo normal y lo patológico*, Siglo XXI, Buenos Aires, 1971.

Cantor, G. y S. Shapin, "Phrenology in Early Nineteenth-Century Edinburgh: an Historiographical Discussion", *Annals of Science*, núm. 32, 1975, pp. 195-256.

Cardoso, Ciro (coord.), *México en el siglo xix. 1821-1910. Historia económica y de la estructura social*, Nueva Imagen, México, 1983.

Carlebach, Michael, *The Origins of Photojournalism in America*, Smithsonian Institution Press, Washington-Londres, 1992.

——, *American Photojournalism comes of age*, Smithsonian Institution Press, Washington-Londres, 1997.

Carrillo, Ana María, "Los médicos y la degeneración de la raza indígena", *Ciencias*, núm. 60-61, Facultad de Ciencias, UNAM, octubre de 2000-marzo de 2001.

Carrillo, Rafael, "La mortalidad infantil de 0 a 1 años en la ciudad de México y sus principales causas climatológicas", *La Gaceta Médica*, México, 1907.

Casanova, Rosa y Oliver Debroise, *Sobre la superficie bruñida de un espejo*, FCE, México, 1989.

Cavallo, Guglielmo y Roger Chartier (coord.), *Historia de la lectura en el mundo occidental*, Taurus, Madrid, 1998.

Ceballos, Manuel, *El catolicismo social. Un tercero en discordia. "Rerum Novarum", la "cuestión social" y la movilización de los católicos mexicanos. 1891-1911*, El Colegio de México, México, 1991.

Ciafardo, Eduardo, *Los niños en la ciudad de Buenos Aires (1890-1910)*, Biblioteca Política de Buenos Aires, Buenos Aires, 1991.

Claparede, Edouard, "Rousseau y la significación de la infancia", en Lorenzo Luzumaga (ed.), *Ideas Pedagógicas del siglo xix*, Losada, Buenos Aires, 1954.

Clarke, Graham, *The Photograph*, Oxford University Press, Oxford-Nueva York, 1997.

Cleverley, John y D. C. Phillips, *Visions of Childhood. Influential Models from Locke to Spock*, Teachers College Press, Nueva York-Londres, 1986.

Código Civil del D. F., Imprenta del Gobierno en Palacio, México, 1872.

Congreso Nacional de Educacion Primaria, Mexico, 1911.

Congreso Nacional Pedagógico, Sociedad de Fomento de las Artes, Lib. Gregorio Hernando, Madrid, 1882.

Comby, Jules, *Traité des maladies de l'enfance*, Vigot Frères, París, 1899.

Compayré, Gabriel, *Curso de pedagogía teórica y práctica*, Ed. Viuda de Bouret, México, 1903.

——, *L'évolution intellectuelle et morale de l'enfant.* Lib. Hachette et Cie., París, 1893.

Consejo Superior de Educación Pública, "Dictamen de la Comisión del Consejo de Educación Pública encargada de estudiar las bases que deben normar la Educación Física en las escuelas", *Boletín de Instrucción Pública y Bellas Artes*, México, 1909.

Cooter, Roger (ed.), *In the Name of the Child. Health and Welfare 1880-1940*, Routledge, Londres-Nueva York, 1992.

Corbin, Alain, "Entre bastidores", en *Historia de la vida privada. Sociedad burguesa: aspectos concretos de la vida privada*, vol. 8, Taurus, Madrid, 1991.

Cosío Villegas, Daniel (coord.), *Historia moderna de México*, Ed. Hermes, México, 1970.

——, *Historia general de México*, El Colegio de México, México, 1976.

Crary, Jonathan, *Suspensions of Perception. Attention, Spectacle and Modern Culture*, The MIT Press, Cambridge-Massachusetts-Londres, 1999.

——, *Techniques of the Observer. On Vision and Modernity in the Nineteenth Century*, The MIT Press, Londres, 1998.

——, "Modernizing Vision", en Hal Foster (ed.), *Vision and Visuality. Discussions in Contemporary Culture*, Bay Press, Seatttle, 1988.

Cruchet, René, *La pratique des maladies de l'enfance*, Fac. Medécine Bordeaux, 1910.

Cullerie, A., *Les enfants nerveux*, Payot et Cie., París, 1914.

Cunningham, Hugh, *Children and Childhood in Western Society since 1500*, Longman, Londres-Nueva York, 1995.

——, "The History of Childhood", en P. Hwang, M. Lamb y L. Siegel (ed.), *Images of Childhood*, Erlbaum Associates Publishers, Nueva Jersey, 1996.

—— y Pier Paolo Viazzo (ed.), *Child Labour in Historical Perspective, 1800-1985. Case Studies from Europe, Japan and Colombia*, UNICEF, 1996.

Chartier, Roger, *Cultural History*, Cornell University Press, Ithaca, Nueva York, 1988.

——, *El mundo como representación*, Gedisa, Barcelona, 1996.

——, y Jacques Revel (coord.), *La nueva historia*, Ed. Mensajero, Bilbao, 1984.

Cházaro, Laura, "La fisioantropometría de la respiración en las alturas, un debate por la patria", *Ciencias*, núm. 60-61, Facultad de Ciencias, UNAM, México, octubre de 2000-marzo de 2001.

Chevalier, Louis, *Labouring Classes and Dangerous Classes in Paris during the first half of the Nineteenth Century*, Howard Fertig, Nueva York, 1973.

Darrah, William, *Cartes de Visite in Nineteenth-Century Photography*, V. C. Darrah Publisher, Gettysburg, Pennsylvania, 1981.

Darwin, Charles, "A Biographical Sketch of an Infant", en *Developmental Medicine and Child Neurology*, vol. 13, núm. 15, supl. 24, Londres, 1970, pp. 1-8.

Dávalos, Marcela, "El ocaso de las parteras", *Cuicuilco*, núm. 6, Escuela Nacional de Antropología e Historia, México, enero-abril, 1996, pp. 195-211.

Davies, John, *Phrenology: Fad and Science, a Nineteenth-Century American Crusade*, Yale University Press, New Haven, 1955.

Davies, Keith A., "Tendencias demográficas urbanas durante el siglo XIX", en E. Calnek, W. Borah *et al.*, *Estudios sobre el desarrollo urbano de México*, Secretaría de Educación Pública (SEP-Setentas núm. 143), México, 1973, pp. 131-174.

De Campo, Ángel, *La Rumba*, Porrúa, México, 1972.

——, *Apuntes sobre Perico Vera y otros cartones de Azul*, SEP-Premià, La Matraca, segunda serie, núm. 15, México, 1984.

De Jesús Hernández, Manuel, *Los inicios de la fotografía en México: 1839-1850*, Ed. Hersa, México, 1985.

De Mause, Loyd, *Historia de la infancia*, Alianza Editorial, Madrid, 1982.

Del Castillo, Alberto, *Entre la moralización y el sensacionalismo. El surgimiento del reportaje policiaco en México, 1896-1914*, Tesis de Maestría en Historia, Escuela Nacional de Antropología e Historia, México, 1993.

——, "Entre la moralización y el sensacionalismo. Prensa, poder y criminalidad a fines del siglo XIX en la ciudad de México", en Ricardo Pérez (coord.), *Hábitos, normas y escándalo. Prensa, criminalidad y drogas durante el Porfiriato tardío*, CIESAS-Plaza y Valdés, México, 1997.

——, "El surgimiento del reportaje policiaco en México. Los inicios de un nuevo lenguaje gráfico. 1888-1910", *Cuicuilco*, núm. 13, Escuela Nacional de Antropología e Historia, México, mayo-agosto, 1998, pp. 163-194.

——, "Entre la criminalidad y el orden cívico: imágenes y representaciones de la niñez durante el porfiriato", *Historia Mexicana*, vol. XLVIII, núm. 190, Centro de Estudios Históricos de El Colegio de México, México, octubre-diciembre, 1998, pp. 277-320.

——, "La polémica en torno a la educación sexual en la ciudad de México durante la década de los treinta: conceptos y representaciones de la infancia", *Estudios Sociológicos*, vol. XVIII, núm. 52, Centro de Estudios Sociológicos de El Colegio de México, México, enero-abril, 2000.

Del Pino, Víctor, *Higiene de la primera infancia*, Tesis, ENM, México, 1911.

Del Priore, Mary (coord.), *História das criancas no Brasil*, Editora Contexto, São Paulo, 1999.

Depew, David, y Bruce H. Weber, *Darwinism evolving. Systems dynamics and the genealogy of natural selection*, The MIT Press, Cambridge-Massachusetts-Londres, 1995.

Dermer, Rachel, "Joel-Peter Witkin and doctor Stanley Burns. A Language of Body Parts", en Mike Weaver y Anne Hammond (ed.), *History of Photography*, vol. 23, núm. 3, Oxford, otoño de 1999.

Diamond, Hugh W., "On the Application of Photography to the Physiognomic and Mental Phenomena of Insanity", S. L. Gilman (ed.), *The Face of Madness. Hugh Diamond and the Origin of Psychiatric Photography*, Bunner-Mazel, Secaucus, Nueva Jersey, 1976.

Díaz, Mario (comp.), *Imagen e historia*, Marcial Pons-Asociación de Historia Contemporánea, Madrid, 1996.

Díaz Infante, Carlos, "Embriaguez y responsabilidad", *Revista de Legislación y Jurisprudencia*, 2ª época, vol. XX, enero-junio, 1901, pp. 531-571.

Díaz Millán, Andrés, "La criminalidad y los medios de combatirla", *Anuario de Legislación y Jurisprudencia, Sección de Jurisprudencia y Estudios de Derecho*, año VI, pp. 30-53, y *El Foro, Periódico de Jurisprudencia y Legislación*, año XVI, vol. XXI, núm. 78-80, México, 20, 23 y 24 de octubre, 1889.

Díaz Zermeno, Héctor, "La Escuela Nacional Primaria en la ciudad de México: 1876-1910", *Historia Mexicana*, vol. XXIX, núm. 113, Centro de Estudios Históricos de El Colegio de México, México, julio-septiembre, 1979.

Diccionario de Autoridades de la Real Academia Española (1726), Gredos (ed. facsimilar), Madrid, 1976.

Donovan, James M., "Justice Unblind: the Juries and the Criminal Classes in France 1825-1914", *Journal of Social History*, 1981, pp. 88-107.

Donzelot, Jacques, *La policía de las familias*, Pre-Textos, Valencia, 1990.

Dorotinsky, Deborah, *La vida de un archivo. "México Indígena" y la fotografía etnográfica de los años cuarenta en México*, Tesis de Doctorado en Historia del Arte, Facultad de Filosofía y Letras de la UNAM, México, 2003.

Dublán, Manuel y José María Lozano, *Legislación mexicana o Colección completa de las disposiciones legislativas expedidas desde la Independencia de la República. 1876-1910* (34 vol.), Imprenta de Comercio, México, 1912.

Dubois, Philippe, *El acto fotográfico. De la representación a la recepción*, Paidós, Barcelona, 1986.

Dubón de Archer, Delfina (coord.), *Prontuario de Legislación sobre menores*, Secretaría del Trabajo y Previsión Social, México, 1981.

Dufestel, L., *Higiene de las escuelas y guía práctica de su médico inspector*, Ed. Saturnino Calleja, Madrid, 1904.

Eder, Rita, "La fotografía en México en el siglo XIX", en *Historia del arte mexicano*, tomo IX, SEP-INBA-Salvat, México, 1982.

Edwards, Elizabeth, *Anthropology and Photography 1860-1920*, Yale University Press, New Haven-Londres, 1992.

Elder, Glen (ed.), *Children in Time and Place*, Cambridge University Press, Cambridge, 1993.

Elias, Norbert, *Los procesos de la civilización*, FCE, México, 1980.

Ellis, Eduard, *Manuel pratique des maladies de l'enfance survi d'un formulaire de thérapeutique infantile*, Grande Librairie Médicale A. Maloine, París, 1910.

Escalante, Fernando, *Ciudadanos imaginarios*, El Colegio de México, México, 1992.

Estrada, Ramón, *Algunas ligeras consideraciones sobre la falta de higiene infantil en México*, Tesis, ENM, México, 1888.

Fass, Paula S. y Mary Ann Mason (ed.), *Childhood in America*, Nueva York University Press, Nueva York-Londres, 2000.

Figueroa Domenech, J., *Guía general descriptiva de la república mexicana*, Editor Ramón de S. N. Araluce, México-Barcelona, 1899.

Florescano, Enrique, *Memoria mexicana*, Joaquín Mortiz, México, 1987.

Flores y Troncoso, Francisco, *Historia de la medicina en México* (3 vol.), IMSS, México, 1992.

Fonssagrives, J. B., *Tratado de higiene de la infancia*, Lib. de El Cosmos, Madrid, 1885.

Fontanella Lee, "150 años de fotografía: contemplación y comprensión", en Gerardo Kurtz e Isabel Ortega (coord.), *150 Años de fotografía en la Biblioteca Nacional*, Ministerio de Cultura, Madrid, 1989.

Foster, Hal (ed.), *Vision and Visuality. Discussions in Contemporary Culture*, Ser 2, Bay Press, Seattle, 1988.

Foucault, Michel, *El nacimiento de la clínica*, Siglo XXI, México, 1981.

——, *Vigilar y castigar. Nacimiento de la prisión*, Siglo XXI, México, 1982.

——, *Historia de la sexualidad. La voluntad de saber*, Siglo XXI, México, 1983.

——, *Los anormales. Curso en el Collége de France*, FCE, México, 2000.

Fox, Daniel y Christopher Lawrence, *Images and Power in Britain and America since 1840*, Greenwood Press, Nueva York, 1988.

Freund, Giselle, *La fotografía como documento social*, Gilly, col. Punto y Línea, México, 1981.

Frías, Heriberto, "Notas de combate. ¡Un anciano reportero! Las protestas de la torre de marfil", *Azul*, México, 12 de mayo de 1907.

Frizot, Michel (ed.), *A new History of Photography*, Ed. Konemann, Koln, 1998.

Furet, François, "La pasión revolucionaria", *La Jornada Semanal*, nueva época, núm. 30, México, 1 de octubre de 1995.

Galton, Francis, *Essays in Eugenics*, Eugenics Education Society, Londres, 1909.

Gamboa, Federico, *Novelas*, Fondo de Cultura Económica (Letras Mexicanas), México, 1965.

García Conde, José, *Educación de los niños bajo el concepto médico psicológico*, Imprenta y Librería de Andrés Martín, Valladolid, 1906.

Gargani, Aldo (coord.), *Crisis de la razón. Nuevos modelos en la relación entre saber y actividad humana*, Siglo XXI, México, 1983.

Gassicourt, L., *Traité des maladies de l'enfance*, Octave Doin éditeur, París, 1880.

Gil'adi, A., *Children of Islam. Concepts of Childhood in Medieval Muslim Society*, Macmillan, Londres, 1992.

Gillis, John, *Youth and history, Tradition and Change in European age Relations, 1770 to Present*, Academic Press, Nueva York-Londres, 1974.

Gilman, Sander L. (ed.), *The Face of Madness: Hugh Diamond and the Origin of Psychiatric Photography*, Brunner-Mazel, Secaucas, Nueva Jersey, 1976.

——, *Seeing the Insane*, University of Nebraska Press, Lincoln-Londres, 1982.

——, *Disease and representation. Images of Illness from Madness to AIDS*, Cornell University Press, Ithaca-Londres, 1988.

Ginzburg, Carlo, *El queso y los gusanos. El cosmos según un molinero del siglo xvi*, Mucnick, Barcelona, 1981.

——, "Señales, raíces de un paradigma indiciario", en Aldo Gargani (coord.).

Crisis de la razón. Nuevos modelos en la relación entre saber y actividad humana, Siglo XXI, México, 1983.

Goldberg, Vicki (ed.), *Photography in print. Writings from 1816 to the present*, University of New Mexico Press, Albuquerque, 1981.

Gombrich, Ernst, *La imagen y el ojo: nuevos estudios sobre psicología de la representación*, Paidós, Barclona, 1987.

——, *Arte, percepción y realidad*, Paidós, Barcelona, 1983.

Gonzalbo, Pilar, *Familia y orden colonial*, El Colegio de México, México, 1998.

—— (comp.), *Historia de la familia*, UAM-Instituto Mora, México, 1993.

González, Carlos, "Los pilluelos", *El Mundo Ilustrado*, México, 17 de abril de 1987.

González, José de Jesús, *Los niños anormales psíquicos*, Lib. Viuda de Bouret, México, 1914.

González, Luis, *Todo es historia*, Cal y Arena, México, 1987.

González Dávila, Fernando, *El doctor Nicolás León. Ensayo biográfico*, Tesis de Licenciatura en Historia, Facultad de Filosofía y Letras, UNAM, México, 1996.

González Navarro, Moisés, "El Porfiriato. Vida social", en Daniel Cosío Villegas (coord.), *Historia moderna de México*, vol. IV, Hermes, México, 1970.

Gortari, Hira de y Regina Hernández, *La ciudad de México y el D.F.: una historia compartida*, DDF-Instituto Mora, México, 1988.

Graham, Richard (ed.), *The Idea of Race in Latin America, 1870-1940*, University of Texas Press, Austin, 1990.

Grancher, J. y J. Comby, *Maladies de l'enfance*, Masson et Cie. éditeurs, París, 1904.

Grubb, Nancy (ed.), *The Power of Photography. How Photographs Changed our Lives*, Abbeville Press, Nueva York, 1991.

Gubern, Roman, *Mensajes icónicos en la cultura de masas*, Lumen, Barcelona, 1974.

——, *La mirada opulenta. Exploración de la iconósfera contemporánea*, Gustavo Gilli, Barcelona, 1994.

Guerra, François-Xavier, *México: Del Antiguo Régimen a la Revolución*, FCE, México, 1988.

Guerrero, Julio, *La génesis del crimen en México*, Viuda de Bouret, México, 1901.

Guex, François, *Éducation et instruction rapport presenté au Haut Conseil Féderal sur le groupe de l'exposition universelle a Paris en 1900*, Payot et Cie. libraires éditeurs, París, 1903.

Gutiérrez, Luis, *Documentos gráficos para la historia de México*, Editora del Sureste, México, 1985.

Hale, Charles, *La transformación del liberalismo en México a finales del siglo xix*, Vuelta, México, 1991.

Hanawalt, Barbara, *Growing up in Medieval London. The Experience of Childhood in History*, Oxford University Press, Nueva York, 1993.

Hardyment, Christina, *Dream Babies. Child care from Locke to Spock*, Jonathan Cape, Bedford Square, Londres, 1983.

Hecker y Trump, *Atlas manual de las enfermedades de la infancia*, Lib. Académica, Madrid, 1906.

Heller, Agnes, *La teoría de la historia*, Fontamara, Barcelona, 1982.

Heller, Geneviève, *Tiens-toi droit! L'enfant á l'école au 19ᵉ siécle: espace, morale et santé. L'exemple vaudois*, Éditions d'en bas, Lausanne, 1988.

Hendrick, Harry, *Children, Childhood and English Society, 1880-1990*, Cambridge University Press, Cambridge, 1997.

Henisch, Heinz y Bridget Henisch, *The Photographic Experience 1839-1914*, The Pennsylvania State University Press, University Park, Pennsylvania, 1993.

Herrera, Mariano, *Algunas consideraciones sobre pediatría*, Tesis, ENM, México, 1881.

Herrnstein, Richard y Edwin Boring (ed.), *A Source Book in the History of Psychology*, Harvard University Press, Cambridge, Massachusetts, 1965.

Heuyer, Georges, *Enfants anormaux et delinquants juveniles*, G. Steinheil éditeur, París, 1914.

Higonnet, Anne, *Pictures of Innocence. The History and Crisis of Ideal Childhood*, Thames and Hudson, Londres, 1998.

Hirsch, Marianne (ed.), *The Familial Gaze*, University Press of New England. Hanover-Londres, 1999.

Hobsbawm, Eric y Terence Ranger (ed.), *The Invention of Tradition*, Cambridge University Press, Cambridge, 1983.

Huberman, Didi, "La fotografía científica y pseudocientífica", en Jean Claude Lemagny y André Rouillé (coord.), *Historia de la fotografía*, Martínez Roca, Barcelona, 1988.

Huerta, Victoriano, *Memorias*, Ed. Vértice, México, 1957.

Hunt, Lynn (ed.), *The new Cultural History*, University of California Press, Londres, 1989.

——, *The Invention of Pornography. Obscenity and the Origins of Modernity, 1500-1800*, Zone Books, Nueva York, 1996.

Hutinel, V., *Les maladies des enfants*, Asselin et Houzesav, Lib. de la Faculté de Médecine, París, 1909.

Hwang, Philip, M. Lanub y L. Siegel (ed.), *Images of Childhood*, Lawrence Erlbaum Associates Publishers, Nueva Jersey, 1996.

Illick, Joseph, "Does the History of Childhood have a future?", *Visual Anthropology Review*, vol. 12, núm. 1, primavera de 1996, pp. 158-174.

INEGI-INAH, *Estadísticas históricas de México*, México, 1986.

Ireland, Robert M., "The Libertine Must Die: Sexual Dishonor and the Unwritten Law in the Nineteenth-Century United States", *Journal of Social History*, 1989, pp. 27-44.

Ivins, W. H., *Imagen impresa y conocimiento. La imagen prefotográfica*, Gustavo Gilly, México, 1991.

Jaccoud, H., *Dictionnarie de Médecine et de Chirurgie*, Bailliere et fils, París, 1874.

Jenkins, Henry (ed.), *The Children's Culture Reader*, New York University Press, Nueva York-Londres, 2000.

Jiménez, Concepción, *La Escuela Nacional de Maestros. Sus orígenes*, SEP, Foro Cultural, México, 1987.

Kaplan, Daile, *Lewis Hine in Europe. The Lost Photographs*, Abbeville Press Publishers, Nueva York, 1995.

Karatani, Kojin, *Origins of Modern Japanese Literature*, Duke University Press, Durham-Londres, 1993.

Keller, Kevin, *Memory Retrieval Factors and Advertising Effectiveness*, Graduate School of Business, Stanford University, Stanford, 1990.

Kemp, Martin y Marina Wallace, *Spectacular Bodies. The Art and Science of the Human Body from Leonardo to Now*, Hayward Gallery-University of California Press, Berkeley-Los Ángeles-Londres, 2000.

Kessel, Frank y Alexander Siegel (ed.), *The Child and Other Cultural Inventions*, Praeger Special Studies, Nueva York, 1983.

Key, Ellen, *El siglo de los niños*, Biblioteca Sociológica Internacional, Barcelona, 1906.

Kincaid, James, *Child-Loving. The Erotic Child and Victorian Culture*, Routledge, Nueva York-Londres, 1994.

——, *Erotic innocence. The Culture of Child Molesting*, Duke University Press, Durham-Londres, 1998.

Kirkpatrick, Edwin, *Los fundamentos del estudio del niño*, Daniel Jorro Editor, Madrid, 1917.

Kismaric, Susan (ed.), *American Children. Photographs from the Collection of the Museum of Modern Art*, Nueva York, 1980.

Koselleck, Reinhart, *Futuro pasado. Para una semántica de los tiempos históricos*, Paidós, Barcelona, 1993.

Kossoy, Boris, "La fotografía en latinoamérica en el siglo XIX. La experiencia europea y la experiencia exótica", en Wendy Watriss y Louis Parkinson (ed.),

Imagen y memoria. Fotografía de latinoamérica, 1866-1994, University of Texas, Austin, 1998.

Koven, Seth, "Dr. Barnardo's 'Artistic Fictions': Photography, Sexuality and the Ragged Child in Victorian London", *Radical History Review*, núm. 69, Tamiment Library, New York University, Nueva York, 1997.

Krauss, Rolf, "Photographs as Early Scientific Book Illustrations", *History of Photography*, vol. 2, núm. 4, Oxford University, Oxford, octubre de 1978.

Kuhn, Thomas, *La tensión esencial*, FCE, México, 1996.

Kumate, Jesús (coord.), *Historia de la pediatría en México*, FCE, México, 1997.

Laín Entralgo, Pedro, *Historia de la medicina*, Salvat, Barcelona, 1982.

Lalvani, Suren, *Photography. Vision and the Production of Modern Bodies*, State University of New York Press, Nueva York, 1996.

Lambert, Fréderic, "L'histoire dans l'image", *Image et Histoire*, Actes du Colloque Paris-Censier, Francia, 1987.

Langle, Arturo, *El militarismo de Victoriano Huerta*, UNAM, México, 1976.

Laplane, Robert, "French Pediatrics", en Nichols Buford, Angel Ballabriga y Norman Kretheser (ed.), *History of Pediatrics. 1850-1950*, Raben Press, Nueva York, 1991.

Laqueur, Thomas, *Making Sex. Body and Gender from the Greeks to Freud*, Harvard University Press, Harvard, 1994.

Lara, Flora (presentadora), *Los niños. Exposición fotográfica*, INAH, México, 1984.

Lara y Pardo, Luis, "La puericultura en México", *La Gaceta Médica*, México, 1903.

Larroyo, Francisco, *Historia comparada de la educacion en Mexico*, Ed. Forma, Mexico, 1947.

Lavater, J. C. *Essays on Physiognomy* (3 vol.), Londres, 1789.

Lavrín, Asunción, "La niñez en México e Hispanoamérica: rutas de exploración", en Pilar Gonzalbo y Cecilia Rabell (comp.), *La familia en el mundo iberoamericano*, Instituto de Investigaciones Sociales, UNAM, México, 1997.

Lemagny, Jean-Claude y André Rouillé (coord.), *Historia de la fotografía*, Martínez Roca, Barcelona, 1988.

Lempérière, Annick, "Los dos centenarios de la independencia mexicana (1910-1921): de la historia patria a la antropología cultural", *Historia Mexicana*, vol. XXXIX, núm. 81, Centro de Estudios Históricos de El Colegio de México, México, octubre-diciembre, 1995.

Liceaga, Eduardo, Samuel García y Jesús Monjarás, "Dictamen presentado a la Hontable Academia Nacional de Medicina de México, por la Comisión nombrada para el efecto, con el objeto de juzgar la Memoria titulada: "Salus Puerorum Suprema Lex", que se presentó al concurso del tema: "Reglamentación del

Trabajo de los Niños", abierto por dicha Academia el 15 de julio de 1913", *Gaceta Médica de México*, tomo 10, México, 1915, pp. 278-347.

Levi, Giovanni y Jean-Claude Schmitt (coord.), *Historia de los jóvenes,* Taurus, Madrid, 1997.

Lizardi, Jorge, "Imaginar el 98: iconografía mexicana de la guerra hispano-cubano-estadounidense", *Historia Mexicana,* vol. XLVIII, núm. 190, El Colegio de México, México, octubre-diciembre, 1998.

Lock, Margaret y Deborah Gordon (ed.), *Biomedicine Examined,* Kluwer Academic Publishers, Londres, 1988.

Lombardo, Irma, *De la opinión a la noticia,* Kiosko, México, 1992.

—— y Ma. Teresa Camarillo, *La prensa infantil de México (1839-1984),* UNAM, México, 1984.

Lombroso, Cesare, *L'uomo delinquente in rapporto all'antropologia alla giurisprudenza ed alle discipline carcerarie,* Fratelli bocca, Turín, 1896-1897.

López, Lola y Armida Homar, *Educación Pre-escolar, su evolución en Europa, en América y especialmente en la República Argentina,* Lib. y Editorial "El Ateneo", Buenos Aires, 1939.

López Piñeiro, José María, "Las ciencias médicas en la España del siglo XIX", en José M. López Piñeiro (ed.), *La ciencia en la España del siglo xix,* Marcial Pons, Madrid, 1992.

Lyons, Albert y Joseph Petrucelli (coord.), *Historia de la medicina,* Ed. Dogma, Barcelona, 1980.

Maas, Ellen, *Foto-Álbum. Sus años dorados: 1858-1920,* Gustavo Gili, Barcelona, 1982.

Macedo, Miguel, *La criminalidad en México: medios de combatirla,* Secretaría de Fomento, México, 1897.

Macouzet, Roque, *Arte de criar y curar a los niños,* Giró Ed., Barcelona, 1914.

——, "El pulque y la criminalidad", *La Ciencia Jurídica,* tomo V, pp. 84-92, y *Revista de Legislación y Jurisprudencia,* 2ª época, vol. XX, enero-junio, pp. 27-34.

Mancilla, Martha, *La locura de la mujer durante el Porfiriato,* Tesis de Doctorado en Antropología, Facultad de Filosofía y Letras de la UNAM, México, 1997.

Manrique, Jorge (coord.), *Historia del arte mexicano,* SEP-Salvat, México, 1994.

Marfan, A., *Traité de l'allaitement et de l'alimentation des enfants du premier age,* G. Steinheil éditeur, París, 1899.

Marín, Álvaro, *Historia de la pedagogía en México y otros ensayos,* Marsag, México, 1996.

Martínez, Alejandro, "La educación elemental en el porfiriato", *Historia Mexicana,* vol. XXII, núm. 88, Centro de Estudios Históricos de El Colegio de

México, México, abril-junio, 1973.

Martínez, Federico, *Ligeros apuntes sobre higiene de la primera infancia*, Tesis, ENM, México, 1899.

Massé, Patricia, *Simulacro y elegancia en tarjeta de visita. Fotografías de Cruces y Campa*, FCE, México, 1998.

——, "La construcción de un autor. Fotografías de la vida privada y la propiedad", *Historias*, núm. 49, Instituto Nacional de Antropología e Historia, México, mayo-agosto, 2001.

Matabuena, Teresa, *Algunos usos y conceptos de la fotografía durante el Porfiriato*, UIA, México, 1991.

McCauley, Anne, "Una imagen de la sociedad", en Jean-Claude Lemagny y André Rouillé (coord.), *Historia de la fotografía*, Martínez Roca, Barcelona, 1988.

Memoria de los trabajos efectuados por el Consejo Superior de Salubridad, Imprenta de A. Carranza e hijos, México, 1895-1912.

Memoria del Primer Congreso Nacional del Niño, Imprenta de "El Universal", México, 1921.

Memorias de la Escuela Nacional de Medicina, México, 1909.

Memorias de la Secretaría de Justicia e Instrucción Pública, México, 1878-1900.

Mendiola, Alfonso y Guillermo Zermeño, "Hacia una metodología del discurso histórico", en Jesús Galindo (coord.), *Técnicas de investigación en sociedad, cultura y comunicación*, Consejo Nacional para la Cultura y Las Artes-Addison Wesley Longman, México, 1998.

Meyer, Eugenia (coord.), *Imagen histórica de la fotografía en México*, Museo Nacional de Antropología e Historia, México, 1978.

Mier, Raymundo, "El retrato y la metamorfosis de la memoria. La transformación de la historia en el origen de la fotografía", *Historia y Grafía*, núm. 4, UIA, México, 1995.

Minguez, Constancio, *La vida del niño entre la familia y la escuela. (Imágenes de familia, escuela e infancia, reflejadas en las novelas españolas publicadas entre 1875-1900)*, Edinford, Málaga, 1992.

Mirzoeff, Nicholas, *An Introduction to Visual Culture*, Routledge, Londres-Nueva York, 1999.

—— (ed.), *The Visual Culture Reader*, Routledge, Londres-Nueva York, 1998.

Monroy, Rebeca, *De luz y plata. Apuntes sobre tecnología alternativa en la fotografía*, INAH, col. Alquimia, México, 1997.

Monsiváis, Carlos, *A ustedes les consta* (antología), Era, México, 1984.

Montellano, Francisco, *C. B. Waite fotógrafo, Una mirada diversa sobre el México de principios del siglo xx*, Camera Lucida-Conaculta-Grijalbo, México, 1994.

Montessori, María, *Antropología pedagógica*, Casa Editorial Araluce, Barcelona, 1900.

Mora, José Luis, *México y sus revoluciones*, FCE, México, 1986.

Morales, Luis Gerardo, *Ancestros y ciudadanos (El Museo Nacional de México, 1790-1925)*, Tesis de Doctorado, UIA, México, 1998.

———, *Los orígenes de la museología mexicana*, UIA, México, 1993.

Moreno, Enrique, *Sociología histórica de las instituciones de salud en México*, SEP, México, 1982.

Mraz, John, *Nacho López y el fotoperiodismo mexicano en los años cincuenta*, Conaculta-INAH-Océano, México, 1999.

———, *De la "Muerte de un soldado republicano" de Robert Capa al escándalo político en el México contemporáneo: Reflexiones sobre el digitalismo y la credibilidad*, zonezero.com/magazine/articles/altered/alteredsp.htlm, México, 2004.

Ned, Jonathan, *The Invention of Heterosexuality*, Plume, Nueva York, 1996.

Negrete, Claudia, *Valleto Hermanos: Fotógrafos mexicanos de entresiglos*, Tesis, Facultad de Filosofía y Letras de la UNAM, México, 2002.

Newhall, Beaumont (ed.), *Photography: Essays and Images. Illustrated Readings in the History of Photography*, The Museum of Modern Art, Nueva York, 1980.

Nobecourt, P. *Précis de médecine infantile. Collection de précis médicaux*, Masson et Cie. éditeurs, París, 1907.

——— y L. Babonneix, *Traité de Médecine des enfants*. Masson et Cie. éditeurs, París, 1914.

Nochlin, Linda, *The Politics of Vision. Essays on Nineteenth-Century Art and Society*, Icon Editions, Westview Press, Oxford, 1989.

O'Connor, Erin, "Camera Medica. Towards a Morbid History of Photography", en Mike Weaver y Anne Hammond (ed.), *History of Photography*, vol. 23, núm. 3, Oxford, otoño de 1999.

Offelmann, Jules, *Traité pratique d'hygiène*, Lib. G. Steinheil, París, 1889.

Panadés y Poblet, José, *La educación de la mujer según los más ilustres moralistas e higienistas de ambos sexos*, Seix y Compañía, Salvat, Barcelona, 1877.

Panofsky, Erwin, *El significado de las artes visuales*, Infinito, Buenos Aires, 1970.

———, *Estudios sobre iconología*, Alianza, Madrid, 1972.

Patlagean, Evelyne, "La historia de lo imaginario", en Roger Chartier y Jacques Revel (coord.), *La nueva historia*, Ed. Mensajero, Bilbao, 1984.

Pavarini, Massimo, *Control y dominación*, Siglo XXI, México, 1983.

Perez, Bernard, *L'enfant de trois a sept ans*, Félix Alcan éditeur, París, 1907.

Pérez Monfort, Ricardo (coord.), *Hábitos, normas y escándalo. Prensa, criminalidad y drogas durante el Porfiriato tardío*, CIESAS-Plaza y Valdés, México, 1997.

Pérez Tamayo, Ruy, *El concepto de enfermedad. Su evolución a través de la historia*, FCE-UNAM-Conacyt, México, 1988.

Pérez Vejo, Tomás, "Pintura de historia e imaginario nacional: el pasado en imágenes", *Historia y Grafía*, núm. 16, UIA, México, 2001.

Périer, E., *Consultations sur les maladies de l'enfance*, Rueff et Cie. éditeurs, París, 1895.

Pfaundler, M. y A. Schlossmann, *The Diseases of Children*, J.B. Lippincot Company, Philadelphia-Londres, 1908.

Piccato, Pablo, "La construcción de una perspectiva científica: miradas porfirianas a la criminalidad", *Historia Mexicana*, vol. XLVII, núm. 1, Centro de Estudios Históricos de El Colegio de México, México, 1997.

Pick, Daniel, *Faces of Degeneration. A European Disorder, c. 1848-1918*, Cambridge University Press, Cambridge, 1996.

Pineda, Celso, *El niño ciudadano. Lecturas acerca de la instrucción cívica*, Herrero, México, 1906.

Pineda, Zoraida, *La educación de los párvulos*, Fernández Editores, México, 1970.

Plascencia, Enrique, "Conmemoración de la hazaña épica de los niños héroes: su origen, desarrollo y simbolismos", *Historia Mexicana*, Centro de Estudios Históricos de El Colegio de México, México, octubre-diciembre, 1995.

Pollock, Linda, *Los niños olvidados. Relaciones entre padres e hijos de 1500 a 1900*, FCE, México, 1983.

Poole, Deborah, *Vision, Race and Modernity. A visual Economy of the Andean Image World*, Princeton University Press, Princeton, 1997.

——, "Raza y retrato: hacia una antropología de la fotografía", *Cuicuilco*, vol. 6, núm. 16, Escuela Nacional de Antropología e Historia, mayo-agosto, 1999, pp. 225-253.

Postman, Neil, *The Disappearance of Childhood*, Vintage Books, Nueva York, 1994.

Presbrey, Frank, *The History and Development of Advertising*, Doubledrey, Albany, Nueva York, 1929.

Preyer, William, *El alma del niño. Observaciones acerca del desarrollo psíquico en los primeros años de vida*, Daniel Jorro Editor, Madrid, 1900.

Priego, Patricia y José Antonio Rodríguez, *La manera en que fuimos. Fotografía y sociedad en Querétaro. 1840-1930*, Gobierno del Estado de Querétaro, México, 1989.

Prieto, Guillermo, *Memorias de mis tiempos*, Patria, México, 1958.

Prodger, Phillip, "Rejlander, Darwin, and the Evolution of 'Ginx's Baby'", en Mike Weaver y Anne Hammond (ed.), *History of Photography*, vol. 23, núm. 3, Oxford, otoño de 1999.

Prontuario de Legislación sobre menores, México, 1981.

Pultz, John, *Photography and the Body*, The Everyman Art Library, Londres, 1995.

Querrien, Anne, *Trabajos elementales sobre la Escuela Primaria*, Ed. La Piqueta, Madrid, 1979.

Quintanar, Agustín, *Ensayo de estadística de mortalidad infantil en México*, Tesis, ENM, México, 1889.

Reed, John, *Villa y la revolución mexicana*, Nueva Imagen, México, 1985.

Remmo Hamel, B., "The Image of the Child: Dutch and Flemish Paintings", *The Journal of Psychohistory*, vol. 24, núm. 1, verano de 1996, pp. 71-89.

Reyes, Aurelio de los, "El cine, la fotografía y los magazines ilustrados", en Jorge Manrique (coord.), *Historia del arte mexicano*, tomo XII, SEP-Salvat, México, 1994.

Riché, Pierre y Daniéle Alexandre-Bidon, *L'enfance au moyen age*, Seuil-Bibliothèque Nationale de France, París, 1994.

Riis, Jacob A., *How the Other Half Lives; Studies Among the Tenements of New York*, Dover Publications, Nueva York, 1971.

Ríos, Eduardo. *El niño mexicano en la pintura*, Fomento Cultural Banamex, México, 1979.

Rodríguez, Esteban, "Una medicina para la infancia", en José María Borrás (coord.), *Historia de la infancia en la España contemporánea, 1834-1936*, Ministerio de Trabajo y Asuntos Sociales-Fundación Germán Sánchez, Madrid, 1996.

Rodríguez, Georgina, *Niños trabajadores mexicanos. 1865-1925*, INAH-UNICEF, México, 1996.

——, "Niños desnudos en el Porfiriato", *Luna Córnea*, núm. 9, México, 1996, pp. 45-50.

——, "De amuletos, retratos y magia", *Luna Córnea*, núm. 10, septiembre-diciembre de 1996, pp. 35-39.

——, "Recobrando la presencia. Fotografía indigenista mexicana en la Exposición Histórico-Americana de 1892", *Cuicuilco*, núm. 13, Escuela Nacional de Antropología e Historia, México, mayo-agosto, 1998, pp. 123-144.

Rodríguez, Jesús, *Enfermedades de los niños que producen mayor cifra de mortalidad en México*, Tesis, ENM, Tip. El Libro Diario, México, 1904.

Rojas, María, *La fotografía en los inicios de la prensa de la ciudad de México. 1890-1900*, Tesis, Facultad de Ciencias Políticas y Sociales de la UNAM, México, 1998.

Rose, Nikolas, *The Psychological Complex, Psychology, Politics and Society in England, 1869-1939*, Routledge and Kegan Paul, Londres, 1985.

Rosenblum, Naomi, *A World History of Photography*, Abbeville Press, Nueva York, 1984.

Roumagnac, Carlos, *Los criminales en México: ensayo de psicología criminal*, El Fénix, México, 1904.

——, *La estadística criminal en México*, Imprenta de García Cubas, México, 1907.

Rugerio, Mercedes, *Breves consideraciones sobre algunos puntos de higiene escolar*, Tesis, ENM, México, 1903.

Ruiz, Blanca, "Pedro Meyer, mosaico de imágenes", *Cuartoscuro*, núm. 55, México, julio-agosto, 2002, pp. 7-36.

Ruiz Castañeda, María del Carmen, *El periodismo en México*, UNAM, México, 1975.

Sáenz, Javier, Óscar Saldarriaga y Armando Ospina, *Mirar la infancia: pedagogía, moral y modernidad en Colombia, 1903-1946* (2 vol.), Colciencias-Foro Nacional por Colombia-Uniandes-Universidad de Antioquia-Clío Ed., Bogotá, 1999.

Salinas, Alberto, *Moral Médica*, Tesis, ENM, Imprenta de la Viuda e hijos de Murguía, Portal del Águila de Oro, México, 1871.

Sánchez Santos, Trinidad, *Obras selectas* (2 vol.), Palafox, México, 1945.

Secretaría de Economía, *Estadísticas oficiales del Porfiriato, 1877-1910*, SE, México, 1956.

Secretaría de Instrucción Pública y Bellas Artes, "Informe de Trabajo del Servicio Higiénico Escolar", *Boletín de Instrucción Pública y Bellas Artes*, México, 1909.

Secretaría de Salubridad y Asistencia, *Breve historia de la protección a la infancia en México*, Instituto Nacional de Protección a la Infancia, México, 1963.

——, *La atención materno-infantil. Apuntes para su historia*, SSA, México, 1993.

Seidler, Eduardo, "El desarrollo de la pediatría moderna", en Pedro Laín Entralgo, *Historia de la medicina*, Salvat, Barcelona, 1982, pp. 125-167.

Sekula, Allan, "The Body and the Archive", *October*, núm. 39, MIT Press Journals, 1986.

Sennet, Rodolfo, *Elementos de psicología infantil*, Cabaut y Cía. Editores, Buenos Aires, 1911.

Sergent, Ribadeau-Dumas, Babonneux, *Traité de pathologie médicale et de thérapeutique appliquée*, A. Marlowe et fils éditeurs, París, 1914.

Sierra, Justo, *Obras completas*, tomo V, UNAM (Nueva Biblioteca Mexicana núm. 53), México, 1991.

Sierra, Luis G. de la, "La delincuencia en la infancia", *El Foro*, año XXII, vol. XLII, núm. 21-24, 31 de enero, 1, 2 y 7 de febrero, México, 1894.

Silva, Máximo, *Sencillos preceptos de higiene*, Secretaría de Fomento, México, 1897.

Silva Herzog, Jesús, *Breve historia de la revolución mexicana*, FCE, México, 1978.

Sisto, Génaro, *Conférences de Pathologie infantile*, Octave Doin et fils éditeurs, París, 1914.

Smith, Lindsay, *The Politics of Focus. Women, Children and Nineteenth-Century Photography*, Manchester University Press, Manchester-Nueva York, 1998.

Smith, Michelle, *American Archives. Gender, Race and Class in Visual Culture*, Princeton University Press, Princeton, Nueva Jersey, 1999.

Somolinos, Germán, *Historia de la Medicina*, Sociedad Mexicana de Historia y Filosofía de la Medicina, SEP-Setentas, México, 1978.

Sontag, Susan, *Sobre la fotografía*, Edhasa, Barcelona, 1981.

Sougez, Marie-Loup, *Historia de la fotografía*, Cátedra, Cuadernos de Arte, Madrid, 1998.

Speckman, Elisa, *Crimen y castigo. Legislación penal, interpretaciones de la criminalidad y administración de justicia (ciudad de México 1872-1910)*, El Colegio de México-UNAM, 2002.

Steinorth, Karl, *Lewis Hine. Passionate Journey. Photographs 1905-1937*, Edition Stemmle, Rochester, 1996.

Stone, Lawrence, *El pasado y el presente*, FCE, México, 1986.

Suriano, Juan, "Niños trabajadores. Una aproximación al trabajo infantil en la industria porteña de comienzos del siglo", en Diego Armus (comp.), *Mundo urbano y cultura popular. Estudios de historia social argentina*, Ed. Sudamericana (Historia y Cultura), Buenos Aires, 1990.

Tagg, John, *The Burden of Representation. Essays on Photographies and Histories*, University of Minnesota Press, Minneapolis, 1988.

Tapia, Francisco, *Grito y silencio de las imprentas. Los trabajadores de las artes gráficas durante el Porfiriato*, UAM-Xochimilco, México, 1990.

Taylor, A., *El estudio del niño*, Appleton y Cía., Nueva York, 1917.

Taylor, I., *La nueva criminología*, Amorrortu, Buenos Aires, 1973.

Thompson, Roger, "Popular Attitudes Towards Children In Middlesex County, Massachusetts, 1649-1699", *The Journal of Psychohistory*, vol. 13, núm. 2, otoño de 1985, pp. 145-158.

Tiedemann, Dietrich, *El desarrollo de las facultades espirituales del niño*, Ed. Nacional, México, 1951.

Tola, Fernando, *Gutiérrez Nájera y el amor por los niños* (antología), Ed. El Caballito-SEP, México, 1986.

Toussaint, Florence, *Escenario de la prensa en el Porfiriato*, Universidad de Colima-Fundación Buendía, México, 1984.

Trumpp, H., *La crianza del niño pequeño. Higiene infantil para uso de las familias*, Salvat, Barcelona, 1914.

Turner, Bryan, *El cuerpo y la sociedad. Exploraciones en teoría social*, FCE, México, 1989.

Urías, Beatriz, *Indígena y criminal. Interpretaciones del derecho y la antropología en México, 1871-1921*, Universidad Iberoamericana-Departamento de Historia, México, 2000.

——, "Medir y civilizar", *Ciencias*, núm. 60-61, Facultad de Ciencias, UNAM, México, octubre de 2000-marzo de 2001.

Uribe y Troncoso, Manuel, "Informe del Servicio Higiénico de las escuelas. Año escolar 1910-1911", *Boletín de Instrucción Pública y Bellas Artes*, México, 1912.

——, "Informe sobre el III Congreso Internacional de Higiene", *Boletín de Instrucción Pública y Bellas Artes*, México, 1911.

Urueta, Jesús, "Delito y delincuentes", *Revista de Legislación y Jurisprudencia*, México, 1898.

Vanderwood, Paul y Frank Samponaro, *Los rostros de la batalla. Furia en la frontera México-Estados Unidos. 1910-1917*, Grijalbo-Camera Lucida-Conaculta, México, 1993.

Vázquez, Josefina, *Educación y nacionalismo*, El Colegio de México, México, 1970.

Veil, Ferdinand, *La médecine infantile. Leçons, formules, observations recueilles dans la pratique des hospitaux de Paris*, A. Maloine éditeur, París, 1899.

Vélez, Daniel, *Consideraciones higiénicas relativas a la vista del niño en la escuela*, Tesis, ENM, México, 1889.

Vigarello, Georges, *Histoire d'un pouvoir pedagogique*, Jean-Pierre Delarge éditeur, París, 1978.

Vilches, Lorenzo, *Teoría de la imagen periodística*, Paidós Comunicación, Barcelona, 1993.

——, *La lectura de la imagen. Prensa, cine y televisión*, Paidós Comunicación, Barcelona, 1991.

Vogel, A., *Maladies de l'enfance*, H. Lawereyns, Lib. éditeur, París, 1870.

Vovelle, Michel, *Ideología y mentalidades*, Madrid, 1991.

Wagner Roy, *The Invention of Culture*, The University of Chicago Press, Chicago-Londres, 1981.

Warkentin, Gabriela, *El siglo xix y el nacimiento de la fotografía. Irrupción de una nueva forma de ver*, UIA, México, 1992.

Warner Mary, *Photography and its Critics. A Cultural History 1839-1900*, Cambridge University Press, Nueva York, 1997.

Wartofsky, Max, "The Child's Construction of the World's Construction of the Child: From Historical Epistemology to Historical Psychology", en Frank

Kessel y Alexander Siegel (ed.), *The Child and Other Cultural Inventions*, Praeger Special Studies, Nueva York, 1983.

Watriss, Wendy y Lois Parkinson (ed.), *Imagen y memoria. Fotografía de latinoamérica, 1866-1994*, University of Texas, Austin, 1998.

Weaver, Mike y Anne Hammond (ed.), *History of Photography*, vol. 23, núm. 3, Oxford, otoño de 1999.

Weill, George, *El periódico. Orígenes, evolución y función de la prensa periódica*, UTEHA, México, 1976.

Wexler, Laura, "Seeing Sentiment: Photography, Race and the Innocent Eye", en Hirsch Marianne (ed.), *The Familial Gaze*, University Press of New England, Hanover-Londres, 1999.

Wright, Peter, "Babyhood: The Social Construction of Infant care as a Medical Problem in England in the Years Around 1900", en Margaret Lock y Deborah Gordon (ed.), *Biomedecine Examined*, Kluwer Academic Publishers, Londres, 1988.

Zayas Enríquez, Rafael de, "El alcoholismo. Sus consecuencias. Disposiciones penales. Modos de combatirlo", *El Foro, Periódico de Jurisprudencia y Legislación*, vol. XXIII, núm. 37-39, México, 27-29 de agosto de 1884.

Zelizer, Viviana, *Pricing the Priceless child. The Changing Social Value of Children*, Princeton University Press, Princeton, Nueva Jersey, 1985.

Zermeño, Guillermo, "En busca del lugar de la historia en la modernidad", en Coloquio: Metodología para el estudio de las culturas contemporáneas. Programa Culturas, del Centro de Investigaciones Sociales de la Universidad Autónoma de Colima, agosto de 1991.

Zimmerman, Eduardo, "Racial Ideas and Social Reform: Argentina, 1890-1916", en *Hispanic American Historical Review*, vol. LXII, núm. 1, Duke University Press, febrero, 1992, pp. 23-46.

HEMEROGRAFÍA

Boletín de Instrucción Pública y Bellas Artes, Órgano de la Secretaría de Instrucción Pública y Bellas Artes, 1900-1914.

Boletín Mensual de Estadística de la Policía de la Ciudad de México, México, 1900-1910.

El Camarada. Seminario Infantil Ilustrado, México, 1889-1990.

El Correo de los Niños, 1872-1873.

El Escolar Mexicano, 1889-1990.

El Foro, Periódico de Jurisprudencia y Legislación, México, 1873-1899.

El Fotógrafo Mexicano, México, 1901-1909.

El Imparcial, México, 1896-1914.

El Mundo Ilustrado, México, 1894-1914.

El Niño Mexicano, México, 1895-1896.

El Observador Médico, 1880-1910.

El Pabellón Español, México, 1887-1890.

El País, México, 1899-1910.

El Periódico de las Señoras, México, 1896.

Excelsior, México, 1981.

Gaceta de Policía, México, 1905-1910.

La Clase Media, México, 1909-1910.

La Educación Contemporánea, Órgano de la Sección de Instrucción y Beneficencia Pública, México, 1904-1910.

La Enseñanza Moderna, México, 1890-1891

La Ensenanza Normal, Mexico, 1904-1910.

La Enseñanza Objetiva, México, 1890-1891.

La Enseñanza Primaria, México, 1901-1910.

La Escuela Mexicana, Órgano de la Dirección General de Instrucción Primaria del Distrito y Territorios Federales, Mexico, 1904-1910.

La Familia, México, 1890-1891.

La Gaceta Médica de México, 1877-1910.

La Semana Ilustrada, México, 1910-1914.

Mexican Herald, México, 1900-1910.

México Intelectual, Revista pedagógica, México, 1900-1914.

Normal Instructor, Dansville, Nueva York, 1908-1910.

Revista de la Instrucción Pública Mexicana, Órgano de la Secretaría de Justicia e Instrucción Pública, México, 1900-1904.

ARCHIVOS, FOTOTECAS, BIBLIOTECAS
Y CENTROS DE INVESTIGACIÓN

México

Academia de Medicina, Centro Médico Nacional.

Archivo de la Salud, Secretaría de Salud.

Archivo General de la Nación.

Archivo Histórico de la Ciudad de México.

Archivo Histórico de la Escuela Nacional de Medicina (ENM).

Archivo Histórico Ezequiel A. Chávez, UNAM.

Archivo Histórico Porfirio Díaz. Biblioteca "Francisco Xavier Clavijero", Universidad Iberoamericana.

Biblioteca "Daniel Cosío Villegas", El Colegio de México.

Biblioteca de la Escuela Nacional de Medicina, UNAM. Fondo Reservado.

Biblioteca de México.

Biblioteca del Centro de la Imagen.

Biblioteca del Museo Nacional de Antropología e Historia.

Biblioteca "Miguel Lerdo de Tejada", Secretaría de Hacienda y Crédito Público.

Centro Nacional de Investigación Documental. Centro Médico Nacional.

Sistema Nacional de Fototecas-Fototeca del Instituto Nacional de Antropología e Historia (Sinafo-FINAH).

Estados Unidos

Bobst Library, New York University.

Burnes Archive, Historic Vintage Photographs, N.Y.

Fine Arts Library, Columbia University, N.Y.

Fine Arts Library, Harvard University.

New York Academy of Medicine Library.

New York Public Library.

Raymond Fogelman Library, New School for Social Research, N.Y.

Conceptos imágenes y representaciones
de la niñez en la ciudad de México (1880 – 1920),
se termino de imprimir en enero del 2006,
en los talleres de Sistemas Técnicos de Edición, S. A de C . V.
San Marcos 102 – 10, Col. Tlalpan, C. P. 14000 México, D. F.
Composición tipográfica a cargo de Literal, S. de R. L . MI
Diseño de portada: Irma Eugenia Alva Valencia
La edición consta de 1000 ejemplares y estuvo al cuidado
del departamento de publicaciones de El Colegio de México.